스티브 잡스 프레젠테이션의 비밀

The Presentation Secrets of Steve Jobs

Copyright ⓒ 2010 by C. Gallo
Published by arrangement with The McGraw-Hill Companies, Inc.
All rights reserved.

Korean Translation Copyright ⓒ 2010 by RH Korea Co., Ltd.
Korean edition is published by arrangement with The McGraw-Hill Companies, Inc.
through Imprima Korea Agency

이 책의 한국어판 저작권은 Imprima Korea Agency를 통해
The McGraw-Hill Companies, Inc.와 독점 계약한 ㈜알에이치코리아에 있습니다.
저작권법에 의해 한국 내에서 보호를 받는 저작물이므로
무단전재와 무단복제를 금합니다.

The Presentation Secrets of Steve Jobs

스티브 잡스 프레젠테이션의 비밀

모든 청중 앞에서
미치도록 대단한
프레젠터가 되는 법

카마인 갈로 지음 · 김태훈 옮김

RHK
알에이치코리아

이 책에 쏟아진 찬사

커뮤니케이션 코치이자 비즈니스위크 칼럼니스트인 카마인 갈로는 그의 새로운 저서 《스티브 잡스 프레젠테이션의 비밀》에서 애플 CEO를 세계에서 가장 뛰어난 커뮤니케이터로 만든 기술을 소개한다. 30년이 넘는 기간 동안 잡스는 제품 소개 행사를 예술로 바꿔놓았다. 이 책은 잡스가 그의 청중을 사로잡았던 비결과 당신이 당신의 회사와 서비스, 제품, 아이디어를 팔기 위해 어떻게 잡스의 기술을 써야 하는지를 알려준다.

_비즈니스위크닷컴

전 텔레비전 뉴스 앵커이자, 커뮤니케이션 코치로 거듭난 카마인 갈로는 잡스의 프레젠테이션 행적들을 낱낱이 해부하고 조사하여 알아낸 모든 것들을 《스티브 잡스 프레젠테이션의 비밀》에 고스란히 담았다. … 이 책은 잡스는 '타고난' 위대한 프레젠터가 아니라, 스토리보드 구성 혹은 전달하고자 하는 핵심 주제를 잡는 것부터 시작하여 오랜 연습을 하는 등 엄청난 시간을 들이는 노력파라고 전한다. 또한 잡스는 구태의연하게 강의하듯 프레젠테이션하는 것이 아니라, 영웅과 적대자, 해피엔딩과 같은 전통적 구성요소가 있는 흥미로운 이야기를 전달하며, '10분 규칙', 즉 시연이나 여러 요소들을 활용하여 청중의 집중 한계 시간인 10분마다 다시 청중의 이목을 끄는 법을 사용하는 것 등을 알려준다.

〈포브스〉

애플의 CEO 스티브 잡스는 그의 프레젠테이션 무대와 드라마 연출 솜씨를 통해 기업의 언론 공개 행사를 문화 이벤트로 완전히 탈바꿈시켰다. 그는 인터넷 시대의 오즈의 마법사와 같다. 그가 어떻게 이런 일을 해냈을까?《스티브 잡스 프레젠테이션의 비밀》의 저자 카마인 갈로는 잡스의 기술을 분석하고, 보통 직장인들이 자신의 프레젠테이션에 적용하는 방법을 알려준다. 〈월스트리트저널〉

이 책을 읽고 나면 당신의 프레젠테이션 스타일이 완전히 달라질 것이다.
마틴 린드스트롬Martin Lindstrom, 베스트셀러 《바이올로지Buyology》 저자

《스티브 잡스 프레젠테이션의 비밀》은 위대한 프레젠테이션에 숨겨진 구성 체제를 설명하여 자신만의 인터페이스를 쉽게 설계하도록 도와준다.
클리프 앳킨슨Cliff Atkinson, 《프레젠테이션을 부탁해Beyond Bullet Points》, 《행동하는 청중The Activist Audience》 저자

스티브 잡스처럼 청중을 사로잡는 프레젠터는 없으며,《스티브 잡스 프레젠테이션의 비밀》만큼 그 비법을 정확하게 설명하는 책은 없다.
롭 엔델레Rob Enderle, 엔델레그룹 대표, 선임 애널리스트

이 책을 읽으면 잡스와 갈로라는 최고의 전문가들에게 프레젠테이션을 잘하는 법을 배울 수 있다. 초보든, 전문가든 프레젠테이션을 해야 하는 사람들은 아이팟에 열광하는 음악팬들처럼 이 책에 열광할 것이다.
데이비드 미어먼 스콧David Meerman Scott, 베스트셀러 《마케팅과 PR의 새로운 법칙The New Rules of Marketing & PR》, 《인터넷 마케팅World Wide Rave》 저자

머리말

모든 청중이 열광하는
대단한 프레젠터가 되려면

"아무리 새롭고 신선한 아이디어를 가졌더라도
효과적으로 설명하지 못하면 쓸모가 없다."

― 그레고리 번스(Gregory Berns)

스티브 잡스는 세계 최고의 프레젠터다. 누구도 잡스처럼 프레젠테이션을 잘하는 사람은 없다. 잡스의 프레젠테이션을 보고 있노라면 두뇌에서 도파민이 분비되어 저도 모르게 흥분하게 된다. 그래서 어떤 사람들은 그가 프레젠테이션할 때 좋은 자리를 잡으려고 추운 날씨에도 밤을 샐 정도다. 또, 그의 프레젠테이션에 흥분하는 어떤 사람들은 한동안 이를 맛보지 못하면 금단 증상을 겪기도 한다. 그래서 잡스가 기조연설 행사에 불참하면 항의하겠다고 협박까지 한다. 2009년 맥월드 엑스포에서 잡스가 기조연설을 하지 않을 것이라고 애플이 발표했을 때, 실제로 그런 일이 일어났다(애플은 IDG월드 엑스포가 주최하는 이 연례행사에 더 이상 참여하지 않겠다고 발표했다).

그래서 당시 애플의 부회장인 필 쉴러 Phil Schiller가 전설적인 프레젠터의 대타로 나섰다. 그 누가 나선들 청중의 기대를 충족시키지는 못했겠지만 쉴러의 프레젠테이션은 훌륭했다. 그 이유는 잡스의 프레젠테이션 기술을 활용했기 때문이다. 그럼에도 불구하고 많은 사람들이 잡스의 빈자리를 아쉬워했다. 〈포춘〉의 존 포트 Jon Fortt 기자는 "PC를 발명하고, 인터넷을 상용화시키면서 회사를 세계적인 규모로 키웠던 1세대 천재들의 시대가 저물고 있다"[1]고 기록했다.

스티브 잡스의 기조연설은 청중에게 특별한 경험을 선사하지만 접할 기회가 많지 않다. 팬, 투자가, 고객들은 애플 행사에서 그를 더 자주 보기를 바란다. 그러나 잡스가 2009년에 병가를 내고, 애플이 맥월드 엑스포에서 발을 빼면서 그가 30년 넘게 갈고 닦은 프레젠테이션을 볼 기회가 줄어들지 모른다(나중에 밝혀진 바에 따르면 잡스는 무사히 간이식수술을 받고 경영일선에 복귀할 것이라고 한다). 그래서 이 책에서는 잡스가 선보인 최고의 프레젠테이션을 골라 그 비법을 최초로 밝히고자 한다. 그리고 독자 여러분은 이 책을 통해 청중을 압도하는 기술들을 배우게 될 것이다.

애플 팬들 사이에서 '스티브 노트 Steve note'라 불리는 맥월드 기조연설을 보면, 독자 여러분도 자신의 프레젠테이션 스타일, 즉 말하는 내용과 방법을 다시 생각할 것이다. 나는 비즈니스위크닷컴에 스티브 잡스와 그의 프레젠테이션에 대해 글을 쓴 적이 있는데, 이 글은 곧 세계적으로 인기를 얻었다('가짜 스티브 잡스' 블로그를 운영했던 대니얼 라이언스 Daniel Lyons 도 그 글을 언급했다). 아이디어를 전달하는 방식을 개선하고 싶어 하는 사람들은 맥을 사용하든 사용하지 않든, 모두 그 글에 흥미를 가졌다. 그중에는 잡스를 직접 보거나 그의 동영상을 본 사람도 있었지만, 대다수는 한 번도 잡스의 기조연설을 본 적이 없었다. 그럼에도 그들은 그 글에서 새로운 시각을 얻어 자신의 프레젠테이션을 원점에서 다시 돌아보게 되었다.

유튜브에 올라온 동영상을 참고하면 이 책에서 소개하는 기술들을 보다 잘 이해할 수 있다. 현재 유튜브에는 스티브 잡스의 동영상이 3만 5,000개 넘게 올라와 있다. 이 수치는 다른 유명 경영자인 리처드 브랜슨 Richard Branson 버진그룹 회장(1,000개), 스티브 발머 마이크로소프트 회장(940개), 잭 웰치 GE 전 회장(175개)의 동영상보다 훨씬 많은 것이다.

잡스는 어떻게 아이디어를 홍보해야 사람들을 끌어들일 수 있는지 안다. 그의 프레젠테이션은 잠재고객을 구매고객으로, 구매고객을 충성고객으로 바꾸는 힘을 발휘한다. 독일의 사회학자인 막스 베버 Max Weber 는 카리스마를 '보통 사람들과 다른 초자연적·초인간적 능력, 혹은 적어도 예외적인 힘이나 자질을 가졌다고 평가 받는 특별한 품성'[2]이라고 정의했다. 잡스에게는 바로 그런 카리스마가 있다. 잡스의 팬들은 그를 초인으로 떠받든다. 그러나 카리스마에 대한 베버의 정의에는 틀린 부분이 하나 있다. 그는 보통 사람들은 카리스마를 얻을 수 없다고 말했는데, 결코 그렇지 않다. 잡스가 프레젠테이션 내용을 구성하고 전달하는 방식을 제대로 배운다면 당신도 카리스마를 가질 수 있으며, 잡스가 선보인 기술의 일부만 취해도 다른 평범한 프레젠터들보다 앞서갈 수 있다. 그렇게 되면 당신의 경쟁자와 동료들은 마치 아마추어처럼 보일 것이다.

프레젠테이션 디자인 전문가 낸시 듀아테Nancy Duarte는《슬라이드올로지Slideology》에서 이렇게 말했다. '오늘날 프레젠테이션은 핵심적인 비즈니스 커뮤니케이션 도구가 되었다. 프레젠테이션의 질에 따라 기업의 설립 여부, 제품 출시 여부, 공공정책의 실시 여부가 결정되기도 한다. 부실한 프레젠테이션 때문에 아이디어나 프로젝트 혹은 경력이 좌초되는 경우도 있다. 매일 수백만 건씩 발표되는 프레젠테이션 중에서 효율적으로 전달되는 것은 소수에 불과하다.'[3]

듀아테는 앨 고어의 35밀리미터 슬라이드들을 〈불편한 진실An Inconvenient Truth〉이라는 뛰어난 다큐멘터리로 탈바꿈시켰다. 애플 이사회에 소속된 앨 고어 역시 스티브 잡스처럼 프레젠테이션을 특별한 경험으로 만든다. 두 사람은 모두 비즈니스 커뮤니케이션을 혁신하면서 우리에게 교훈을 준다. 그러나 고어는 한 가지 프레젠테이션을 수백 번 반복했고, 잡스는 1984년에 매킨토시를 소개한 이후 매번 다른 프레젠테이션을 선보였다. 앞으로 자세히 소개하겠지만 잡스의 매킨토시 소개는 지금도 미국 비즈니스 역사상 가장 극적인 프레젠테이션의 하나로 평가 받는다.

소통 능력의 중요성

"최하위 직급에서 한 단계 오른 후부터 당신은 말과 글을 통해 다른 사람과 소통하는 능력에 따라 평가된다."[4]

– 피터 드러커

　나는 잡스가 그 후로도 25년에 걸쳐 프레젠테이션 스타일을 발전시켰다는 점을 놀랍게 생각한다. 1984년의 프레젠테이션만 해도 당대 최고로 꼽기에 부족함이 없었다. 그러나 잡스의 최고 프레젠테이션은 2007년과 2008년 맥월드 엑스포의 기조연설이었다. 이때 잡스는 그간 청중과 소통하기 위해 습득했던 모든 것들을 보여주면서, 진정으로 놀라운 순간들을 만들어냈다.

　물론 당신의 프레젠테이션은 잡스의 프레젠테이션과 비교될 것이다. 잡스는 정보 전달에 치중되어 있던 따분한 슬라이드 쇼를 영웅과 악당, 조연, 멋진 배경이 어우러진 한 편의 드라마로 탈바꿈시켰다. 마이클 힐트직 Michael Hiltzik은 잡스의 프레젠테이션을 보고 〈로스앤젤레스 타임스〉 기사에 이렇게 썼다. "잡스만큼 회사의 성공과 밀접하게 관련된 CEO는 없다. … 잡스는 애플의 혜안이자 선동가다. 선동가로서 잡스의 면모를 확인하고 싶다면 2001년 10월에 열린 아이팟 출시 행사의 동영상을 보라. 그때 잡스의 무대 장악력은 그야말로 대단했다. 나는 최근 유튜브에서 그 동영상을 다시 봤을 때도 그의 연출에 열중하지 않을 수 없었다."[5] 이처럼 잡스는 사람들이 따라잡아야 할 기준을 높이는, 비즈니스계의 타이거 우즈다.

당신도 청중을 사로잡는 잡스의 기법들을 파악하고 응용할 수 있다. 이 책에서 소개하는 방법론을 따라가다 보면 당신도 뛰어난 프레젠테이션으로 보다 설득력 있게 아이디어를 전달할 수 있을 것이다.

이 책을 성공적인 프레젠테이션을 위한 지도로 생각하라. 이 책은 마치 잡스가 당신에게 직접 말하는 것처럼 당신이 제품과 서비스, 회사, 사업의 이면에 놓인 가치를 잘 전달하도록 도와줄 것이다. 당신이 신제품을 출시하는 CEO이든, 투자가들을 설득해야 하는 기업가이든, 고객에게 제품을 소개하는 영업 담당자이든, 학생들을 가르치는 교사이든 간에 잡스로부터 배울 점이 있다. 대부분의 프레젠테이션은 정보 전달에 치중하지만 잡스의 프레젠테이션은 다르다. 잡스의 프레젠테이션은 청중에게 놀라움과 영감과 흥분을 주는 체험, 혹은 '현실왜곡장 reality distortion field (애플 직원들이 잡스의 카리스마를 일컫는 말-옮긴이)'을 만든다.

흔히 스티브 잡스는 카리스마 넘치고 흡인력과 장악력이 뛰어난 사람으로 평가 받는다. 반면 그의 대인관계는 대체로 그만큼 좋은 평가를 받지 못한다. 잡스는 특별한 제품을 창조하고 강한 충성심을 유도하지만, 주변 사람들에게 공포심을 주기도 하는 복잡한 인물이다. 열정적인 완벽주의자와 혜안가라는 두 측면은 자기 식으로 일이 진행되어야 직성이 풀리는 폭발성 강한 조합을 만들어낸다.

이 책은 스티브 잡스의 모든 면을 다루지 않는다. 이 책이 초점을 두는 것은 보스로서의 잡스가 아니라 커뮤니케이터로서의 잡스다. 또한 이 책은 구체적인 프레젠테이션 디자인을 가르치지 않는다. 그 부분은 그래픽 디자인에 헌신해온 권위자들의 몫이다. 이 책은 잡스의 프레젠테이션과 커뮤니케이션 기법에 숨겨진 탁월함의 비밀을 찾아내 당신이 보다 효율적으로 프레젠테이션하도록 도와줄 것이다. 이를 위해 잡스가 애플 브랜드의 이면에 놓인 이야기를 어떤 방식으로 창조하고 전달했는지 구체적으로 분석할 것이다. 이 책에서 배울 내용은 다음과 같다.

- 메시지를 구성하는 법
- 아이디어를 전달하는 법
- 제품이나 기능에 대한 사람들의 기대를 고조시키는 법
- 프레젠테이션을 인상적인 경험으로 만드는 법
- 충성고객을 만드는 법

이런 기술들은 당신이 뛰어난 프레젠테이션을 하도록 도와줄 것이다. 이 책의 내용은 쉽게 배울 수 있지만 응용하는 것은 어디까지나 스스로에게 달려 있다. 스티브 잡스처럼 프레젠테이션하려면 많은 노력이 필요하다. 그러나 그 노력은 당신의 경력과 당신이 속한 조직에 충분한 보상을 안겨줄 것이다(내용과 관련된 참조사항, 조언, 동영상은 carminegallo.com에서 찾을 수 있다).

'나라고 못하란 법 있어?'

나는 CNBC 프로그램 〈도니 도이치와 함께하는 멋진 생각The Big Idea with Donny Deutsch〉에 출연하면서 도이치의 엄청난 에너지에 놀랐다. 도이치는 시청자들에게 이런 조언을 했다. "열정을 좇아 돈을 번 사람을 보면 '나라고 못하란 법 있어?'라고 생각하세요."[6]

이 책을 읽는 독자들도 그렇게 생각하기를 바란다. 앞으로 잡스의 대단한 면을 다룬 내용이 나오면 '나라고 못하란 법 있어? 나라고 잡스처럼 청중에게 활력을 불어넣지 못하란 법 있어?'라고 생각하라. 당연히 당신도 할 수 있다. 잡스는 프레젠테이션 능력을 타고나지 않았다. 그는 자신의 실력을 갈고닦았을 뿐이다. 그래서 그의 프레젠테이션은 해가 갈수록 더욱 발전했다. 잡스는 슬라이드와 시연, 세부 사항에 심혈을 기울여 언제나 더 발전된 모습을 추구했다. 그래서 그의 모든 프레젠테이션은 하나의 이야기가 되고, 모든 슬라이드는 하나의 장면이 된다.

그런 면에서 잡스는 배우였다. 모든 위대한 배우들과 마찬가지로, 그는 제대로 될 때까지 연습을 거듭했다. 언젠가 잡스가 이런 말을 한 적이 있다. "스스로 척도가 되십시오. 어떤 사람들은 탁월함이 당연하게 받아들여지는 환경에 익숙하지 않습니다."[7] 탁월한 경지에 오르는 지름길은 없다. 잡스처럼 프레젠테이션하려면 오로지 계획과 연습이 필요하다. 최고가 되고 싶다면 잡스만큼 좋은 교사는 없다.

》 **그림 1** 프레젠테이션을 특별한 경험으로 바꾼 애플의 최고 선전가

(사진) 저스틴 설리번(Justin Sullivan) / 게티 이미지(Getty Images)

잡스 식 3막 구조

이 책은 잡스가 가장 좋아하는 프레젠테이션 형태인 3막 구조로 이뤄져 있다. 잡스의 프레젠테이션은 치밀하게 내용을 구성한 다음 충분한 연습을 거쳐 공연되는 연극과 매우 유사하다. 잡스는 2005년 10월 12일에 비디오 아이팟을 소개할 무대로 산호세에 있는 캘리포니아 극장을 선택했다. 그는 장소에 걸맞게 전통적인 고전극 형식인 3막 구조로 제품 소개를 진행했다. 우선 1막에서 그는 비디오카메라가 내장된 신형 아이맥 G5를 소개했다. 그리고 2막에서는 최초로 동영상을 보여주는 5세대 아이팟을 공

개했다. 끝으로 3막에서는 아이튠즈와 비디오 아이팟으로 ABC 프로그램들을 볼 수 있게 되었다는 소식을 알리고, 아이튠즈 6에 대해 설명했다. 또한 그는 전설적인 재즈음악가 윈튼 마살리스[Winton Marsalis]의 연주로 앙코르 공연까지 마련했다. 이 책은 잡스의 프레젠테이션처럼 3막으로 구성된다. 구체적인 내용은 다음과 같다.

- **1막 : 이야기를 창조하라.** 7개 장으로 구성된 1막에서는 브랜드의 이면에 있는 흥미로운 이야기를 끄집어내어 구성하는 방법들을 제시할 것이다. 힘 있는 이야기는 청중을 사로잡을 수 있는 능력과 자신감을 제공한다.
- **2막 : 경험으로 만들어라.** 6개 장으로 구성된 2막에서는 잡스처럼 프레젠테이션을 시각적이며, 청중과 정서적 교감을 나누는 특별한 경험으로 만드는 방법을 제시할 것이다.
- **3막 : 다듬고 연습하라.** 5개 장으로 구성된 3막에서는 몸짓, 말투, 연출법 등을 다룰 것이다. 여기서는 잡스가 즐겨 입었던 터틀넥 스웨터와 청바지, 그리고 그가 신었던 운동화가 왜 당신에게는 경력을 끝장낼 수 있는 위험한 선택인지와 같은, 복장에 대한 조언까지도 제공할 것이다.

각 막 사이에는 인지과학과 프레젠테이션 디자인 부문의 최신 정보들을 소개하는 짧은 막간극이 들어갈 것이다. 이 정보들은 당신의 프레젠테이션을 새로운 수준으로 끌어올릴 것이다.

당신이 정말로 파는 것은 무엇인가?

앨런 도이치먼 Alan Deutschman은 《못 말리는 CEO 스티브 잡스 The Second Coming of Steve Jobs》에서 '잡스는 전자기기처럼 지루할 수 있는 소재로 흥미롭고 극적인 이야기를 만드는 데 도가 텄다'[8]고 썼다. 내가 만난 경영인 중 그런 재능을 가진 사람은 극소수였다. 그중 한 명이 시스코 CEO인 존 챔버스 John Chambers다. 챔버스는 인터넷 네트워크를 구성하는 라우터와 스위치를 팔지 않는다. 그는 우리가 생활하고, 일하고, 놀고, 배우는 방식을 바꾸는 도구를 판다.

뛰어난 커뮤니케이터들은 생소하거나 일상적인 것에서 의미를 창조하는 능력을 지녔다. 스타벅스 CEO인 하워드 슐츠 Howard Schultz는 커피를 팔지 않는다. 그는 집과 직장 사이에 존재하는 '제3의 공간'을 판다. 재테크 전문가인 수즈 오먼 Suze Orman 역시 신탁예금이나 뮤추얼펀드를 팔지 않는다. 그녀는 '경제적 자유'라는 꿈을 판다. 마찬가지로 잡스는 컴퓨터를 팔지 않는다. 그는 잠재력을 발휘하기 위한 도구를 판다. 당신도 '내가 정말로 파는 것은 무엇인가?'라고 자문하라. 상품 자체는 아무런 감흥을 주지 못한다. 그 상품이 어떻게 생활을 개선시키는지 보여주지 못하면 청중의 마음을 움직일 수 없다. 반면 흥미로운 방식으로 이를 보여주면 진정한 충성고객을 확보할 수 있다.

이 책을 읽다 보면 스티브 잡스가 '우주에 흔적을 남기겠다 to put a dent in the universe'는, 혹은 '세상을 바꾸겠다'는 선구자적 열성으로 가득하다는 사실을 발견할 것이다. 그렇다. 여기서 소개된 기법들을 자기 것으로 만들려면 일종의 사명 의식을 가져야 한다. 당신이 말하고자 하는 주제에 열정을 가졌다면 잡스 수준의 설득력을 발휘하는 데 80퍼센트는 성공한 셈이다. 잡스는 스티브 워즈니악Steve Wozniak과 함께 애플을 창업한 스물한 살 때부터 컴퓨터가 세상을 바꿀 것이라는 비전에 빠졌다. 그의 열정은 곧 주변 사람들에게 전해졌고, 모든 프레젠테이션에서 고스란히 드러났다.

우리는 우리를 움직이는 것에 열정을 느낀다. 이 책의 목적은 당신이 그 열정을 매혹적인 이야기로 바꿀 수 있도록 돕는 것이다. 컴퓨터, 자동차, 금융 서비스, 환경제품 등 당신의 아이디어나 상품이 고객의 생활을 개선하는 일은 얼마든지 가능하다. 그러나 뛰어난 전도사가 홍보하지 않으면 제품이 아무리 뛰어나도 소용없다. 사람들의 관심을 끌지 못하면 제품이 성공할 가능성은 희박하며, 마찬가지로 청중의 관심을 끌지 못하면 프레젠테이션 내용을 이해시키는 일도 불가능하다. 사람들은 따분한 것에 관심을 기울이지 않는다. 청중의 상상력을 자극하는 데 실패해 아이디어가 빛을 보지 못해서는 안 된다. 이제는 잡스의 프레젠테이션 기술들을 활용해 당신이 영향을 미치고 싶은 모든 사람들의 감성과 지성을 자극하라. 다음은 잡스가 프레젠테이션을 시작할 때 종종 한 말이다.

"자, 이제 출발해봅시다."

차례

이 책에 쏟아진 찬사_4
머리말 모든 청중이 열광하는 대단한 프레젠터가 되려면_6

1막 이야기를 창조하라

1장 아날로그 방식으로 계획을 세워라_26

글머리 기호의 종말_27 핵심은 이야기다_29 냅킨에 그리는 아이디어_30 위대한 프레젠테이션의 아홉 가지 요소_31

2장 주목해야만 하는 이유를 제시하라_43

불만과 의구심을 잠재운 설득 화법_45 '내가 왜 관심을 가져야 하지?'_46 당신은 당신도 모르게 청중과 독자를 무시하고 있다_52 제품이 아닌, 꿈과 혜택을 팔아라_55

3장 목적의식으로 무장하라_57

저항할 수 없는 잡스 식 흡인력, 현실왜곡장_58 열정의 근원을 찾아라_59 더 나은 미래에 자극받는 사람들_65 애플과 스타벅스의 공통점_66 '다르게 생각하세요'_69

4장 트위터 식 헤드라인을 만들어라_73

한 줄짜리 헤드라인의 위력_74 잡스의 헤드라인 활용법_76 "인터넷의 흥미, 매킨토시의 간편함"_78 "1,000곡의 노래를 호주머니에"_79 헤드라인 전쟁의 승자, 키노트_80

5장 로드맵을 그려라_85

왜 '곰 네 마리'가 아니라, '곰 세 마리'인가_88 애플의 삼발 의자_91 스티브 발머도 애용하는 3의 법칙_92 청중의 머릿속에 로드맵을 그려주어라_94 세계 최고의 연설문 작성자가 선택한 방법_96 3의 법칙 적용하기_98

6장 공공의 적을 내세워라_102

문제 +해결책 = 전형적인 잡스 식 프레젠테이션_104 CNBC 인터뷰에서 드러난 설득력의 근거_107 애플교 탄생의 원리_108 두뇌는 큰 그림부터 본다_109 짧게, 그러나 가장 명확하게 핵심을 드러내는 법_112 적대자 : 편리한 이야기 도구_113

7장 영웅을 드러내라_116

영웅의 사명_118 "저는 맥입니다""저는 PC입니다"_121 문제와 해결책을 30초 안에_123 잡스는 컴퓨터가 아닌 경험을 판다_124

막간극 1 **10분 규칙을 엄수하라**_128

2막 경험으로 만들어라

8장 슬라이드를 단순하게 구성하라_134

맥월드 2008: 단순성의 예술_139 백 마디 말보다 강력한 한마디 메시지_140

프레젠테이션 디자인 구성의 4원칙_142 그림 우월성 효과_147 사진에 대한 잡스의 애정_148 모든 것을 단순화하라_152 단순함은 궁극의 정교함이다_154

9장 숫자에 옷을 입혀라_155

"절반 가격에 두 배 빠른 속도"_157 구체적이고 생활과 밀접하며 상황에 맞는 의미_157 비유를 통해 숫자를 이해시켜라_159 숫자 비유 명예의 전당_161

10장 놀랍도록 생생한 표현을 써라_166

잡스와 게이츠가 치른 쉬운 영어 시험_167 잡스 식 단어 사용의 세 가지 특징_171 청중의 뇌에 지름길을 만들어주는 법_175

11장 무대를 공유하라_178

뇌는 다양성을 원한다_181 모르는 부분은 전문가에게_181 최고의 판매 수단, 증언_182 고객과 언론을 무대에 세워야 하는 이유_183 조력자들에게 조명을 비춰라_186 무대에 등장한 또 다른 잡스_187

12장 시연을 활용하라_190

좋은 시연의 다섯 가지 요건_192 역사를 만든 시연_194 시연 중에 장난 전화를 건 잡스_196 한 가지에 집중하라_198 '놀라움'이라는 극적 요소를 더하라_202

13장 절정의 순간을 연출하라_204

예술의 경지에 오른 프레젠테이션_206 청중의 뇌에 딱 한 가지 주제만 남겨라_208 단순한 통보를 화제의 뉴스로_210 프레젠테이션을 특별한 경험으로 바꾸는 비결_211

막간극 2 스티브 잡스 대신 무대에 서야 한다면_216

3막 다듬고 연습하라

14장 무대 연출을 마스터하라_224

무대를 죽이는 초대 손님_226　청중의 마음을 움직이는 보디랭귀지_227　스타일 있게 말하라_231　리더처럼 말하고 행동하라_236

15장 자연스러운 모습을 보여라_238

마술적 무대의 이면_239　스티브 잡스와 윈스턴 처칠의 공통점_241　장인을 만드는 마법의 숫자, 1만 시간_243　동영상으로 연습하라_246　즉흥 발언 연습의 5단계_252　무대공포증을 극복하는 최고의 처방_256

16장 적절한 복장을 갖춰라_258

17장 각본을 버려라_262

자연스러운 프레젠테이션을 위한 5단계_265　참고 노트 활용법_267

18장 즐겨라_271

사소한 것에 땀 흘리지 마라_275　이것이 엔포테인먼트다(infotainment)!_276

맺는말 '한 가지 더'_280

감사의 글_286
주석_288

1막

이야기를 창조하라

설득력 있게 아이디어를 전달하는 첫 단계는 이야기story 또는 플롯plot을 만드는 것이다. 평범한 프레젠테이션과 뛰어난 프레젠테이션은 이 단계에서 판가름 난다.

사람들 대부분은 생각을 이야기로 풀어내는 능력이 부족하다. 그러나 유능한 프레젠터들은 이야기하기에 앞서 효율적으로 계획하고, 흥미로운 메시지와 헤드라인을 만들고, 청중이 쉽게 따라올 수 있도록 줄거리를 세우고, 공공의 적을 내세워 드라마를 구성한다.

7장으로 구성된 1막에서는 성공적인 프레젠테이션을 위한 토대를 놓도록 도와줄 것이다. 각 장의 끝에는 '프레젠터의 노트'를 달아 쉽게 응용할 수 있는 간단하고 구체적인 조언들을 정리했다. 각 장의 내용은 다음과 같다.

》 1장 : 아날로그 방식으로 계획을 세워라. 이 장에서는 스티브 잡스 같은 뛰어난 프레젠터들이 프레젠테이션 프로그램을 열기 전에 아이디어를 구상하고 시각화하는 법을 배울 것이다.

》 **2장 : 주목해야만 하는 이유를 제시하라.** 청중은 한 가지 질문을 품고 프레젠테이션을 듣는데, 그 질문이란 '왜 프레젠테이션 주제에 관심을 가져야 하는가'다. 이 질문에 답하지 못하면 청중의 관심을 끌 수 없다.

》 **3장 : 목적의식으로 무장하라.** 스티브 잡스는 25세 때 이미 1억 달러가 넘는 돈을 벌었다. 그러나 그에게 돈은 중요하지 않았다. 이 사실을 이해하면 잡스가 가진 특별한 카리스마의 비밀을 풀 수 있다.

》 **4장 : 트위터 식 헤드라인을 만들어라.** 인맥관리용 사이트인 트위터는 의사소통의 방식을 바꾸었다. 트위터 식으로 핵심만 간추린 헤드라인을 만들면 아이디어를 보다 효율적으로 전달할 수 있다.

》 **5장 : 로드맵을 그려라.** 스티브 잡스는 설득에 효과적인 '3의 법칙'에 따라 주장을 전개한다.

》 **6장 : 공공의 적을 내세워라.** 스티브 잡스의 프레젠테이션은 청중도 반감을 갖는 공공의 적을 내세운다. 적이 등장하면 다음 장을 위한 무대가 마련된다.

》 **7장 : 영웅을 드러내라.** 스티브 잡스의 프레젠테이션은 청중도 공감하는 영웅을 드러낸다. 영웅은 보다 나은 방식을 제시하고, 현상을 타파하며, 혁신을 위한 영감을 심어준다.

1장

아날로그 방식으로 계획을 세워라

"마케팅은 연극을 무대에 올리는 일과 같다."

— 존 스컬리(John Sculley)

스티브 잡스는 비트와 바이트로 구성된 디지털 세계에서 명성을 얻었다. 하지만 그는 펜과 종이를 이용한 전통적인 방식으로 이야기를 만든다. 말하자면 잡스의 프레젠테이션은 홍보 효과를 극대화하기 위한 연극 행사와도 같다. 그래서 갈등, 해소, 악당, 영웅과 같은 연극적·영화적 요소를 가지고 있다. 잡스는 마치 영화감독처럼 프레젠테이션 프로그램을 실행하기 전에 스토리보드를 그리며, 일반 프레젠테이션과 다른 마케팅 드라마를 연출한다.

잡스는 설명을 달고, 슬라이드를 만들고, 제품을 시연하고, 조명을 점검하는 등 프레젠테이션의 모든 세부 사항을 직접 챙긴다. 그는 어떤 면도 소홀하게 다루지 않는다. 잡스의 프레젠테이션은 정상급 프레젠테이션 디자이너들이 추천하는 방식대로 종이 위에서 시작된다. 프레젠테이션 전문가이자 컨설턴트인 가르 레이놀즈 Garr Reynolds는 저서 《프레젠테이션 젠 Presentation Zen》에서 "초기 단계에서 종이와 펜으로 대강의 아이디어를 정리하면 프레젠테이션 프로그램에서 바로 정리할 때보다 분명하고 창조적인 내용을 얻을 수 있다"[1]고 썼다.

프레젠테이션 디자인 전문가들은 생각하고, 그리고, 대사를 쓰는 데 많은 시간을 들이라고 조언한다. 낸시 듀아테는 다큐멘터리 〈불편한 진실〉 제작에 참여한 천재적인 디자이너다. 그녀는 슬라이드 30장으로 구성된 한 시간짜리 프레젠테이션을 준비하는 데 최대 90시간을 들이라고 제안한다. 그중에서 실제로 슬라이드를 제작하는 데는 30시간을 넘기지 말아야 한다.[2] 그리고 첫 27시간은 자료 조사, 전문가 의견 청취, 아이디어 구성, 동료들과의 협력, 이야기 구조 설계에 할애해야 한다.

글머리 기호의 종말

자, 우선 파워포인트를 열어보자. 제목과 부제를 넣을 공간을 가진 빈 슬라이드가 뜰 것이다. 여기서부터 문제가 시작된다. 스티브 잡스의 프레젠테이션은 문자를 많이 사용하지 않기 때문이다. 이번에는 '서식' 메뉴를 눌러보라. '글머리 기호 및 번호 매기기'라는 하위 메뉴가 나타날 것이다. 여기서 두 번째 문제가 등장한다. 스티브 잡스의 프레젠테이션에는 글머리 기호가 없기 때문이다. 이처럼 프레젠테이션 프로그램 자체가 잡스의 프레젠테이션에 반하는 내용을 구성하게끔 되어 있다. 나중에 배우겠지만 문자와 글머리 기호는 정보를 전달하는 가장 비효율적인 수단이다. 따라서 글머리 기호는 식료품 구매 목록을 작성할 때나 쓰는 것이 좋다.

　시각적 프레젠테이션은 청중의 관심을 유도한다. 물론 내용을 시각적으로 구성하려면 계획 단계에서 약간의 노고가 필요하다. 커뮤니케이션 코치인 나는 경영자들의 언론 출연, 프레젠테이션, 대외 발언을 돕는데, 한번은 한 신생기업가의 프레젠테이션을 도와준 적이 있었다. 그는 아칸소 주 벤톤빌 Bentonville에서 60일을 보낸 끝에 월마트 측과 접촉할 기회를 얻었다. 월마트 담당자들은 그가 보유한 기술에 흥미를 느껴 시험 운용을 해보기로 하고, 그 신생기업 경영진에게 프레젠테이션을 요청했다.

　우리는 실리콘밸리에 있는 벤처투자회사 사무실에서 며칠 동안 프레젠테이션 준비에 매달렸다. 첫날은 컴퓨터 없이 펜과 종이로 이야기 골격을 짜는 일만 했다. 그리고 며칠에 걸쳐 미리 잡아놓은 개요를 구체적인 슬라이드로 옮겼다. 그 결과 15분짜리 프레젠테이션에 필요한 슬라이드는 다섯 장뿐이었다. 슬라이드를 만드는 시간보다 이야기를 만드는 시간이 더 오래 걸린 것이다. 일단 줄거리를 완성하면 슬라이드를 디자인하는 일은 쉽다. 청중의 상상력을 자극하는 것은 슬라이드가 아니라 이야기라는 사실을 명심하자.

핵심은 이야기다

클리프 엣킨슨Cliff Atkinson은 《프레젠테이션에 할리우드를 더하라Beyond Bullet Points》에서 "프레젠테이션의 질을 크게 향상시키려면 파워포인트 파일을 만들기 전에 가장 먼저 이야기를 구성해야 한다"[3]고 강조했다. 엣킨슨은 3단계로 프레젠테이션을 준비하라고 제안한다.

쓰기 → 그리기 → 만들기

이 단계에 따르면 먼저 스토리보드, 즉 각본을 쓴 다음 슬라이드를 시각적으로 구성하는 방법을 생각해야 한다. 이에 대한 엣킨슨의 설명을 들어보자. "각본을 쓰려면 폰트나 색상, 배경, 슬라이드 전환 같은 파워포인트와 관련된 세부 문제는 잠시 제쳐두어야 한다. 언뜻 납득이 가지 않을 수 있지만, 먼저 각본을 쓰면 시각적인 가능성을 넓힐 수 있다. 디자인을 시작하기 전에 분명하게 목적을 정의할 수 있기 때문이다. 각본은 청중에게 기쁨과 놀라움을 선사하는 시각적인 스토리텔링 도구로서, 파워포인트의 숨은 힘을 이끌어낸다."[4] 완성된 각본을 손에 쥐었다면 내용을 구성하고 전달할 준비가 된 것이다. 프레젠테이션을 준비할 때는 각본을 완성하는 것이 우선이다.

냅킨에 그리는 아이디어

그림은 생각을 전달하는 가장 강력한 수단이다. 아이디어가 떠오르면 무조건 컴퓨터부터 켜지 말고 차라리 냅킨을 꺼내라. 성공적인 비즈니스 아이디어 중에는 놀랍게도 냅킨에 그린 그림에서 시작된 것들이 많다. 어떻게 보면 비즈니스 아이디어의 세계에서는 파워포인트보다 냅킨이 더 중요한 위치를 차지한다.

사실 나는 냅킨에 사업 아이디어를 그렸다는 이야기를 기자들이 지어낸 줄 알았다. 하지만 '크래니엄 Cranium'이라는 보드게임을 개발한 리처드 테이트 Richard Tait를 만나면서 생각이 바뀌었다. 나는 테이트가 CNBC 인터뷰를 준비하는 일을 도왔는데, 그는 내게 크래니엄 개발 과정을 들려주었다. 테이트는 뉴욕에서 시애틀로 가는 비행기 안에서 보드게임 아이디어를 냅킨에 그렸다. 그 보드게임은 참가자 모두가 적어도 한 가지 부문에서 우수한 능력을 얻을 수 있다는 것이 특징이었다. 그렇게 해서 탄생한 크래니엄은 전 세계적으로 선풍적인 인기를 끌었으며 나중에 미국 게임기 전문 업체 하스브로 Hasbro에 팔렸다. 이처럼 세계적으로 성공한 게임도 초기 아이디어는 작은 냅킨에 그릴 수 있을 정도로 간단했다.

사우스웨스트 항공의 창립 일화도 유명하다. 당시 변호사였던 허브 켈러허 Herb Kellerher는 고객인 롤린 킹 Rollin King을 샌안토니오에 있는 세인트앤서니클럽 St. Anthony's Club에서 만났다. 작은 전세항공사를 소유한 킹은 주요 허브 공항을 이용하지 않고 댈러스, 휴스턴, 샌안토니오를 오가는 저가통근항공 사업을 시작하고 싶어 했다. 그는 냅킨에 원을 세 개 그리고 그 안에 도시의 이름을 적은 다음, 서로 연결시켰다. 그림으로만 보면 놀라울 정도로 단순한 사업 계획이었다. 켈러허는 킹의 사업 계획을 바로 이해했다. 그는 그 자리에서 법률자문이 되기로 합의하고(나중에 CEO가 된다) 킹과 함께 1967년에 사우스웨스트 항공을 설립했다. 두 사람은 항공여행의 개념을 재정립하고, 독특한 기업문화를 통해 사우스웨스트 항공을 세계에서 가장 존경 받는 기업으로 만들었다.

두 사례에서 알 수 있듯이 냅킨에 그려진, 단순하지만 분명한 비전의 힘을 과소평가해서는 안 된다.

위대한 프레젠테이션의 아홉 가지 요소

설득력 있는 프레젠테이션 각본은 다음 아홉 가지 요소를 갖추고 있다. 프레젠테이션 프로그램을 열기 전에 먼저 이 요소들을 반영할 방법을 고민해야 한다. 프레젠테이션 아이디어를 구상할 때 다음 요소들을 명심하도록 하자.

헤드라인

청중에게 남기고 싶은 결정적인 아이디어는 무엇인가? 헤드라인은 주어-동사-목적어의 단순한 구조에 140자(영문 기준) 이내로 기억하기 쉽게 만들어야 한다. 스티브 잡스는 아이폰을 공개하면서 "오늘 애플은 전화기를 재발명합니다!"[5]라고 외쳤다. 이것이 헤드라인이다. 헤드라인은 청중의 이목을 끌고 그들이 관심을 기울일 이유를 제시해야 한다. 미국에서 가장 많이 팔리는 일간신문인 〈USA 투데이〉를 읽고 헤드라인을 구성하는 법을 참조하는 것도 좋은 방법이다. 다음은 몇 가지 사례다.

- '애플의 얇은 맥북, 기능은 두툼하다'
- '애플이 레오파드Leopard(표범) 운영체제를 풀어놓다'
- '애플, 아이팟을 줄여놓다'

열정 선언

연설의 대가 아리스토텔레스는 연설을 잘하려면 '파토스pathos' 혹은 주제에 대한 열정을 가져야 한다고 주장했다. 그러나 프레젠터 중에서 주제에 대한 열의를 적극적으로 표현하는 사람은 드물다. 반면 스티브 잡스는 프레젠테이션을 할 때마다 그가 들떠 있다는 느낌을 줄 정도로 열정을 드러낸다. 그의 열정과 에너지는 주변 사람들의 혼을 빼놓을 정도로 강렬하다. 다음 문장에 맞춰 열정 선언을 완성해보자.

"나는 _____ 한 이유 때문에 이 제품(기업, 운동, 사양 등)에 열정을 가집니다."

열정 선언을 완성했다면 부끄러워하지 말고 다른 사람들과 공유하라.

세 가지 핵심 메시지

헤드라인과 열정 선언을 완성했다면 청중에게 전달하고 싶은 세 가지 핵심 메시지를 작성하라. 이 메시지들은 발표할 때 메모를 보지 않고도 쉽게 떠올릴 수 있어야 한다. 이 주제는 5장에서 자세하게 다룰 것이다. 우선 청중들의 단기 기억은 서너 가지 요점만 저장할 수 있다는 사실을 명심하도록 하자. 각 핵심 메시지에는 주제를 보충하는 요점들이 뒤따라야 한다.

은유와 유추

핵심 메시지와 요점들을 구성할 때 어떤 수사법을 동원해야 줄거리를 보다 설득력 있게 만들 수 있을지 생각하라. 아리스토텔레스는 은유가 가장 중요한 수사법이라고 말했다. 어떤 사물을 그와 비슷한 성격을 가진 다른 것에 빗대는 은유는 마케팅, 광고, 홍보에서 설득력을 발휘하는 유용한 수단이다.

잡스는 대화나 프레젠테이션에서 은유를 적절하게 사용한다. 그는 한 인터뷰에서 "컴퓨터는 인간이 만들어낸 가장 놀라운 도구라고 생각합니다. 말하자면 컴퓨터는 우리의 지성을 위한 자전거와 같습니다"[6]라고 말했다.

영업인들은 스포츠와 관련된 은유를 즐겨 사용한다. 가령 '우리는 모두 같은 팀을 위해 뛴다' '이건 연습이 아니라 실전이야' '이번에 홈런을 날렸어. 계속 힘내자고' 같은 표현들이 그렇다. 이처럼 흔히 쓰는 은유도 좋지만 청중이 예상하지 못하는 참신한 표현을 찾아보자. 예를 들어 PC 보안전문업체 카스퍼스키^{Kaspersky}가 개발한 새 백신프로그램 광고에서는 매우 흥미로운 은유를 발견할 수 있다. 〈USA 투데이〉에 실린 이 전면 광고는 갑옷을 입은 채 낙담한 모습으로 걸어가는 중세 기사의 뒷모습을 보여준다. 그리고 헤드라인에는 '너무 슬퍼하지 말아요. 당신도 한때는 아주 쓸 만했어요'라고 적혀 있다. 이 광고가 말하고자 하는 것은, 느리고 번거로운 구식 방어 수단을 가진 경쟁 제품들은 더 이상 첨단 해킹 기술에 대적할 수 없다는 것이다. 카스퍼스키는 자사 홈페이지를 비롯한 모든 마케팅 채널에 이 광고를 내보냈다.

유추는 은유와 유사한 수사법으로, 이 역시 매우 효율적이다. 유추는 서로 다른 두 사물을 비교하여 동질성을 강조하는 방법이다. 우리는 유추를 통해 낯선 개념을 보다 쉽게 이해할 수 있다. 가령 '마이크로프로세서는 컴퓨터의 뇌'라는 표현은 인텔 같은 회사에 적합한 유추다. 마이크로프로세서는 뇌와는 별개의 사물이지만 여러 측면에서 뇌와 같은 기능을 수행하기 때문에 이 표현은 매우 유용하게 쓰일 수 있다.

이처럼 강력한 표현을 찾았다면 프레젠테이션, 홈페이지, 마케팅 채널에 걸쳐 일관성 있게 활용해야 한다. 잡스는 특히 마이크로소프트를 공격하면서 유추를 즐겨 사용했다. 그는 〈월스트리트

저널〉의 월트 모스버그Walt Mossberg와 인터뷰했을 때 윈도우 사용자들이 가장 많이 쓰는 음원관리 프로그램이 아이튠즈라는 사실을 지적하면서 이렇게 말했다. "그건 마치 지옥에 있는 사람에게 한 잔의 얼음물을 주는 것과 같아요!"7

시연

잡스는 시연을 통해 프레젠테이션에 임원, 협력 업체, 제품을 참여시킨다. 시연은 그의 프레젠테이션에서 큰 비중을 차지한다. 잡스는 2007년 6월 세계개발자회의Worldwide Developers Conference(애플이 새로운 소프트웨어와 기술을 선보이는 연례행사)에서 레오파드라는 이름을 가진 OS X 운영체제를 발표하면서 이 체제가 새로운 기능 300가지를 갖추었다고 소개했다. 그는 그중 타임머신(자동백업 기능), 부트 캠프(윈도우 구동 기능), 스택스Stacks(파일 정리 기능)를 비롯해 열 가지를 골라 시연했다. 그는 단지 새 기능들을 슬라이드로 설명하는 데 그치지 않고 실제 작동하는 모습을 보여주었다. 시연 대상에 선정된 기능들은 그가 언론에 강조하고 싶은 것들이었다. 언론이 300가지 기능 중에서 어떤 것을 집중 조명할지는 모르지만, 그는 직접 주요 기능을 선별하고 그 이유를 설명했다.

당신의 제품도 시연이 가능한가? 그렇다면 프레젠테이션의 내용에 시연을 포함시켜라. 청중들은 당신의 제품이나 서비스를 보고, 만지고, 경험하고 싶어 한다. 시연을 통해 제품이나 서비스에 생명을 불어넣어라.

나는 실리콘밸리에 있는 한 신생 반도체기업의 CEO가 기업공개를 앞두고 투자유치에 나서는 일을 도운 적이 있다. 그 회사는 노트북용 오디오 칩을 생산했는데, 투자가들을 대상으로 한 프레젠테이션을 미리 선보이는 자리에서 그 CEO는 손톱만 한 칩을 들어보였다. 그는 "이 조그만 칩이 얼마나 멋진 소리를 내는지 믿기 힘들 겁니다. 한 번 들어보세요"라고 말한 다음, 노트북의 볼륨을 높였다. 회의실에 있던 사람들은 모두 노트북에서 울려나오는 음악 소리에 강한 인상을 받았다. 그래서 여기에 보다 극적인 효과를 덧붙여 같은 시연을 투자가들 앞에서 하기로 했다. 그 결과 주식공개는 대성공을 거두었다. 나중에 그 회사에 투자한 사람이 내게 전화를 걸어 "어떻게 도왔는지 모르지만 프레젠테이션이 아주 좋았어요"라고 말했다. 나는 스티브 잡스의 기법을 빌렸다는 말은 하지 않았다.

파트너

잡스는 제품뿐만 아니라 주요 파트너와 함께 무대를 공유했다. 그는 2005년 9월에 마돈나의 모든 앨범을 아이튠즈에서 구할 수 있다고 발표했다. 그때 마돈나가 웹캠을 통해 등장했다. 그녀는 가능한 한 오래 버티려고 했지만 자기 노래를 다운로드할 수 없는 것을 더 이상 참지 못했다고 농담조로 말했다. 이처럼 잡스는 가수든, 인텔이나 폭스나 소니 같은 협력 업체의 CEO든 간에 애플의 성공에 기여한 사람들을 프레젠테이션에 종종 등장시켰다.

있다. 일전에 캘리포니아딸기협회 California Strawberry Commission 가 동부에서 진행할 프레젠테이션을 도운 적이 있었다. 위원들은 내게 딸기밭 풍경을 담은 동영상을 보여주었다. 나는 그 멋진 풍경을 프레젠테이션에 포함시키자고 제안했다. 실제 프레젠테이션은 "여러분은 아마 캘리포니아 딸기밭을 한 번도 방문한 적이 없으실 겁니다. 그래서 그 풍경을 보여드리려고 합니다"라는 말과 함께 동영상을 보여주는 형식으로 진행되었다. 이 부분은 전체 프레젠테이션에서 가장 인상적이었으며, 청중들로부터 후한 평가를 받았다.

차트, 전시물, 기타 소도구

경로별 학습 유형은 세 가지로 나뉜다. 그것은 시각, 청각, 운동이다. 사람들 대부분은 눈으로 보고 배우는 시각 유형에 속한다. 그러나 다른 유형의 사람들에게도 호소할 수 있는 방법을 찾아야 한다. 프레젠테이션은 슬라이드를 보여주는 것으로 끝나서는 안 된다. 화이트보드, 차트, 태블릿 PC 등 다양한 수단을 활용하고 청중들이 보고, 만지고, 사용할 수 있는 실물이나 소도구를 준비하라. 이 세 유형의 학습 경로를 모두 활용하는 방법에 대해서는 12장에서 보다 자세히 다룰 것이다.

대부분의 프레젠터들은 슬라이드에 지나치게 매몰되는 경향을 보인다. 그래서 어떤 글씨체를 쓸지, 어떤 글머리 기호나 문장부호를 쓸지, 그래프나 그림을 넣어야 할지 말아야 할지 고심한다. 이런 문제들은 계획 단계에서 고심할 것들이 아니다. 이미 제품이 나와 있다면 슬라이드가 아닌 다른 방식으로 보여주어라. 잡스는 2008년에 알루미늄을 통째로 깎아서 만든 새로운 맥북 라인을 소개했다. 그는 제조과정을 설명한 다음 청중에게 실물을 전달하여 직접 보고 만질 수 있게 했다.

이와 같은 요소들을 프레젠테이션에 통합하면 흥미로운 이야기를 들려주는 데 도움이 된다. 슬라이드 자체는 이야기를 들려주지 않는다. 다만 이야기를 보완할 뿐이다.

이 책은 특정한 소프트웨어를 추천하지 않는다. 소프트웨어는 프레젠테이션의 효과를 좌우하는 결정적인 요소가 아니다. 그래서 파워포인트와 키노트Keynote(애플에서 만든 프레젠테이션 소프트웨어-옮긴이)를 따로 비교하지 않을 것이다.

성공적인 프레젠테이션을 결정하는 요소는 소프트웨어가 아니라 프레젠터다. 잡스는 2002년부터 키노트를 사용하기 시작했다. 그러나 다른 프로그램을 사용한 1984년에도 뛰어난 프레젠테이션을 선보였다. 소프트웨어는 프레젠테이션의 질을 좌우하지 않는다. 즉 잡스처럼 키노트를 쓴다고 해서 저절로 프레젠테이션 수준이 향상되지는 않는다. 청중을 사로잡으려면 슬라이드를 만드는 일보다 줄거리를 구성하는 일에 더 시간을 들여야 한다.

먼저 화이트보드나 노트에 아이디어를 적어라. 그러면 이야기를 시각화하고 구성 요소들을 단순화하는 데 도움이 된다. 길 아멜리오Gil Amelio가 물러난 1996년에 애플로 복귀한 잡스는 40종이 넘는 제품군을 과감하게 줄였다. 린더 카니 ^Leander Kahney^가 쓴 《잡스처럼 일한다는 것 ^Inside Steve's Brain^》을 보면 당시 "잡스는 주요 임원들을 사무실로 불러 화이트보드에 칸을 4개 그렸다. 그리고 위 칸에 일반인과 전문가, 아래 칸에 노트북과 데스크톱이라고 썼다."[9] 이후 애플은 잡스의 지휘 아래 네 가지 컴퓨터만 생산하게 되었다. 그것은 일반인과 전문가를 위한 노트북과 데스크톱이었다.

이처럼 잡스는 시각적인 사고를 통해 최선의 전략을 도출했다. 도구가 화이트보드든, 노트든, 포스트잇이든 간에 프레젠테이션 프로그램을 열기 전에 구상하는 시간을 충분히 가져라. 그러면 최종 결과물이 보다 흥미롭고 인상적이며 알찬 내용을 갖출 것이다.

아리스토텔레스의 설득력 있는 주장 5단계

스티브 잡스의 프레젠테이션은 아리스토텔레스가 말한 설득력 있는 주장의 5단계를 따른다.

1. 청중의 관심을 자극하는 이야기를 꺼낸다.
2. 해결해야 할 문제나 대답해야 할 의문을 제기한다.
3. 제기한 문제에 대한 해결책을 제시한다.
4. 제시한 해결책에 따른 구체적인 혜택을 설명한다.
5. 행동을 요청한다. 잡스의 경우는 "이제 가서 사세요!"라는 말이 될 것이다.

프레젠터의 노트

》 프레젠테이션 프로그램을 열기 전에 계획부터 세워라. 종이나 화이트보드에 아이디어를 간략히 정리하라.

》 헤드라인, 열정 선언, 세 가지 핵심 메시지, 은유와 유추, 시연, 파트너, 고객의 증언이나 제3자 인증, 동영상, 소도구와 같은 요소들을 프레젠테이션에 포함시켜 프레젠테이션을 생기 있게 만들어라.

》 소프트웨어는 프레젠테이션의 질과 아무 관계가 없다. 중요한 것은 이야기를 만들고 전달하는 방식이다.

2장

주목해야만 하는 이유를 제시하라

> "고객 경험에서 시작해서 기술로 거슬러 올라가야지,
> 거꾸로 하면 안 됩니다."
>
> – 스티브 잡스, 1997년 5월 25일, 세계개발자회의

애플은 1998년 5월에 4퍼센트 미만으로 떨어진 컴퓨터 시장의 시장점유율을 끌어올리기 위해 신제품 아이맥을 출시했다. 잡스는 아이맥을 공개하기 전에 개발 이유와 목표 시장, 그리고 고객에 대한 혜택을 설명했다.

아이맥은 모든 것을 갖추었지만 특히 고객들이 가장 원하는 부분에 초점을 맞춰 개발되었습니다. 그것은 인터넷을 쉽고 빠르게 이용할 수 있도록 해주는 기능입니다. 또한 교육적인 목적에 맞도록 개발했습니다. 교육계에서 아이맥에 대한 수요가 많습니다. 아이맥은 학교에서 필요한 기능 대부분을 완벽하게 갖추고 있습니다. … 우리는 시장에 나와 있는 모든 컴퓨터를 조사했습니다.

그리고 몇 가지 공통점을 발견했습니다. 첫째는 속도가 아주 느리다는 점인데, 이는 작년에 나온 프로세서를 쓰기 때문에 그렇습니다. 둘째는 모니터가 형편없다는 점입니다. … 또 네트워킹이 안 되는 경우가 많고, 입출력 장치도 구식입니다. **이것이 무슨 의미인가 하면**, 기존의 컴퓨터는 성능이 부족하고 쓰기 어렵다는 것입니다. … 게다가 아주 못생겼어요! 그래서 여러분에게 아이맥을 소개하고자 합니다.[1]

잡스는 현재 시장에 나와 있는 제품들의 약점을 지적한 다음, 앞으로 자세히 설명할 내용에 대한 로드맵을 그렸다(로드맵에 대한 자세한 내용은 5장 참조). 그는 로드맵을 통해 신형 아이맥이 '바람소리가 날 정도로' 빠르고, '멋진' 15인치 모니터와 대용량 메모리를 갖추었으며, 학교와 가정에서 인터넷에 쉽게 접속할 수 있다는 사실을 청중에게 각인시켰다. 그러고 나서 깜짝쇼를 즐기는 그답게 무대 중앙으로 걸어가 아이맥 위에 덮인 천을 벗겼다.

청중은 정보와 재미를 원한다. 그들은 제품 및 사용법에 대한 정보를 쉽고 재미있게 얻기를 바란다. 그러나 가장 바라는 것은 다음 질문에 대한 회사의 대답이다. 즉 '내가 왜 이 제품에 관심을 가져야 하는가?'에 대한 답변을 원한다.

위에 인용된 잡스의 소개말을 자세히 살펴보자. 그는 "이것이 무슨 의미인가 하면…"이라고 말하면서 청중이 알기 쉽게 내용을 설명해주었다. 잡스는 애플이 출시할 신제품에 대한 내용은 철저하게 숨기지만 출시한 신제품에 대한 내용은 충실하게 소개한다. 애플의 새 컴퓨터와 MP3 플레이어, 휴대전화, 그 외 다른 제품에 관심을 가져야 할 이유는 무엇일까? 걱정하지 마라. 잡스가 말해 줄 것이다.

불만과 의구심을 잠재운 설득 화법

애플은 오랫동안 인텔과 경쟁했다. 1996년에는 인텔의 마스코트인 '버니 맨bunny man'을 불태우는 방송 광고를 내보내기도 했다. 그로부터 10년 후 애플은 경쟁 관계를 접고 IBM의 파워PC 칩 대신 인텔의 프로세서를 새 매킨토시에 사용한다고 발표했다. 잡스는 2005년 6월 6일 샌프란시스코에서 열린 세계개발자회의에서 이 사실을 공식적으로 알렸다.

애플이 프로세서를 바꾼다는 소문이 돌기 시작한 몇 달 전부터 많은 사람들이 우려의 목소리를 냈다. 〈이위크eWeek〉 기자들은 아무 문제없는 파워PC 칩을 인텔 프로세서로 바꾼다는 사실을 믿기 어려워했다. 개발자들도 볼멘소리를 했다. 잡스는 프로세서 교체가 옳은 일이라는 것을 청중들에게 설득시켜야 했다. 그의 프레젠테이션은 대단한 설득력을 발휘하여 여론을 바꾸는 데 성공했다. 그 이유는 단순하고 직접적인 화법으로 가장 중요한 질문에 답을 제시했기 때문이다. 그 질문은 애플의 고객과 개발자들이 '왜 프로세서 교체에 관심을 가져야 하는가'였다.

네, 사실입니다. 우리는 파워PC 칩을 인텔 프로세서로 교체합니다. 그 이유가 무엇일까요? OS 9에서 OS X로 넘어간 지 얼마 되지도 않았는데 말이죠. 지금 판매도 잘되지 않습니까? 하지만 우리가 교체를 단행한 이유는 고객들이 기대하는 최고의 컴퓨터를 만들고 싶었기 때문입니다. 저는 2년 전 이 자리에서 이것(3GHz 프로세서를 갖춘 데스크톱)을 약속했지만 그 약속을 지키지 못했습니다. 또 많은 분들이 G5가 장착된 파워북을 원했지만 그것도 제공하지 못했습니다. 그러나 그보다 더 중요한 이유가 있습니다. 우리는 지금도 훌륭한 제품들을 보유하고 있지만 앞으로도 여러분을 위해 놀라운 제품들을 만들고 싶습니다. 하지만 파워PC의 개발 일정으로는 우리의 비전을 달성할 수 없습니다. 그래서 교체를 단행한 것입니다.[2]

그날 청중들은 프로세서 교체가 애플과 개발자들, 그리고 고객을 위해 옳은 일이라는 확신을 가지고 돌아갔다.

'내가 왜 관심을 가져야 하지?'

프레젠테이션을 계획할 때 항상 자신이 아닌 청중에게 초점을 맞춰야 한다는 사실을 명심해야 한다. 청중은 '내가 왜 관심을 가져야 하지?'라는 의문을 갖는다. 먼저 이 질문에 올바른 답을 제시해야 청중의 이목을 집중시킬 수 있다.

언젠가 애널리스트들을 상대로 중요한 프레젠테이션을 해야 하는 한 CEO를 도운 적이 있었다. 나는 그에게 어떻게 프레젠테이션을 시작할 생각인지 물었다. 그는 "우리 회사는 위험을 최소화하면서 복잡한 시스템-온-칩의 설계 속도를 크게 향상시킬 수 있는 우수한 반도체 지적재산권 솔루션을 개발합니다"라는, 지루하고 복잡한 소개말을 늘어놓았다. 나는 어려운 용어들을 빼고 왜 고객들이 제품에 관심을 가져야 하는지 분명한 해답을 제시하라고 조언했다.

그는 나의 조언대로 도입부를 바꾸었다. 그는 무대에 나가서 청중에게 휴대전화를 꺼내보라고 요청한 다음 이렇게 말했다. "우리 회사는 여러분이 들고 있는 휴대전화에 들어가는 칩을 제조하는 데 필요한 소프트웨어를 만듭니다. 칩이 작아지고 저렴해지면 휴대전화의 크기도 작아지고, 배터리가 오래가며, 음악과 비디오를 재생할 수 있습니다. 이 모든 것을 우리 회사의 기술이 뒷받침할 것입니다."

청중의 주의를 끌려면 어떤 말이 더 효과적일까? 전문 용어를 배제한 쉬운 내용으로 청중이 귀 기울여야 할 이유를 설명해야 효과적으로 설득할 수 있다.

두 가지 설명 방식

2006년 여름에 인텔은 코어2듀오라는 신형 프로세서를 출시했다. 코어2듀오는 마이크로프로세서 하나당 코어 두 개를 가졌다는 것을 의미한다. 하지만 이런 기술적 설명은 전혀 흥미롭게 들리지 않는다. 반면 핵심적인 의문, 즉 고객이 이 제품에 관심을 가져야 하는 이유를 분명하게 제시하면 훨씬 흥미로운 설명이 가능하다.

우선 두 가지 시나리오를 가정해보자. 두 시나리오 모두 고객이 컴퓨터 매장을 찾아가 판매원에게 노트북에 대한 정보를 묻는다고 하자. 첫 번째는 매장 판매원이 이 책을 읽지 않아서 핵심적인 의문에 제대로 답하지 못한 시나리오다. 반면 두 번째 시나리오에서는 판매원이 고객에게 가장 중요한 의문을 먼저 해결하여 판매에 성공했다.

시나리오 1

고객: 가볍고 빠른 노트북을 찾고 있어요. DVD도 볼 수 있어야 하고요.

판매원: 그럼 인텔 코어2듀오 제품을 보시죠.

고객: 인텔이 컴퓨터도 만들어요?

판매원: 아니요.

고객: 더 자세히 설명해주실래요?

판매원: 코어2듀오 프로세서는 동시에 데이터를 처리하는 고성능 엔진을 2개 갖고 있습니다.

고객: 무슨 말인지 모르겠지만 하여튼 알았어요. 다른 곳에서 찾아봐야겠네요.

이 시나리오의 고객은 다른 매장으로 갈 것이 뻔하다. 판매원은 기술적인 정보를 정확하게 제공했지만, 고객은 새로운 프로세서가 현실적으로 어떻게 도움이 되는지 전혀 이해하지 못했다. 고객이 이를 이해하려면 혼자 힘들게 머리를 굴려야 한다. 하지만 인간의 뇌는 에너지를 보존하기 위해 게으르게 작동하도록 되어 있다.

이와 마찬가지로, 청중은 머리를 많이 써야 하는 프레젠테이션에 흥미를 잃는다. 앞 시나리오에서 판매원은 고객이 질문하는 핵심에 제대로 답하지 못했다. 이번에는 스티브 잡스처럼 말하는 판매원의 경우를 살펴보자.

시나리오 2

판매원: 어서 오십시오. 찾는 제품이 있으십니까?

고객: 가볍고 빠른 노트북을 찾고 있어요. DVD도 볼 수 있어야 하고요.

판매원: 잘 찾아오셨습니다. 저희 매장은 엄청나게 빠른 소형 노트북들을 다양하게 구비하고 있습니다. 혹시 인텔 코어2듀오를 쓰는 제품을 생각해보셨습니까?

고객: 그게 뭐죠?

판매원: 마이크로프로세서는 말하자면 컴퓨터의 뇌라고 할 수 있는데, 코어2듀오라는 프로세서는 컴퓨터 하나에 뇌가 두 개 달린 겁니다. 그것이 무슨 말이냐면, 컴퓨터로 여러 작업을 동시에 할

수 있다는 뜻입니다. 가령 바이러스 검사를 하면서 음악을 다운
로드해도 컴퓨터가 느려지지 않습니다. 또, 프로그램도 훨씬 빨리
뜨고 한 번에 여러 문서를 동시에 작업할 수 있습니다. DVD도 훨
씬 잘 돌아가고, 배터리 수명도 더 오래갑니다. 그게 전부가 아닙
니다. 모니터도 아주 좋습니다.

고객: 그거 괜찮네요. 제품을 한 번 볼 수 있을까요?

이 시나리오에서 판매원은 제품의 혜택을 쉽게 설명하여 고객
이 듣고 싶어 하는 정말 중요한 문제에 답을 제시했다. 이런 방식
으로 고객을 대하도록 판매원들을 교육시킨 회사는 분명 두각을
드러낼 것이다. 사실 이미 그렇게 하는 회사가 있다. 바로 애플이
다. 애플 매장에 들어서면 열성적인 판매원들이 제품의 혜택을
알기 쉽게 설명해준다.

흔히 기자들은 독자가 가장 궁금해 하는 의문에 답을 제시하
는 능력이 뛰어나다. 〈뉴욕타임스〉나 〈USA 투데이〉에 실린 제품
소개를 잘 읽어보라. 독자들이 쉽게 이해할 수 있도록 작성되었
다는 사실을 알 수 있다.

가령 2009년 1월 20일 시스코는 IBM, HP, 델이 장악한 서버
시장에 본격적으로 뛰어들겠다고 발표했다. 그들이 내세울 제품
은 가상화 소프트웨어로 돌아가는 서버였다. 가상화는 아주 설명
하기 어려운 개념이다. 위키피디아에 따르면 서버 가상화는 '물
리적인 서버 하나를 독자적인 하드웨어에서 돌아가는 것처럼 보

이는 복수의 서버로 파티션을 나누는 방법'[3]이다. 이해가 가는가? 아마 어려울 것이다.

〈뉴욕타임스〉의 애슐리 밴스[Ashlee Vance]는 이 내용을 다른 방식으로 설명했다. 그녀의 설명에 따르면 "가상화 제품은 물리적 서버 하나로 애플리케이션 여러 개를 돌려서 전력을 아끼고 하드웨어의 사용 효율성을 높이도록 만들어준다."[4] 이 외에도 밴스는 사람들이 흔히 가질 수 있는 의문, 즉 가상화가 그들과 어떤 관련이 있는지를 구체적으로 설명했다. 이때 그녀가 설정한 청중은 관련 주제에 관심을 가진 투자가, IT 업계의 의사결정자, 기업계 리더들이었다.

사람들은 제품 홍보나 프레젠테이션을 접할 때 "내가 왜 이 제품에 관심을 가져야 하는가?"라고 자문한다. 따라서 당신의 제품을 통해 사람들이 돈을 벌 수 있다면 그 점을 설명하라. 혹은 그 제품을 통해 사람들이 돈을 절약할 수 있다면 그 점을 설명하라. 그리고 당신의 제품을 통해 특정한 일을 보다 쉽고 편하게 할 수 있다면 그 점을 설명하라. 이 설명은 초반에 반복적으로, 명확하게 해야 한다.

잡스는 설명을 할 때 불분명한 부분을 남겨두지 않는다. 그는 새로운 제품이나 기능 이면에 있는 기술을 설명하기 전에 컴퓨터나 MP3 플레이어 혹은 다른 기기 사용에 있어 새 제품을 이용할 때 어떤 개선점이 있는지 분명히 밝힌다(표 2.1 참조).

날짜/제품	혜택
2003년 1월 7일 키노트 프레젠테이션 소프트웨어	"키노트를 사용하는 일은 슬라이드 제작을 돕는 전문 그래픽 부서를 두는 것과 같습니다. 정말로 중요한 프레젠테이션이라면 키노트를 사용하셔야 합니다."[5]
2006년 9월 12일 아이팟 나노	"신형 아이팟 나노는 음악 팬들이 좋아하는 아이팟의 장점을 더욱 강화했습니다. 같은 가격에 저장용량은 두 배로 늘어났고, 배터리 수명은 자그마치 24시간이나 되며, 다섯 가지 색상의 멋진 알루미늄 디자인으로 되어 있습니다."[6]
2008년 1월 15일 타임캡슐	"타임캡슐은 중요한 사진, 동영상, 문서를 대단히 쉽게 저장하고 복구시켜줍니다."[7]
2008년 6월 9일 아이폰 3G	"아이폰을 출시한 지 1년 만에 신형 아이폰 3G를 내놓습니다. 아이폰 3G는 절반 가격에 두 배나 빠릅니다."[8]
2008년 9월 9일 아이튠즈 지니어스 (Genius) 기능	"지니어스는 단 한 번의 클릭으로 전체 음원 목록에서 잘 어울리는 노래들을 골라 자동으로 재생 목록을 만들어줍니다."[9]

》 표 2.1 '혜택'을 파는 잡스 식 설명

당신은 당신도 모르게 청중과 독자를 무시하고 있다

홈페이지, 프레젠테이션, 보도자료 등 모든 마케팅 문서를 작성할 때 가장 중요한 의문에 답을 제시하는 데 중점을 두어라. 보도자료 전문가들은 종종 이 규칙을 지키지 않는다. 대부분의 보도자료는 전문 용어로 가득한 자기 위주의 내용으로 되어 있다. 그래서 보도자료를 제대로 읽는 기자들이 드물다. '왜 우리 독자들이 이 문제에 관심을 가져야 하는가?'라는, 가장 중요한 의문에 답하지 않았기 때문이다. 나는 기자로서 수많은 보도자료를 읽었지만 그것을 바탕으로 기사를 쓴 적은 거의 없다. 아마 다른 기자들도 마찬가지일 것이다. 너무나 많은 보도자료가 누구도 신경 쓰지 않는 사실(인사이동, 로고 교체, 사무실 이전 등)을 다루며, 설령 관심 사항이라도 정보를 명확하게 제공하지 않는다. 그래서 대부분의 보도자료는 굳이 관심을 가질 이유를 찾을 수 없다.

참고로 2008년 11월에 나온 몇 가지 보도자료의 내용을 소개한다. 날짜는 중요하지 않다. 읽어보면 한결같이 중요한 의문에 대한 답이 빠져 있다는 사실을 알 수 있을 것이다.

A 산업은 오늘 B 사와 독점 유통 계약을 맺었다고 발표했다. 이 계약에 따라 A 산업은 B 사의 디젤연소액을 전국에 독점 판매하게 되었다.

과연 이 사실에 누가 관심을 가질까? 이 계약이 주주를 비롯한 관계인들에게 어떤 혜택을 주는지 설명했다면 좋았을 것이다. 또 다음 보도자료를 보자.

A 사는 〈피자 마켓플레이스 Pizza Marketplace〉가 뽑은 '2008 올해의 피자 체인'으로 선정되었다.

이 보도자료는 새 경영진이 들어선 이래 A 사가 6분기 연속으로 매출을 늘리면서 지속적으로 수익을 올린 점을 인정받아 올해의 피자 체인으로 선정되었다고 설명했다. 만약 A 사가 그 기념으로 특별할인 행사를 했다면 뉴스 가치가 있을 것이다. 그러나 이 보도자료에는 소비자 입장에서 A 사를 주목할 이유가 나와 있지 않다. 이 보도자료는 내부 경영진 이외의 사람들에게는 별다른 의미가 없는 자화자찬에 불과하다.

A 사는 중국 철강시장에 대한 2008년 연례보고서와 2009년 전망을 제공한다고 밝혔다.

일반인들이 이 내용에 관심을 가질까? 이 보도자료는 기회를 낭비한 사례다. 만일 보고서에 있는 흥미로운 정보를 포함시켰다면 조금은 더 관심이 갔을 것이다. 그러나 아쉽게도 홍보 담당자 대부분은 기자들처럼 독자의 관점을 고려하는 훈련이 되어 있지 않다.

다음은 하와이에 있는 한 전력회사에서 낸 보도자료다.

오늘 A 사는 2009년 1월 1일자로 B 씨를 회장 및 CEO로 선임한다고 발표했다. B 씨는 지난 8월에 물러난 C 씨의 후임이다.

이 보도자료는 여기에 이어 새 CEO가 32년 동안 전력업계에서 일했으며 하와이에서 20년 동안 살았다는 내용을 담았다. 하지만 그래서 독자들이 훈훈한 느낌이라도 받기를 기대하는 것일까? 이 보도자료 역시 투자가와 고객에게 좋은 이미지를 심어줄 수 있는 기회를 낭비했다. 만일 새 CEO가 즉시 회사 서비스를 개선할 것이라는 내용이 들어 있었다면 훨씬 더 흥미로웠을 것이다.

대부분의 보도자료는 독자들에게 중요한 핵심 질문에 답하지 않기 때문에 뉴스 가치를 잃는다. 독자 여러분은 같은 실수를 반복하지 않기를 바란다.

제품이 아닌, 꿈과 혜택을 팔아라

누구도 아무런 혜택이 없는 프레젠테이션이나 홍보에 귀를 기울일 만큼 한가하지 않다. 잡스의 프레젠테이션을 주의 깊게 살펴본다면 그가 제품을 팔지 않는다는 사실을 알 수 있다. 잡스는 더 나은 미래에 대한 꿈을 판다. 애플이 아이폰을 출시했을 때 CNBC 기자인 짐 골드만 Jim Goldman 은 잡스에게 "아이폰이 애플에서 그토록 중요한 이유가 무엇입니까?"라고 물었다. 잡스는 주주 가치나 시장점유율을 언급하는 대신 더 나은 경험을 그 이유로 제시했다. "아이폰은 휴대전화 산업 전체를 변화시킬 수 있다고 생각합니다. 아이폰은 휴대전화 본연의 기능을 훨씬 강화시켰습니다. 또한 최고의 아이팟까지 완벽하게 통합시켰습니다. 그리고 브라우저, 이메일, 구글 맵스까지 지원하는 인터넷 기능을 완벽하게 구현했습니다. 아이폰은 이 모든 것들을 호주머니 안에 쏙 들어가는 작은 기기에 담았습니다. 게다가 아주 사용하기 쉽습니다."[10] 이처럼 그는 '어떻게'보다 '왜'를 먼저 설명한다.

청중들은 제품에 관심이 없다. 그들은 자기 자신에게 관심이 있을 뿐이다. 애플 출신의 '맥 전도사'인 가이 가와사키Guy Kawasaki가 말하는 홍보의 핵심은 "같이 역사를 만드는 방법을 열정적으로 보여주는 것이다. 홍보는 현금흐름, 손익, 공동 마케팅과는 아무 관계가 없다. 홍보는 구체적인 대상이 아니라 꿈을 파는 가장 순수하고 열정적인 형태의 영업이다."[11] 당신도 제품이 아니라 꿈을 팔도록 하라.

프레젠터의 노트

》 왜 청중들이 이 아이디어(정보·제품·서비스)에 관심을 가져야 하는지 자문하라. 청중이 기억해주기를 바라는 단 하나의 내용은 무엇인가? 제품이 주는 혜택을 알리는 데 집중하라.

》 가능한 한 명확하게, 최소한 두 번 이상 핵심적인 내용을 설명하라. 전문 용어를 없애고 메시지를 간결하게 만들어라.

》 보도자료, 홈페이지, 프레젠테이션 등 모든 마케팅 도구에서 핵심적인 내용을 일관되게 전달하라.

3장

목적의식으로 무장하라

"우리는 우주에 흔적을 남기기 위해 여기에 있습니다."

― 스티브 잡스

뉴욕의 대표적인 고급 아파트 산 레모 San Remo는 센트럴파크에 접한 75번가에 자리 잡고 있다. 이 아파트에는 타이거 우즈, 데미 무어, 더스틴 호프만, 보노 같은 유명인들이 산다. 한때 잡스는 특별한 사명을 가지고 이 아파트를 찾은 적이 있다.

 1983년에 잡스는 당시 펩시 회장이었던 존 스컬리를 영입하려고 애썼다. 애플은 스컬리처럼 마케팅과 경영 경험이 풍부한 경영자가 필요했다. 그러나 스컬리는 잡스의 요청에 응하지 않았다. 급여가 원하는 액수보다 적었고, 가족이 서부로 이사해야 하는 점도 걸렸다. 그러나 잡스의 한마디 말이 모든 것을 바꾸었다. 이 말은 애플과 스컬리의 진로를 바꾸었을 뿐 아니라, 신동에서 실패자와 영웅을 거쳐 마침내 전설이 된 잡스의 화려한 인생을 열었다. 스컬리가 《오디세이 Odyssey》에서 회고한 이 대화는 미국 비즈니스 역사상 가장 유명한 말을 남겼다.

우리는 허드슨 강이 내려다보이는 서편 발코니에 앉아 있었다. 잡스는 내게 단도직입적으로 물었다. "애플로 와주시겠습니까?" 나는 이렇게 대답했다. "스티브, 당신이 하는 일을 정말 좋아해요. 항상 흥미롭게 지켜보고 있어요. 경영자라면 누구나 관심을 가질 수밖에 없을 겁니다. 하지만 지금은 그럴 상황이 아니에요. 자문이 되어 당신을 돕고 싶은 마음은 있어요. 하지만 애플로 옮기는 건 안 돼요." 잡스는 고개를 떨어뜨리고 잠시 바닥을 바라보았다. 그리고 얼굴을 들더니 이런 말로 나를 사로잡았다. "계속 설탕물을 팔면서 남은 삶을 보내고 싶으세요, 아니면 세상을 바꿀 기회를 잡고 싶으세요?"[1]

스컬리는 그 말을 듣는 순간 한 대 맞은 듯한 기분을 느꼈다고 말했다.

저항할 수 없는 잡스 식 흡인력, 현실왜곡장

위 사례에서 스컬리는 버드 트리블 Bud Tribble 애플 부회장이 말한 잡스의 '현실왜곡장'을 경험한 것이다. 잡스는 현실왜곡장을 통해 무슨 일이든 납득시킬 수 있는 능력이 있다. 대부분 사람들은 마법과도 같은 잡스의 흡인력에 이끌려 그가 가리키는 약속의 땅으로(혹은 신형 아이팟을 파는 애플 매장으로) 향한다.

애플 제품에 대한 열정이 만들어낸 잡스의 흡인력에 저항할 수 있는 사람은 드물다. 잡스를 접한 사람들은 그가 말하는 방식과 전달하는 열정이 방에 있는 모든 사람을 사로잡는다고 증언한다. 심지어 그런 힘에 대한 저항력을 가진 저널리스트들조차 잡스의 영향으로부터 자유롭지 못하다. 잡스의 전기를 쓴 앨런 도이치먼은 와이어드닷컴wired.com의 편집자인 린더 카니에게 잡스와 대화했던 경험을 이렇게 전했다. "그는 대화할 때 자주 상대방의 이름을 부릅니다. 그리고 레이저 같은 눈빛으로 상대방의 눈을 바라보지요. 그의 눈빛은 마치 영화배우들의 그것처럼 최면을 걸어요. 하지만 정말로 사람을 사로잡는 것은 그가 말하는 방식입니다. 말하는 리듬이나 말에서 풍기는 엄청난 열정은 정말 전염력이 강해요."[2]

열정의 근원을 찾아라

도이치먼은 잡스의 마력이 '말하는 방식'에서 나온다고 말했다. 그렇다면 말하는 방식이 어떻기에 그토록 강한 흡인력을 발휘하는 것일까? 잡스는 열정과 에너지를 가지고 말한다. 그는 어디서 그런 열정이 나오는지 직접 밝힌 적도 있다. "여러분이 사랑하는 일을 찾아야 합니다. 일은 인생에서 큰 부분을 차지합니다.

진정한 만족감을 얻는 유일한 방법은 가치 있는 일을 하는 것입니다. 그리고 가치 있는 일을 하는 유일한 방법은 자기 일을 사랑하는 것입니다. 아직 그런 일을 찾지 못했다면 계속 둘러보세요. 포기하면 안 됩니다."[3]

우리는 모두 고유한 목적을 갖고 태어났다. 잡스 같은 사람은 어린 나이에 삶의 목적을 찾았다. 반면, 남들처럼 살려다가 평생 자기 삶의 목적을 찾지 못하는 사람도 있다. 단지 돈을 벌기 위해 일하면 삶의 방향을 잃어버린다. 잡스는 열정을 추구했기 때문에 엄청난 돈을 벌었고, 뛰어난 설득력을 갖추게 되었다. 그는 마음 가는 대로 일하면 돈은 따라오기 마련이라는 사실을 알았다.

핵심 목적 찾기

당신의 핵심 목적은 무엇인가? 핵심 목적을 찾았다면 열정적으로 표현하라. 내가 기자로서 겪었던 가장 인상적인 경험은 크리스 가드너Chris Gardner와의 인터뷰였다. 그는 윌 스미스가 주연한 영화 〈행복을 찾아서 The Pursuit of Happyness〉의 실제 인물이기도 하다.

가드너는 1980년대에 주식중개인이 되려고 무급 인턴 일을 구하러 다녔다. 당시 그는 두 살배기 아들까지 돌봐야 하는 노숙자로, 그와 아들은 지하철역 화장실에서 잠을 잤다. 가드너는 매일 아침 단벌 양복을 입고 아들을 엉터리 보육원에 맡긴 다음 투자 수업을 들었다. 결국 그는 수석으로 인턴 코스를 졸업하여 주식중개인이 되었으며 수백만 달러를 벌었다. 나는 가드너와 인터

천재성은 광기에서 나온다

"애플 컴퓨터를 사는 사람들은 일반인과 조금 다른 점이 있다고 생각합니다. 그들은 창의적인 정신을 갖고 있습니다. 그들은 단지 일을 하는 데 만족하지 않고 세상을 바꾸고 싶어 합니다. 우리는 그들을 위한 도구를 만듭니다. … 우리는 처음부터 우리 제품을 사준 사람들을 위해 일할 것입니다. 사람들은 대부분 그들이 미쳤다고 말합니다. 하지만 우리는 그 광기에서 천재성을 봅니다. 그리고 그들을 위한 도구를 만듭니다."[4]

― 스티브 잡스

뷰를 하면서 어디서 그렇게 어려운 상황을 헤쳐 나갈 힘을 얻었는지 물었다. 그의 대답은 지금도 기억할 정도로 강렬한 것이었다. 가드너는 "너무나 사랑하는 일을 찾으세요. 얼른 일하고 싶어서 해가 뜨기를 기다릴 수 없을 정도로 사랑하는 일 말입니다"[5]라고 말했다.

짐 콜린스 Jim Collins와 제리 포라스 Jerry Porras는 《성공하는 기업들의 8가지 습관 Built to Last》을 쓰기 위해 주요 기업 18곳을 연구했다. 그들이 내린 결론은 "단순한 수익 추구를 넘어서는 핵심 가치와 목적의식이 조직 구성원들에게 열정을 심어준다"[6]는 것이다. 잡스는 초기 인터뷰 때부터 지금까지 수익을 올리는 것보다 뛰어난 제품을 만드는 일에 더 관심이 많다는 것을 보여주었다.

잡스는 PBS에서 제작한 〈괴짜들의 승리 Triumph of the Nerds〉에서 "저는 23세에 100만 달러, 24세에 1,000만 달러, 25세에는 1억 달러가 넘는 돈을 벌었습니다. 하지만 재산은 별로 중요하지 않았어요. 돈을 벌려고 일한 적이 없으니까요."[7]라고 말했다. 돈을 벌려고 일한 적이 없다는 말 속에 평범한 프레젠터와 뛰어난 프레젠터를 나누는 비밀이 숨어 있다. 잡스는 죽을 때 가장 돈이 많은 사람이 되는 것보다 멋진 일을 한 사람이 되는 게 더 중요하다고 말했다.[8] 뛰어난 프레젠터들은 마음 가는 곳을 따르기 때문에 열정적이며, 그들의 말은 열정을 나누는 수단이 된다.

말콤 글래드웰Malcolm Gladwell은《아웃라이어Outliers》에서 놀라운 사실을 지적했다. 그것은 컴퓨터 혁명에 기여한 주요 인물들 대부분이 1955년생이라는 것이다. 글래드웰은 1955년이 마법의 해였다고 말한다. 그 이유는 개인용 컴퓨터의 역사에서 가장 중요한 이정표인 최초의 '미니컴퓨터' 알테어Altair가 1975년에 나왔기 때문이다. 글래드웰은 "당신이 1975년 당시 대학을 졸업한 후 몇 년이 지났다면 과거의 패러다임에 속할 수밖에 없다. 당신은 결혼해서 집을 산 지 얼마 되지 않았고 곧 아기도 가질 것이다. 따라서 397달러짜리 컴퓨터를 만들기 위해 좋은 직장과 연금을 포기할 입장이 아니다"[9]라고 말했다. 또, 너무 어리다면 컴퓨터 혁명에 참여할 만큼 성숙하지 않았을 것이라고 말했다.

글래드웰은 당시 기술 산업의 거인으로 성장하기에 적정했던 나이는 20~21세라고 말한다. 그 기준에 속하는 사람들은 1954년생과 1955년생이다. 스티브 잡스는 1955년 2월 24일에 태어났다. 그는 시대의 변화를 따라잡을 수 있는 시기와 환경을 누렸다. 1954년과 1955년에 태어난 주요 인물로는 스티브 잡스, 빌 게이츠, 폴 앨런 Paul Allen (마이크로소프트 공동창업주), 스티브 발머 Steve Ballmer, 에릭 슈미트 Eric Schmidt (구글 CEO), 스콧 맥닐리 Scott McNealy (썬 마이크로시스템즈 설립자이자 CEO)가 있다. 글래드웰은 당시 컴퓨터가 큰 수익원이 아니었기 때문에 그들이 성공할 수 있었다고 결론지었다. 컴퓨터는 멋진 신세계였고, 그들은 기계를 가지고 노는 일을 즐겼다. 글래드웰은 성공하고 싶으면 흥미로운 일을 찾으라고 조언한다. 사랑하는 일을 찾아 핵심 목적을 추구하라. 잡스가 말했듯이 마음은 자신이 머물고 싶은 곳을 알고 있다.

세계 최고 행운아들을 움직이는 '목적의식'

2007년 5월 30일 스티브 잡스와 빌 게이츠는 '디지털의 모든 것 D: All Things Digital'이라는 정보기술 관련 행사에서 같은 무대에 섰다. 〈월스트리트저널〉 기자인 월트 모스버그와 카라 스위셔 Kara Swisher 는 정보기술 업계의 두 거인과 함께 다양한 주제에 대해 토론을 벌였다. 잡스는 빌 게이츠의 자선사업에 대한 질문을 받았다. 그는 게이츠의 목표가 최고 부자로 죽는 것이 아니며 세상을 더 살기 좋은 곳으로 만드는 일이라고 대답했다.

그 점에서 빌은 저와 같습니다. 저는 중산층 가정에서 자라 돈 걱정을 한 적이 없습니다. 또, 운 좋게도 어린 나이에 크게 성공해서 돈을 많이 벌었습니다. 그래서 일과 가정에 더욱 집중할 수 있었지요. 저는 우리 두 사람이 세상에서 가장 운이 좋다고 생각합니다. 일찌감치 사랑하는 일을 찾았고, 시대와 장소를 잘 만났으며, 30년 동안 매일 너무나 똑똑한 사람들과 함께 사랑하는 일을 할 수 있었기 때문입니다. 그보다 더 행복한 일은 없지요. 저는 후대에 남길 유산에 대해서는 많이 생각하지 않습니다. 그저 매일 유능한 사람들과 함께 일하면서 다른 사람들도 우리만큼 좋아해 줄 물건을 만들 수 있기를 바랄 뿐이지요. 그렇게만 할 수 있다면 정말 대단한 일이지요.[10]

이 말 어디에도 재산, 스톡옵션, 개인항공기는 언급되지 않는다. 잡스는 이런 것들에 관심이 없다. 그를 움직이는 것은 사람들이 좋아하는 훌륭한 제품을 만드는 일이다.

놀라운 여정

"애플은 놀라운 여정을 지나왔습니다. 우리는 애플에서 대단한 일들을 했습니다. 우리의 공통점은 세상을 바꾸는 물건들을 만드는 능력이었습니다. 그 점은 아주 중요했습니다. 우리는 모두 젊었습니다. 대개 20대 중후반이었지요. 초기에는 가정을 가진 사람이 드물었습니다. 우리는 미친 듯이 일했고, 20세기 물리학의 발전처럼 함께 업적을 이뤄간다는 사실에서 커다란 기쁨을 얻었습니다. 역사에 남을 중요한 물건, 여러 사람이 기여할 수 있고 더 많은 사람에게 도움을 줄 수 있는 물건을 만든다는 보람은 엄청난 증폭 효과를 가져왔습니다."[11]

— 스티브 잡스

더 나은 미래에 자극받는 사람들

도널드 트럼프는 "열정이 없으면 에너지가 없고, 에너지가 없으면 아무것도 얻을 수 없다"고 말했다. 모든 것은 열정에서 시작된다. 열정을 가지고 보다 의미 있는 세상, 많은 사람들이 창조 과정에 참여할 수 있는 세상에 대한 그림을 그릴 때 사람들의 감정을 자극할 수 있다.

마커스 버킹엄 Marcus Buckingham 은 갤럽에서 17년 동안 일하면서 우수한 직원 수천 명을 면접했다. 그가 얻은 결론은 "뛰어난 리더는 사람들을 더 나은 미래로 향하게 만든다"[12]는 것이었다.

버킹엄에 따르면 리더는 앞으로 추구할 미래에 대한 분명한 이미지를 머릿속에 갖고 있다. "리더는 미래에 매혹당한다. 현재에 만족하지 않고 끝없이 변화와 진보를 추구해야만 리더가 될 수 있다. 리더는 머릿속으로 더 나은 미래를 볼 수 있기 때문에 현재에 만족할 수 없다. 현재와 미래 사이의 간극은 리더를 자극하고 앞으로 나아가게 만든다. 거기서 리더십이 나온다."[13] 잡스의 비전도 그를 자극하고 앞으로 나아가게 만들었다. 잡스는 세상 모든 사람이 애플 컴퓨터를 가지는 것을 꿈꾸었다고 존 스컬리에게 말한 바 있다. 잡스는 거기서 멈추지 않았다. 그는 미래에 귀를 기울이는 모든 사람과 그 꿈을 나누었다.

진정한 전도사는 새로운 경험을 창조하려는 선구자적인 열정에서 힘을 얻는다. 스컬리는 잡스에 대해 이렇게 썼다. "잡스의 화

오프라와 잡스가 공유하는 성공 법칙

"열정을 추구하세요. 사랑하는 일을 하면 자연히 돈은 따라옵니다. 대부분의 사람들은 믿지 않지만 사실입니다."[14]

– 오프라 윈프리

법은 분명하고 포괄적이다. 그의 말을 들어보자. '우리는 사람들이 컴퓨터를 활용하는 방식을 바꾸고 싶습니다. 우리는 그 꿈을 이룰 놀라운 아이디어들을 갖고 있습니다. 애플은 세계에서 가장 중요한 컴퓨터 기업이 될 것입니다.'[15] 잡스는 단순히 컴퓨터를 만드는 일에서 동기를 얻지 않는다. 그에게는 인간의 잠재력을 극대화할 도구를 만들고 싶은 강렬한 욕구가 있다. 이 차이를 이해한다면 그가 어떻게 현실왜곡장을 만들어내는지 알 수 있을 것이다.

애플과 스타벅스의 공통점

유명한 애플 광고들을 제작한 TBWA의 회장 리 클로우Lee Clow는 잡스에 대해 "스티브는 어릴 때부터 자신이 만드는 제품이 세상을 바꿀 수 있다고 생각했다"[16]고 말했다. 이 말에 잡스를 이해하는 열쇠가 들어 있다. 그의 카리스마는 원대하면서도 놀랍도록 단순한 비전, 즉 세상을 더 나은 곳으로 만들겠다는 비전에서 나온다.

그런 잡스를 통해 애플의 프로그래머들은 한 가지 확신할 수 있었다. 그것은 마이크로소프트에 대항하여 도덕적 선택을 하면서 사람들의 생활을 개선시킬 수 있다는 믿음이었다. 이런 태도는 잡스가 2003년 〈롤링스톤〉과의 인터뷰에서 아이팟을 설명할 때도 드러난다. "음악은 디지털 시대에 완전히 새롭게 재발명되어 사람들의 삶 속으로 되돌아왔습니다. 아주 멋진 일이죠. 우리는 작은 기기를 통해 세상을 더 나은 곳으로 만듭니다."[17] 잡스에게 아이팟은 단순한 음원재생기기가 아니었다. 사람들은 아이팟에서 음원재생기기를 보지만 잡스는 좋아하는 노래들을 쉽게 구해 어디에서든 편하게 들을 수 있는, 풍요로운 세상을 본다.

잡스를 볼 때면 나는 스타벅스의 CEO, 하워드 슐츠가 떠오른다. 나는 슐츠와 인터뷰를 하기 전에 그가 쓴 《스타벅스, 커피 한 잔에 담긴 성공신화 Pour Your Heart into It》를 읽었다. 슐츠는 자신이 하는 일에 매우 열정적인 기업가로, 실제로 책의 모든 장마다 열정이라는 단어가 나온다. 그는 커피뿐만 아니라 스타벅스만의 경험을 제공하는 바리스타들에게도 열정을 쏟는다. 그 이유는 그의 핵심 비전이 맛있는 커피 한 잔을 파는 것 이상이기 때문이다. 슐츠는 오래전부터 고객에게 집과 직장이 아닌 제3의 장소에서 편하게 시간을 보내는 특별한 경험을 제공하고 싶었다. 그래서 직원을 존중하는 회사를 만들었고 직원들은 업계 최고의 서비스를 제공했다. 나는 슐츠와의 인터뷰 내용을 검토하다 '커피'라는 단어가 거의 나오지 않는다는 사실에 놀랐다. 슐츠의 비전은 커피가 아니라 스타벅스가 제공하는 경험에 대한 것이었다.

콜린스와 포라스는 "어떤 경영자들은 꿈을 표현하는 일을 불편해한다. 그러나 사람들을 끌어당기고 동기를 부여하는 것은 열정과 감성이다"[18]라고 말했다. 스티브 잡스와 하워드 슐츠는 자신의 상품이 고객의 삶을 풍요롭게 한다는 점을 자랑스럽게 생각한다. 그리고 그것을 거리낌 없이 표현한다. 커피든, 컴퓨터든, 아이팟이든 수단은 중요하지 않다. 중요한 것은 세상을 바꾸겠다는, 우주에 흔적을 남기겠다는 비전이 동기를 부여한다는 점이다.

아이디어를 보다 효과적으로 전달하기 위한 기법들은 많다. 그러나 어떤 기법도 제품과 서비스, 회사, 명분에 대한 열정을 대체하지 못한다. 핵심은 진정으로 열정을 가질 만한 일을 찾는 것이다. 대개 열정은 일을 하기 위한 수단이 아니다. 열정은 고객의 생활을 개선시키는 일에서 나온다. 1996년에 잡스는 〈와이어드〉 인터뷰에서 이렇게 말했다. "디자인은 재미있는 말입니다. 어떤 사람들은 외관을 꾸미는 것이 디자인이라고 생각합니다. 그러나 더 깊이 파고들면 디자인은 제품의 작동 방식을 결정하는 것입니다. 맥 디자인의 핵심은 외관에 있지 않습니다. 물론 외관도 디자인

카리스마 넘치는 리더

"카리스마가 무엇인지 모를 때는 스티브 잡스를 만나보십시오. 그러면 알게 될 것입니다."[19]

— 래리 테슬러(Larry Tesler), 전 애플 수석과학자

의 일부분이지요. 그러나 핵심은 작동 방식에 있습니다. 디자인을 잘하려면 본질적인 부분까지 파고들어야 합니다. 그 제품의 진정한 속성을 이해해야 한다는 말입니다. 제품의 본질을 꿀꺽 삼키는 것이 아니라 꼭꼭 씹어 먹듯 철저하게 파악하려면 열정이 필요합니다. 대부분의 사람들은 그만큼 시간을 들이지 않아요."[20]

그렇다. 잡스는 '진정한 속성을 이해해야 한다'고 말했다. 슐츠가 열정을 쏟는 대상이 커피가 아니듯 잡스가 열정을 쏟는 대상은 기기가 아니다. 그가 열정을 쏟는 일은 기기를 보다 멋지게 작동시키는 본질적인 디자인이다.

'다르게 생각하세요'

광고대행사인 TWBA는 역사에 남을 유명한 애플의 텔레비전 광고와 지면 광고를 제작했다. 바로 '다르게 생각하세요 Think Different'란 헤드라인의 광고였는데, 이것은 1997년 9월 28일에 등장하여 금세 명작의 반열에 올랐다. 이 광고는 아인슈타인, 마틴 루터 킹, 리처드 브랜슨, 존 레논, 아멜리아 이어하트 Amelia Earhart(1932년 대서양 비행횡단에 성공한 최초의 여성-옮긴이), 무하마드 알리, 루실 볼 Lucille Ball(1950년대에 선풍적인 인기를 끈 미국 시트콤 〈왈가닥 루시 I love Lucy〉의 여주인공-옮긴이), 밥 딜런처럼 관습에 도전했던 사람들을 흑백 화면으로 보여주면서 리처드 드레이퍼스 Richard Dreyfuss의 내레이션을 들려준다. 그 내용은 다음과 같다.

여기 미쳤다는 말을 들었던 사람들이 있습니다. 그들은 부적응자였고, 반항아였으며, 문제아였습니다. 그들은 네모난 구멍에 맞지 않는 둥근 못이었습니다. 그들은 세상을 다르게 바라보았습니다. 그들은 규칙을 좋아하지 않았습니다. 그들은 관습을 존중하지 않았습니다. 당신은 그들의 말을 인용하거나 그들의 생각에 반대할 수 있으며 그들을 찬양하거나 비방할 수도 있습니다. 그러나 당신은 그들을 무시할 수 없습니다. 그들은 세상을 바꾸기 때문입니다. 그들은 인류를 앞으로 나아가게 합니다. 어떤 사람들은 그들에게서 미치광이를 보지만 우리는 그들에게서 천재를 봅니다. 세상을 바꿀 수 있다고 생각할 만큼 미친 사람만이 그 일을 할 수 있기 때문입니다.[21]

이 광고는 수많은 상을 받았을 뿐 아니라 광고의 수명으로 따지면 영원과도 같은, 자그마치 5년이라는 시간 동안 열광적인 지지를 받았다. 컴퓨터 세계의 대표적인 성상 파괴자였던 애플과 스티브 잡스는 이 광고로 다시 한 번 대중의 관심을 끌었다.

앞서 말한 대로 잡스의 현실왜곡장에 이끌린 적이 있는 앨런 도이치먼은 《못 말리는 CEO 스티브 잡스》에서 잡스와 〈뉴스위크〉 기자 케이티 해프너 Katie Hafner가 만났던 일을 소개했다. 해프너는 '다르게 생각하세요' 광고를 처음 본 외부인이었다. 그녀는 금요일 아침 애플 본사에 도착하여 오랫동안 잡스를 기다렸다. 도이치먼은 두 사람이 만나는 순간을 이렇게 묘사했다. "마침내 잡스가 나타났다. 그의 턱은 수염으로 덮여 있었다. 그는 '다르게 생각하세요' 텔레비전 광고를 편집하느라 밤을 꼬박 새운 참이었다. 그는 광고대행사의 크리에이티브 디렉터들이 위성으로 시안을 보여주면 바로 가부를 결정했다. 그렇게 해서 막 완성본이 만들어졌다. 케이티와 잡스는 함께 완성본을 보았다. 광고를 본 잡스는 눈물을 흘렸고, 케이티는 그 모습에 반했다고 회고했다. 그 눈물은 꾸민 것이 아니라 진정으로 감동 받아서 흘리는 것이었다."[22]

잡스가 그 광고에 깊이 감동 받은 이유는 자신이 혁신하고, 앞서나가고, 성공하도록 만든 모든 것이 담겨 있었기 때문이다. 그는 인류를 진보시키고 세상을 바꾼 사람들에게서 자신의 모습을 보았다.

나는 기자로 일하면서 모든 사람에게 자신만의 이야기가 있다는 사실을 알게 되었다. 우리 모두가 사람들의 삶을 혁신하는 컴퓨터를 만드는 것은 아니며, 일부만이 고객의 삶에 혜택을 주는 제품을 팔거나 혁신적인 프로젝트를 진행한다. 하지만 일하는 분야가 무엇이든 모든 사람은 저마다 멋진 이야기를 갖고 있다. 자신의 내면을 들여다보고 자신이 가장 크게 열정을 느끼는 일을 파악하라. 그리고 그 열정을 사람들과 공유하라. 사람들은 감동 받고 영감과 믿음을 얻기를 바란다. 그들이 당신을 믿도록 만들어라.

스티브 잡스는 이런 말을 한 적이 있다. "'나는 아이스하키 퍽이 있는 곳이 아니라 퍽이 향하는 곳으로 달려간다'는 웨인 그레

츠키^{Wayne Gretzky}('살아 있는 전설'로 불리는 캐나다의 아이스하키 선수로 현재는 피닉스 카이오츠의 감독을 맡고 있다-옮긴이)의 말을 좋아합니다. 애플은 언제나 그렇게 하려고 노력합니다. 처음부터 그랬고 앞으로도 영원히 그럴 것입니다."[23]

프레젠터의 노트

》 열정을 쏟을 수 있는 일을 찾아라. '내가 진정으로 파는 것은 무엇인가?'를 자문하라. 힌트를 주자면, 열정은 도구가 아니라 목적이다. 당신이 파는 것은 더 나은 삶에 대한 꿈이다. 진정한 열정을 찾았다면 과감하게 표현하라.

》 열정 선언을 만들어라. 당신이 열정을 가진 이유를 한 문장으로 정리하라. 열정 선언은 회사의 사명 선언보다 더 오래 기억될 것이다.

》 감동을 주는 연설자가 되고 싶지만 지금 하는 일을 사랑하지 않는다면 다른 일을 고려하라. 성공한 리더 수천 명을 인터뷰한 경험을 바탕으로 말하자면, 싫어하는 일을 하면서 돈을 벌 수는 있지만 감동을 주는 연설자는 절대로 될 수 없다. 세상을 더 나은 곳으로 만들겠다는 선구자적 열정이 결정적인 차이를 만든다.

4장

트위터 식 헤드라인을 만들어라

"오늘 애플이 휴대전화를 재발명합니다!"
— 스티브 잡스, 2007년 맥월드에서

"2008년 맥월드에 오신 것을 환영합니다. 오늘은 분명 특별한 일이 일어날 것입니다."[1] 스티브 잡스는 중대 발표를 앞두고 이런 인사말로 분위기를 돋웠다. 발표의 내용은 초박형 노트북을 소개하는 것이었다. 일각에서 '드림북'이라고 부른 이 신제품은 무게 1.36킬로그램에 두께가 4밀리미터 남짓했다. 모두가 이 신제품에 적절한 이름을 찾고 있을 때 잡스가 공개한 이름은 '맥북 에어: 세상에서 가장 얇은 노트북'이었다.

맥북 에어는 애플이 개발한 초박형 노트북으로, 잡스는 이 신제품에 '세상에서 가장 얇은 노트북'이라는 설명을 달았다. 그래서 '세상에서 가장 얇은 노트북'을 구글로 검색하면 결과가 약 3만 개나 나온다. 그중 대부분은 맥북 에어가 소개된 후 작성된 것이다. 잡스는 제품을 가장 잘 설명하는 한 줄짜리 헤드라인으로 모든 추측을 정리했다. 이 헤드라인은 너무나 적절해서 종종 한 글자도 바꾸지 않고 그대로 인용되곤 했다. 대개 기자들(청중들을 포함해서)은 제품을 넣을 범주와 이를 한 문장으로 적절하게 묘사할 방법을 찾는다. 그들이 많이 생각할 법한 단어들로 구성된 헤드라인을 만들어라.

한 줄짜리 헤드라인의 위력

잡스는 구체적이고 인상적이며, 무엇보다 트위터에 올릴 수 있는 분량으로 헤드라인을 만든다. 트위터는 이메일과 블로그의 중간 형태에 속하는 인맥관리 사이트로, 대중들 사이에서 빠르게 인기를 얻고 있다. 수백만 사용자들은 트위터를 통해 매일 일어나는 일을 간단하게 알리고, 지인이 올린 내용을 확인한다. 트위터는 기존의 의사소통 방식을 근본적으로 바꾸었는데, 여기에 글을 올리려면 빈칸과 문장부호까지 포함하여 140자 이내로 문장을 만들어야 하기 때문이다. 잡스가 맥북 에어를 출시하면서 헤드라인으로 내건 "The World's Thinnest Notebook.세상에서 가장 얇은 노트북."은 마침표까지 모두 30자로 구성된다. 표 4.1은 잡스가 이 헤드라인을 여러 경로로 사용한 사례다.

잡스는 거의 모든 제품에 대해 한 줄짜리 헤드라인을 만든다. 이 헤드라인은 프레젠테이션, 보도자료, 마케팅 도구를 순비하기

헤드라인	출처
"맥북 에어는 무엇일까요? 한 문장으로 표현하자면 세상에서 가장 얇은 노트북입니다."	기조연설[2]
"세상에서 가장 얇은 노트북."[3]	프레젠테이션 슬라이드
"이것이 맥북 에어입니다. 세상에서 가장 얇은 노트북이지요."[4]	CNBC 인터뷰
"우리는 세상에서 가장 얇은 노트북을 만들기로 결정했습니다."[5]	CNBC 인터뷰
"맥북 에어: 세상에서 가장 얇은 노트북."	애플 홈페이지
"애플이 세상에서 가장 얇은 노트북, 맥북 에어를 출시하다."[6]	보도자료
"우리가 세상에서 가장 얇은 노트북을 만들었습니다."[7]	보도자료

》 **표 4.1** 잡스의 헤드라인 활용 사례

훨씬 전에 계획 단계에서 만들어진다. 가장 중요한 점은 한 번 만들어진 헤드라인을 계속 활용한다는 것이다. 맥북 에어가 출시된 후 '세상에서 가장 얇은 노트북'이라는 헤드라인은 프레젠테이션, 홈페이지, 인터뷰, 광고, 옥외광고, 포스터를 비롯한 모든 커뮤니케이션 채널에서 그대로 사용되었다.

대부분의 프레젠터들은 회사나 제품을 한 문장으로 설명하지 못한다. 계획 단계에서부터 미리 만들어놓은 헤드라인이 없으면 일관된 메시지를 전달하기가 거의 불가능하다. 프레젠테이션은 헤드라인을 중심으로 전개되어야 한다.

잡스의 헤드라인 활용법

2007년 1월 9일 〈PC 월드〉는 애플이 '휴대전화를 재발명했다'는 기사를 실었다. 이 기사에 따르면 애플이 내놓을 신제품은 휴대전화, 아이팟, 인터넷 기기를 통합한 것이었다. 물론 그 신제품은 아이폰을 말한다. 아이폰은 실제로 휴대전화 산업에 커다란 혁신을 일으켰다. 〈타임〉은 아이폰을 올해의 발명품으로 선정했다. 아이폰은 발매 2년 만에 스마트폰 시장에서 13퍼센트의 점유율을 차지했다.

애플이 휴대전화를 재발명했다는 표현은 〈PC 월드〉에서 만든 것이 아니었다. 애플이 보도자료에서 그 표현을 썼고, 잡스도 맥월드 기조연설에서 재차 언급했다. 구체적이고 인상적인 이 헤드라인은 이후 계속 사용되었다.

잡스는 아이폰을 소개한 기조연설에서 '휴대전화를 재발명했다'는 표현을 5번 썼다. 그리고 아이폰의 기능을 소개한 후 "직접 사용해보면 우리가 휴대전화를 재발명했다는 점에 동의할 것입니다"[8]라고 다시 한 번 못을 박았다.

잡스는 언론이 헤드라인을 만들 때까지 기다리지 않는다. 자신이 직접 만들어 프레젠테이션에서 거듭 강조한다. 그는 제품의 세부 사양을 소개하기 전에 먼저 헤드라인을 말한다. 그리고 대개 시연을 곁들여 제품을 소개한 후 마지막에 헤드라인을 다시 반복한다.

다음은 잡스가 개러지밴드 Garageband를 공개할 때 이야기한 내용이다. "오늘 우리는 너무나 멋진 제품을 발표하려고 합니다. 그것은 아이라이프 iLife의 다섯 번째 애플리케이션입니다. 이 애플리케이션 이름은 개러지밴드입니다. 개러지밴드가 무엇일까요? 개러지밴드는 새로운 음악제작 전문 도구입니다. 그러나 누구나 사용할 수 있습니다."[9]

잡스가 준비한 슬라이드에도 이 헤드라인이 사용되었다. 그가 개러지밴드의 헤드라인을 소개할 때 스크린에는 '개러지밴드, 새로운 음악제작 전문 도구'라는 문구가 떴다.

잡스는 헤드라인을 말한 후 "개러지밴드는 맥을 전문가 수준의 악기이자 녹음 스튜디오로 만들어줍니다"라는 설명을 덧붙였다. 이는 잡스가 신제품을 발표할 때 전형적으로 사용하는 방법이다. 즉 먼저 헤드라인을 말하고 설명을 덧붙인 다음, 헤드라인을 거듭 반복한다.

마케팅 대공습 전야 무대

잡스가 무대에서 신제품을 위한 헤드라인을 언급한 순간 애플의 홍보팀과 마케팅팀은 일제히 행동에 들어갔다. 그들은 포스터를 걸고 옥외광고판을 세웠으며, 홈페이지에 제품과 헤드라인을 올리고 신문, 잡지, 텔레비전, 라디오에 광고를 내보냈다. 이처럼 신제품 헤드라인은 애플의 모든 마케팅 채널을 통해 일관되게 사용된다.

"인터넷의 흥미, 매킨토시의 간편함"

1세대 아이맥 iMac('i'는 인터넷을 뜻함)은 인터넷 접속을 한결 쉽게 만들었다. 이용자는 두 단계만 거치면 인터넷에 접속할 수 있었다. 배우 제프 골드블럼 Jeff Goldblum은 광고에서 "세 번째 단계는 없습니다"라고 말했다. 1998년에 출시된 이 아이맥은 컴퓨터 업계의 상상력을 촉발시키면서 당대에 가장 많은 영향을 미친 제품으로 자리 잡았다. 맥월드닷컴에 따르면, 아이맥은 1997년 애플로 돌아온 잡스의 명예를 회복시켰으며 언론에서 가망 없다고 평가했던 애플을 살려냈다. 잡스는 플로피디스크를 생략함으로써 업계의 선입견을 깨뜨렸다. 물론 당시 많은 사람들이 이 과감한 조치를 회의적인 시각으로 바라보았다.

잡스는 아이맥을 소개하면서 "아이맥은 인터넷의 흥미와 매킨토시의 간편함을 결합시킵니다"라고 말했다. 스크린에는 '아이맥. 인터넷의 흥미, 매킨토시의 간편함'이라는 문구가 나왔다. 이어 잡스는 '쉽고 빠르게'[10] 인터넷에 접속하고 싶은 소비자들을 위해 아이맥을 개발했다고 밝혔다.

이런 헤드라인은 이용자 관점에서 만들어지기 때문에 효과적이다. 다시 말해 애플의 헤드라인은 '내가 왜 관심을 가져야 하는가?'라는 질문에 답을 제시한다. 왜 아이맥에 관심을 가져야 할까? 인터넷을 간편하게 즐길 수 있기 때문이다.

"1,000곡의 노래를 호주머니에"

2001년 애플은 역대 최고의 제품 헤드라인을 만들었다. 린더 카니에 따르면 잡스는 직접 1세대 아이팟의 헤드라인을 정했다. 물론 잡스는 다음과 같이 아이팟을 소개할 수도 있었을 것이다. "오늘 우리는 무게가 0.18킬로그램에 불과하면서도 5GB의 저장 용량에 그 유명한 애플의 편의성까지 겸비한 새 휴대용 MP3 플레이어를 소개하고자 합니다." 하지만 잡스는 그렇게 하지 않았다. 그가 선택한 헤드라인은 '아이팟, 1,000곡의 노래를 호주머니에'[11]였다. 이보다 간결하게 아이팟의 장점을 설명할 수 있는 문장은 없다. 호주머니에 넣을 수 있는 작은 기기에 노래 1,000곡을 담을 수 있다는 말 이외에 덧붙일 것이 또 있을까? 이 문장은 이야기를 들려주는 동시에 '내가 왜 관심을 가져야 하는가?'라는 질문에 답한다.

많은 기자들이 이 헤드라인을 기사에 인용했다. 연합통신의 매튜 포달 Matthew Fordahl이 쓴 기사 제목은 '애플이 공개한 아이팟은 1,000곡의 노래를 호주머니에 넣어준다'[12]였다. 애플의 헤드라인은 간결하고(영문 기준 27자) 구체적으로(1,000곡) 혜택을 설명한다는(호주머니에), 세 가지 요건을 충족시키기 때문에 강한 인상을 남긴다.

다음은 이와 같이 세 가지 요건을 충족시키는 다른 사례들이다. 다소 긴 헤드라인도 있지만 대개 트위터에 올릴 수 있는 분량이다.

- '새 아이튠즈. 모든 노래가 DRM-프리로 제공됩니다.' - 아이튠즈, 2009년 1월
- '가장 환경 친화적인 노트북.' - 신형 맥북 시리즈, 2008년 10월
- '세계에서 가장 유명한 음원재생기기가 더욱 새로워졌습니다.' - 4세대 아이팟 나노, 2008년 9월
- '아이폰 3G. 절반 가격에 두 배 빠릅니다.' - 아이폰 3G, 2008년 7월
- '맥 사용자에게는 맥을 사랑할 더 많은 이유를, PC 사용자에게는 맥으로 바꿀 이유를 제공합니다.' - 아이라이프 08, 2007년 7월
- '애플이 휴대전화를 재발명합니다.' - 아이폰, 2007년 1월
- '세계 최고의 노트북 디자인에 전문가용 데스크톱의 속도와 모니터를 갖추었습니다.' - 17인치 맥북 프로, 2006년 4월
- '맥에서 가장 빠르며, 많은 사람들이 최고라고 생각할 브라우저.' - 사파리, 2003년 1월

헤드라인 전쟁의 승자, 키노트

마이크로소프트의 파워포인트는 애플의 키노트에 비해 훨씬 대중화되었다는 강점이 있다. 마이크로소프트는 컴퓨터 시장의 90퍼센트를 장악했다. 나머지 10퍼센트에 해당하는 매킨토시 사용자 중에서도 다수가 파워포인트를 사용한다. 정확한 점유율은 나와 있지 않지만 키노트 사용자는 파워포인트 사용자에 비해 아주 적을 것이다. 두 소프트웨어를 잘 아는 프레젠테이션 디자이

너들은 키노트를 선호한다. 그러나 그들도 고객을 위한 작업은 거의 파워포인트로 한다.

1장에서 언급했듯이 이 책은 특정한 소프트웨어를 추천하지 않는다. 프레젠테이션 기술은 소프트웨어에 관계없이 동일하게 적용되기 때문이다. 물론 스티브 잡스는 키노트를 애용한다. 그는 키노트를 소개할 때도 트위터 식 헤드라인을 썼다. 잡스는 2003년 맥월드에서 "오늘 완전히 새로운 프로그램을 소개하려고 합니다. 이 프로그램의 이름은 키노트입니다"라고 말했다. 다음은 뒤이은 설명이다.

> 키노트는 정말로 중요한 프레젠테이션을 위한 프로그램입니다(슬라이드에 '정말로 중요한 프레젠테이션을 위한 프로그램'이라는 내용이 나온다). 키노트는 저를 위해 만들어졌습니다(슬라이드에 '저를 위해 만들어졌습니다'라는 내용이 나온다). 저는 맥월드 기조연설에서 쓸 그래픽 중심의 슬라이드 쇼를 만들 수 있는 프로그램이 필요했습니다. 그래서 애플은 저를 위해 키노트를 만들었습니다. 이제 저는 키노트를 여러분과 나누고 싶습니다. 우리는 1년 내내 저임금 베타테스터를 통해 테스트를 했습니다. 바로 이 사람입니다(스크린에 나온 잡스의 사진을 보고 청중들이 웃음을 터뜨린다). 슬라이드를 어떻게 만드는지 많은 슬라이드로 복잡하게 설명하는 대신 바로 보여드리겠습니다.[13]

이번에도 애플은 신제품을 출시한 후 모든 마케팅 채널에서 일관된 메시지를 내보냈다. 각 언론의 보도자료에는 키노트가 '정말로 중요한 프레젠테이션을 위한 프로그램'[14]이라는 메시지가 사용되었다.

이 헤드라인은 트위터에 올릴 수 있을 만큼 간결하면서도 하나의 이야기를 들려준다. 보다 자세한 내용을 알고 싶은 사람은 보도자료를 읽거나 시연 장면을 보면 된다. 그러나 헤드라인 자체에 이미 충분한 정보가 들어 있다. 우리는 이 헤드라인을 통해 키노트가 프레젠테이션 프로그램이며, 경력을 좌우할 만큼 중요한 프레젠테이션을 앞둔 사람들을 위한 것임을 알 수 있다. 또, 이 제품에 대한 잡스의 설명에서 키노트가 잡스 자신을 위해 만들어졌다는 내용도 매우 흥미롭다. 프레젠테이션을 자주 하는 사람들은 이와 같은 설명에 흥미를 느끼고 한 번쯤 사용해보고 싶을 것이다.

기자들은 입사 첫날부터 헤드라인을 쓰는 훈련을 받는다. 잘 알다시피 헤드라인은 사람들이 신문, 잡지, 블로그를 통해 특정한 이야기를 읽도록 유도하는 역할을 한다. 그래서 헤드라인은 아주 중요하다. 오늘날 많은 사람들이 블로그, 프레젠테이션, 트위터, 마케팅 도구에 들어갈 글을 작성하는 경우가 늘어나면서 핵심을 요약한 인상적인 헤드라인을 쓰는 능력이 갈수록 중요해지고 있다.

세상을 바꾼 헤드라인들

구글의 설립자인 세르게이 브린 Sergey Brin과 래리 페이지 Larry Page는 검색엔진 기술을 개발할 자금을 구하기 위해 세콰이어캐피털 Sequoia Capital을 찾았다. 그들은 다음과 같은 문장으로 회사를 소개했다. '구글은 한 번의 클릭으로 전 세계의 정보를 제공합니다 Google provides access to the world's information in one click.' 이 문장은 63자, 10단어로 구성된다. 당시 구글에 투자했던 어떤 이는 이 문장을 보고 구글의 기술이 어떻게 적용되는지 바로 이해했다고 말했다.

그 후로 세콰이어캐피털은 예비 기업가들에게 한 문장으로 제품을 소개하도록 요구한다. 한 투자가는 내게 "10단어 내외로 사업 내용을 설명하지 못하면 관심도 없고 투자할 생각도 없습니다"라고 말했다. 다음은 10단어 내외로 구성된, 세상을 바꾼 헤드라인들이다.

- '시스코는 우리가 생활하고, 일하고, 놀고, 배우는 방식을 바꿉니다.'
  - 시스코 CEO 존 챔버스가 인터뷰와 프레젠테이션에서 반복적으로 쓰는 헤드라인
- '스타벅스는 집과 직장 사이에 존재하는 제3의 공간을 창조합니다.'
  - 스타벅스 CEO 하워드 슐츠가 투자가들에게 사업 아이디어를 소개할 때 쓴 헤드라인
- '모든 책상, 모든 가정에 PC가 놓일 겁니다.' - 마이크로소프트 창업자인 빌 게이츠는 동업자인 스티브 발머가 사업에 회의적인 태도를 보이자, 자신의 비전을 설명하기 위해 이와 같은 헤드라인을 썼다. 발머는 이 말을 듣고 계속 남기로 결정했다. 덕분에 그는 150억 달러에 달하는 돈을 벌었으며, 지금은 마이크로소프트의 CEO로 있다.

프레젠터의 노트

» 한 문장으로 회사나 제품 및 서비스를 위한 비전을 제시하는 헤드라인을 만들어라. 헤드라인은 간결하면서도(140자 이내) 혜택을 구체적으로 설명해야 한다.

» 헤드라인을 프레젠테이션, 보도자료, 홈페이지, 브로슈어를 비롯한 모든 마케팅 채널에서 일관되게 사용하라.

» 헤드라인은 청중에게 보다 나은 미래에 대한 비전을 제시하는 것이다. 따라서 당신이 아니라 청중에게 초점을 맞춰야 한다.

5장

로드맵을 그려라

"오늘 우리는 혁신적인 제품 세 가지를 소개하려고 합니다."

― 스티브 잡스, 아이폰 소개에서

2007년 1월 9일, 애플 팬 수천 명은 스티브 잡스가 놀라운 발표를 하는 모습을 지켜보았다. 잡스는 처음으로 아이폰을 공개하면서 '오늘 애플은 휴대전화를 재발명합니다'[1]라고 말했다.

 잡스는 아이폰을 위한 헤드라인을 언급하기 전에 혁신적인 제품 세 가지를 소개하겠다는 말로 흥미를 유발했다. 첫 번째 제품은 더 커진 터치스크린을 장착한 아이팟이었다. 이 말에 청중은 박수를 보냈다. 두 번째 제품은 혁신적인 휴대전화였다. 그러자 청중은 환호성을 질렀다. 세 번째 제품은 혁신적인 인터넷 기기였다. 이제 청중은 세 가지 제품의 시연이나 부연 설명을 기다렸다. 그러나 잡스는 정말로 놀라운 발표를 막 시작하려던 참이었다. "자, 지금까지 와이드 터치스크린 아이팟과 혁신적인 휴대전화, 그리고 인터넷 기기를 말씀드렸습니다. 아이팟, 휴대전화, 인터넷 기기…. 이제 감이 잡히십니까? 이 세 가지는 별도의 기기가 아닙니다. 모두 하나의 기기입니다. 우리는 그것을 아이폰이라고 부릅니다." 그러자 청중은 박수를 치며 열광했다. 이렇게 잡스는 세계에서 가장 혁신적인 기업으로서 애플의 입지를 굳히는 또 하나의 신제품을 성공적으로 출시했다.

잡스는 청중에게 미리 말로 로드맵을 그려주었다. 대개 이 로드맵은 3이라는 숫자를 기준으로 구성된다. 즉 프레젠테이션은 3막으로, 제품 설명은 3개 사양으로, 시연은 3부로 나뉜다. 잡스는 1984년 1월 24일 1세대 매킨토시를 출시할 때부터 3부 구성을 좋아했다. 그는 플린트 센터Flint Center의 무대에 등장해 이렇게 말했다. "컴퓨터 산업에서 지금까지 획기적인 제품 두 개가 나왔습니다. 1977년에 나온 애플 II와 1981년에 나온 IBM PC가 그것입니다. 오늘 우리는 세 번째 획기적인 제품인 매킨토시를 소개하려 합니다. 이 제품은 정말 대단합니다!"[2]

이렇듯 사전 예고는 일종의 로드맵으로서 청중이 이야기를 따라가기 쉽도록 해준다. 나는 고객들에게 언론에서 세부 사항을 말하기 전에 서너 가지 요점을 먼저 제시하라고 조언한다. 그렇게 하면 종종 기자들도 관심을 가지고 전체 내용에 귀를 기울인다. 때로는 내 고객이 놓친 부분을 지적해주기도 한다. 이처럼 로드맵은 청중이 이야기의 흐름을 쉽게 따라가도록 도와준다. 그림 5.1을 보자.

》 **그림 5.1** 프레젠테이션에서 3의 법칙을 따르는 잡스

(사진) 로빈 벡(Robyn Beck) / AFP / 게티 이미지

단기 기억 혹은 '능동적' 기억이 저장할 수 있는 정보량은 적다. 1956년 벨연구소의 과학자 조지 밀러 George Miller는 〈마법의 숫자 7, 더하기 혹은 빼기 2 The Magical Number Seven, Plus or Minus Two〉라는 논문을 발표했다. 그의 연구는 단기 기억에 9단위 이상을 저장하기 어렵다는 사실을 증명했다.

현대의 과학자들은 우리가 쉽게 떠올릴 수 있는 정보의 수를 서너 개로 본다. 잡스가 요점을 서너 개 이상 제시하는 일이 드문 것은 당연한 일이다. 잡스는 프레젠테이션에서 주로 3부 구조를 쓴다. 커뮤니케이션 이론에서 '3의 법칙'이 가장 강력한 효과를 낸다는 사실을 알고 있기 때문이다.

왜 '곰 네 마리'가 아니라 '곰 세 마리'인가

청중은 요점을 좋아한다. 그러면 적절한 요점의 숫자는 몇 개일까? 바로 3이다. 3은 마법의 숫자다. 코미디언들은 3이 2보다 재미있다는 사실을 안다. 작가들의 경우 3이 4보다 극적이라는 사실을 안다. 잡스 역시 3이 5보다 더 설득력이 있다는 사실을 안다. 뛰어난 영화, 소설, 연극, 그리고 프레젠테이션은 3부 구조로 구성된다. 삼총사는 5명이 아닌 3명이다. 금발의 소녀도 4마리가 아닌 3마리의 곰과 마주친다. 유명한 코미디언 그룹 '세 어릿광대3 Stooges'도 3인조다. 전설적인 미식축구 코치 빈스 롬바르디Vince Lombardi는 선수들에게 인생에서 중요한 세 가지가 '가족, 종교, 소속팀'이라고 말했다. 미국의 독립선언서는 국민들에게 '삶, 자유, 행복 추구'의 권리가 있다고 천명했다. 이처럼 3의 법칙은 문학작품, 코미디, 프레젠테이션 모두에서 유효하다.

미 해병대는 편제에 대해 광범한 조사를 벌인 끝에 3단위가 2단위나 4단위보다 효과적이라는 결론을 내렸다. 그래서 해병대는 3개 사단으로 구성되고, 상병은 3명으로 구성된 팀을 지휘하고, 병장은 3개 팀을 지휘하며, 대위는 3개 소대를 지휘한다. 이처럼 해병대에서 친절하게 조사해주었으니 굳이 더 나은 구조를 고민할 필요가 없다. 적극적으로 3부 구조를 활용하자. 실제로 그렇게 하는 사람들이 많지 않아서 쉽게 두각을 드러낼 수 있을 것이다. 3의 법칙은 해병대와 잡스 모두에게 도움이 되었다. 당신에게도 도움이 될 것이다. 앞서 이야기했듯이, 잡스는 2005년 6월 6일에 열린 세계개발자회의에서 IBM의 파워PC 칩을 인텔의 마이크로프로세서로 바꾼다고 발표했다. 그는 "이 문제에 대해 이야기해봅시다"라고 운을 뗀 후 이렇게 말했다.

맥은 지금까지 중요한 변화를 두 번 겪었습니다(세 가지 요점을 제시하기 위한 사전 설명). **첫 번째**는 68K에서 파워PC로 전환한 것입니다. 이 변화는 약 10년 전인 1990년대 중반에 일어났습니다. 파워PC는 그 후 10년 동안 애플을 뒷받침했습니다. 그것은 좋은 결정이었습니다. **두 번째**는 더 대단한 것이었습니다. 바로 몇 년 전 단행한 OS 9에서 OS X로의 전환입니다. 이 변화는 말하자면 뇌 이식과 같았습니다. 두 운영체제는 숫자 하나 차이지만 사용된 기술은 천지 차이입니다. OS X는 세계에서 가장 진보한 운영체제로서 향후 20년 동안 애플을 뒷받침할 것입니다. 그리고 오늘 우리는 **세 번째** 전환을 이루고자 합니다. 우리는 여러분을 위해 앞으로도 계속 최고의 컴퓨터를 만들고 싶습니다. 그래서 소문대로 파워PC에서 인텔 프로세서로 옮겨가기로 결정했습니다.[3]

이야기를 3부로 구성하면 청중들에게 분명한 방향을 제시할 수 있다. 3부 구조는 지금까지의 내용과 앞으로 다룰 내용을 보여준다. 앞서 소개한 프레젠테이션에서 잡스는 '전환'이라는 주제를 설정했다. 청중은 맥이 지금까지 두 번의 중요한 전환을 거쳤다는 말을 듣고 세 번째 전환이 있을 것이라고 짐작했다. 잡스는 각 단계마다 극적 분위기를 고조시켰다. 그래서 첫 번째 전환은 '좋은 결정'이었고, 두 번째 전환은 '더 대단한 것'이었다고 말했다. 그렇다면 세 번째 전환은 그보다 더 대단하다는 것을 뜻했다.

〈USA 투데이〉 인기 기사의 비밀

기자들은 복잡한 내용을 간략하게 요점만 정리하는 훈련을 받는다. 미국에서 가장 많이 팔리는 일간지 〈USA 투데이〉를 읽어보면 대부분의 기사가 서너 가지 요점으로 정리되어 있음을 알 수 있다.

에드 베이그 Ed Baig는 최신기술 제품에 대한 논평을 〈USA 투데이〉에 싣는다. 그는 마이크로소프트의 최신 운영체제인 윈도우 7의 베타버전을 테스트한 후 세 가지 장점을 제시했다.

- **작업 편의성**: 작업줄의 아이콘이 크고, 원하는 방식으로 아이콘을 정렬할 수 있다.
- **보안**: 윈도우 7은 프로그램을 열거나 설정을 바꿀 때마다 짜증 나는 보안 관련 메시지를 띄우지 않는다.
- **호환성**: 윈도우 7은 베타버전임에도 불구하고 프린터와 디지털 카메라를 바로 인식했다.[4]

베이그를 비롯해 뛰어난 기자들은 기사를 내용별로 구분해서 읽기 쉽게 작성한다. 잡스도 마찬가지다. 그는 〈USA 투데이〉 기자들이 기사를 쓰듯 헤드라인, 소개, 세 가지 요점, 결론의 순서로 프레젠테이션을 구성한다.

애플의 삼발 의자

잡스는 2008년 9월에 열린 세계개발자회의에서 아이폰을 소개하기 전에 청중에게 삼발 의자의 영상을 보여주면서 이렇게 말했다. "아시다시피, 애플의 주요 제품군은 세 가지입니다. 첫 번째는 맥입니다. 두 번째는 아이팟과 아이튠즈입니다. 이제 세 번째로 아이폰이 자리 잡았습니다." 이어 그는 맥과 아이팟에 대해 설명할 임원을 소개했다. 아이폰에 대해서는 자신이 직접 말할 예정이었다.

잡스는 아이폰에 대한 논의를 시작하기 전에 다시 한 번 로드맵을 제시했다. 이번에는 네 부분으로 구성된 로드맵이었다. 그의 말을 들어보자.

"몇 주 후면 아이폰이 첫 번째 생일을 맞이합니다. 아이폰을 처음 출시한 날이 6월 29일이었습니다. 역사상 최고의 출시였지요. 아이폰은 커다란 환호를 받았고 휴대전화의 개념 자체를 바꿔놓았습니다. 그러나 다음 단계로 나아가려면 아직 넘어야 할 산들이 많습니다. 거기에는 어떤 것들이 있을까요? 첫째, 더 빠른 3G 네트워킹이 가능해야 합니다. 둘째, 기업을 위한 기능이 추가되어야 합니다. 셋째, 외부 애플리케이션 개발을 지원해야 합니다. 넷째, 더 많은 국가에서 아이폰을 판매해야 합니다."

잡스는 네 가지 요점을 제시한 다음 가장 먼저 이야기한 요점으로 되돌아갔다. "우리는 아이폰의 첫 번째 생일을 앞두고 다음 단계로 나아가려고 합니다. 그래서 오늘 아이폰 3G를 여러분에게 소개합니다."[5]

이 방식은 잡스의 프레젠테이션에서 일관되게 쓰인다. 그는 요점을 서너 개 제시하고 첫 번째 요점부터 자세히 설명한 다음 각 요점을 정리한다. 이 간단한 방식은 청중에게 정보를 확실하게 전달할 수 있도록 해준다.

스티브 발머도 애용하는 3의 법칙

마이크로소프트 CEO인 스티브 발머는 2009년 1월에 라스베이거스에서 열린 소비자가전 쇼에서 기조연설을 했다. 그 자리는 자선사업가로 변신한 빌 게이츠를 대신하여 발머가 처음 나서는 무대였다.

마이크로소프트는 15년 동안 소비자가전 쇼의 첫 무대를 장식했고, 그 주역은 대부분 빌 게이츠였다. 하지만 프레젠터로서 첫 기조연설 무대에 선 발머는 게이츠와 많이 달랐다. 그는 열정과 에너지를 발산했다. 발머의 프레젠테이션은 어려운 기술 용어를 절대로 사용하지 않았다. 또한 그는 3의 법칙에 따라 로드맵을 제시하는 것이 효과적이라는 사실을 알았다. 그래서 그의 프레젠테이션 전반에 걸쳐 3의 법칙이 활용되었다. 다음은 당시 프레젠테이션 내용이다.

- 오늘 여러분과 함께 경제와 컴퓨터 산업, 그리고 마이크로소프트가 하는 일에 대해 이야기해보고 싶습니다.
- 저는 앞으로 세 가지 핵심 영역에 기회가 있다고 생각합니다. 첫 번째는 사람들이 매일 사용하는 컴퓨터, 휴대전화, 텔레비전의 융합입니다. 두 번째는 컴퓨터 및 기타 기기와의 보다 자연스러운 상호 작용입니다. 세 번째는 제가 '연결된 경험 Connected Experiences'이라고 부르는 것입니다.
- 돌이켜보면 윈도우와 PC가 성공한 것은 세 가지 요소 덕분이었습니다. 첫 번째는 PC가 최고의 애플리케이션들을 구동할 수 있었고, 함께 연동시켰다는 것입니다. 두 번째는 PC 하드웨어의 선택 폭이 넓었다는 것입니다. 세 번째는 윈도우가 모든 사람이 함께 일할 수 있도록 도왔다는 것입니다.
- 우리는 최고 버전의 윈도우를 내놓기 위한 과정을 순조롭게 진행하고 있습니다. 새 버전은 단순성, 안정성, 속도라는 필수 요소를 모두 충족시킬 것입니다.[6]

발머는 한 번의 프레젠테이션에서 3의 법칙을 다섯 번이나 사용했다. 덕분에 그의 기조연설은 게이츠의 기조연설보다 따라가기가 더 쉬웠다. 애플과 마이크로소프트는 앙숙 관계이지만 발머와 잡스는 모두 복잡한 기술을 쉽게 설명하기 위해 미리 기대감을 조성하는 방법을 쓴다.

3의 법칙으로 경제위기를 넘긴 듀폰

경영전문가인 램 차란 Ram Charan 은 《경제 불확실성 시대의 리더십 Leadership in the Era of Economic Uncertainty》에서 세계적 기업인 듀폰이 2008년 경제위기에 대처한 과정을 소개했다. 듀폰의 최고경영자인 채드 홀리데이 Chad Holliday 는 임원과 경제학자들을 모아 비상 계획을 수립한 다음 열흘 안에 바로 실행했다. 당시 듀폰은 직원을 6만 명 두고 있었다. 간부들은 모든 직원에게 회사가 달성해야 할 목표를 명확하게 전달했다. 또한 모든 직원들에게는 현금을 아끼고 비용을 줄이기 위해 즉시 실행할 수 있는 세 가지 일을 파악하라는 과제가 주어졌다. 경영진은 너무 과도한 요구를 하면 직원들이 행동에 나서지 않겠지만, 세 가지 정도면 현실적으로 가능할 것이라고 생각했고 이는 적중했다.

청중의 머릿속에 로드맵을 그려주어라

잡스는 2008년 맥월드 기조연설에서 의제에 해당하는 내용을 설명하면서 막을 열었다(잡스의 프레젠테이션에는 의제 항목이 없다. 단지 말로 로드맵을 제시할 뿐이다). 그는 "오늘 여러분과 네 가지 점에 대해 이야기하고 싶습니다. 그럼, 시작하겠습니다"라고 운을 뗀 후 이렇게 말했다.

첫 번째는 레오파드입니다. 우리는 출시 90일 만에 레오파드를 무려 500만 개 이상 판매했습니다. 믿을 수 없는 수치이지요. 맥

OS X 중에서 최고의 성적입니다. … 두 번째는 아이폰입니다. 오늘은 아이폰을 출시한 지 200일 되는 날입니다. 기쁘게도 그동안 우리는 아이폰을 400만 대나 팔았습니다. … 그러면 세 번째인 아이튠즈로 넘어가겠습니다. 아이튠즈도 아주 상황이 좋습니다. 지난주에 40억 번째 노래를 판매했습니다. 대단하지 않습니까? 크리스마스에는 하루에 2,000만 곡을 판매하는 기록도 세웠습니다. … 이제 네 번째를 살펴봅시다. 뭔가 특별한 공기air가 느껴지지 않습니까? 아시다시피 애플은 맥북과 맥북 프로라는 업계 최고의 노트북을 만듭니다. 오늘 우리는 세 번째 노트북을 소개하고자 합니다. 그 이름은 '맥북 에어'입니다.[7]

잡스가 숫자를 말할 때마다 스크린에는 그에 해당하는 숫자만 떴다. 이와 같은 슬라이드의 단순성에 대해서는 8장에서 보다 자세하게 다루겠지만, 우선 슬라이드는 말하는 내용의 핵심을 반영해야 한다는 점을 기억하자. 슬라이드를 복잡하게 만들 필요는 없다.

잡스는 프레젠테이션을 주제별로 나눌 뿐만 아니라 기능도 서너 가지로 나열한다. 그는 2005년에 "아이팟은 세 가지 혁신을 일으켰습니다. 첫 번째는 뛰어난 휴대성입니다(5GB, '노래 1,000곡을 호주머니에'). 두 번째는 파이어와이어Firewire를 내장했습니다(USB로는 CD 한 장을 다운로드하는 데 5~10분이 걸리는 반면 파이어와이어는 5~10초면 된다). 세 번째는 배터리 수명이 길어졌다는 것입니다(10시간 연속으

1막 이야기를 창조하라 | 95

로 음악을 들을 수 있다)"[8]라고 말했다.

잡스의 프레젠테이션은 모두 3의 법칙을 활용한 로드맵을 담고 있어 일일이 나열하자면 끝이 없다. 그는 프레젠테이션이 아닌 일반 연설에서도 3의 법칙을 활용한다. 가령 스탠포드대학 졸업식 때 했던 유명한 축사에서 잡스는 "오늘 여러분에게 제 인생에 대한 세 가지 이야기를 들려주고 싶습니다"[9]라고 운을 뗀 뒤, 나머지 연설은 이 로드맵을 따라 전개했다. 그는 살면서 겪은 세 가지 이야기를 소개한 다음 거기에서 얻은 교훈을 졸업생들과 나누었다.

세계 최고의 연설문 작성자가 선택한 방법

케네디 대통령의 연설문 작성자인 테드 소렌센 Ted Sorensen은 눈이 아닌 귀를 위해 연설문을 써야 한다고 생각했다. 그가 쓴 연설문은 청중들이 따라가기 쉽도록 차례로 목표와 성과를 나열한다. 1961년 5월 25일 케네디가 의회 합동연설에서 한 연설은 소렌센의 기법이 잘 드러난 사례다. 케네디는 우주 탐사에 대한 협조를 요청하면서 이렇게 말했다.

첫째, 저는 우리나라가 이번 10년이 지나기 전에 달 착륙을 성공시킨다는 목표에 매진해야 한다고 생각합니다. 어떤 우주 프로젝트도 그보다 더 인상적이거나 중요할 수 없습니다. … 둘째, 이미 확보된 700만 달러에 더해 추가로 2,300만 달러를 투자하면 로버^{Rover} 핵로켓 개발을 앞당길 수 있습니다. ⋯ 셋째, 추가로 5,000만 달러를 투자하면 통신위성의 실용화를 앞당겨 미국의 리더십을 극대화할 수 있습니다. 넷째, 추가로 7,500만 달러를 투자하면 지구 단위의 기상관측을 위한 위성 개발을 최대한 앞당길 수 있습니다. 분명히 말씀드리지만 저는 의회와 전 국민이 오랜 시간과 많은 비용을 투자해야 하는 우주 사업에 확실히 헌신하기를 요청합니다. ⋯ 그저 어렵다는 이유로 중도에 그만두거나 규모를 줄인다면 차라리 시작하지 않는 편이 낫습니다.[10]

케네디의 연설을 좋아하는 오바마 대통령 역시 소렌센의 기법을 빌려 자신의 연설에 호소력을 더했다. 다음은 3의 법칙에 따라 그가 2004년 민주당 전국대회에서 했던 기조연설이다.

저는 우리가 중산층을 돕고 근로가구에 기회의 길을 열어줄 수 있다고 믿습니다. ⋯ 저는 우리가 실업자에게 일자리를, 노숙자에게 집을 주고 폭력과 절망으로부터 전국의 젊은이들을 구할 수 있다고 믿습니다. ⋯ 저는 우리가 올바른 길을 가고 있으며 역사의 갈림길에서 올바른 선택을 해서 우리의 과제를 달성할 수 있다고 믿습니다.[11]

이처럼 오바마는 연설문을 세 문장으로 나누었으며, 종종 한 문장에 세 가지 요점을 담았다. 오바마는 2009년 1월 20일에 열린 44대 대통령 취임식에서 식장에 모인 200만 명과 텔레비전으로 지켜보는 수백만 명에게 역사적인 연설을 했다. 이 연설에서도 3의 법칙이 자주 활용되었다.

- 저는 오늘 이 자리에 서서 우리 앞에 주어진 과제에 겸허함을 느끼고, 여러분이 주신 믿음에 감사드리며, 선조들의 희생을 생각합니다.
- 집이 넘어가고 일자리가 사라졌으며 기업이 무너졌습니다.
- 현재 의료비용은 너무 비싸고, 공교육은 너무 부실하며, 에너지 소비는 우리의 적들을 강하게 만들어 지구를 위협하고 있습니다.
- 오늘 저는 우리가 직면한 도전이 실제적이고, 심각하며, 그 수가 많다는 점을 말씀드립니다.
- 우리의 노동자들은 이 위기가 시작되었을 때처럼 여전히 생산적이고, 우리의 생각은 여전히 창의적이며, 우리의 상품과 서비스는 지난달이나 작년만큼 경쟁력이 있습니다.[12]

3의 법칙 적용하기

지금까지 살펴본 대로 뛰어난 리더들은 종종 중요한 인터뷰나 기조연설을 서너 가지 요점을 중심으로 풀어간다. 만일 내가 이 책과 관련해 인터뷰를 한다면 나는 4장과 5장에서 얻은 교훈을 이렇게 적용할 것이다.

먼저 140자 이내로 헤드라인을 만들 것이다. 그 내용은 '잡스처럼 프레젠테이션하라'가 될 것이다. 그리고 첫째 이야기를 창조하라, 둘째 경험으로 만들어라, 셋째 다듬고 연습하라와 같은 세 가지 요점을 제시할 것이다. 각 요점별로는 내용을 강화할 이야기, 사례, 자료 등이 포함될 것이다. 다음은 이런 틀에 따른 가상 인터뷰 내용이다.

기자: 이번에 출간된 《스티브 잡스 프레젠테이션의 비밀》이 어떤 책인지 설명해주세요.
카마인: 이 책은 스티브 잡스처럼 프레젠테이션하는 방법을 밝히고 있습니다. 잡스는 세계 최고의 프레젠터로 인정받고 있습니다. 이 책은 그가 사용하는 구체적인 방법들을 단계별로 설명합니다. 이 책에 나온 내용대로만 하면 누구나 지금보다 더 나은 프레젠테이션을 할 수 있습니다.
기자: 구체적으로 어떤 단계인가요?
카마인: 세 가지 단계를 밟으면 누구나 스티브 잡스처럼 프레젠테이션할 수 있습니다(헤드라인은 최소한 두 번 반복해야 한다). 첫 번째 단계는 이야기를 창조하는 것, 두 번째 단계는 경험을 전달하는 것, 세 번째 단계는 다듬고 연습하는 것입니다. 그러면 첫 번째 단계부터 설명하겠습니다….

이 사례에서 알 수 있듯이 3부로 구성된 로드맵은 인터뷰나 프레젠테이션의 틀을 잡아준다. 청중의 두뇌는 프레젠터의 말과 슬라이드 이미지를 받아들이면서 속으로 독백하느라 바쁠 것이다. 따라서 청중이 프레젠테이션 내용을 쉽게 따라갈 수 있도록 도와주어야 한다.

지미 발바노의 명연설

1993년 3월 4일 대학농구팀 코치인 지미 발바노^{Jimmy Valvano}는 스포츠 역사에 남을 명연설을 했다. 그는 1983년에 노스캐롤라이나대학을 대학선수권대회 우승으로 이끌었다. 그로부터 10년 후 암으로 죽어가던 지미는 '아서 애쉬 용기와 박애상^{Arthur Ashe Courage & Humanitarian Award}'을 받았다. 그는 수상 연설에서 3의 법칙을 활용해 가장 감동적인 순간을 연출했다.

> 저는 우리가 매일 해야 할 세 가지 일이 있다고 생각합니다. 우리는 평생 이 일들을 해야 합니다. 첫 번째는 웃는 것입니다. 여러분은 매일 웃어야 합니다. 두 번째는 생각하는 것입니다. 여러분은 생각하는 시간을 가져야 합니다. 세 번째는 눈물 날 만큼 행복과 기쁨을 느끼는 것입니다. 생각해보십시오. 웃고 생각하고 울면서 보내는 하루는 더없이 충만합니다. … 암은 저의 육체적 능력을 빼앗을 수 있습니다. 그러나 저의 정신은 건드릴 수 없습니다. 저의 마음도 건드릴 수 없습니다. 저의 영혼도 건드릴 수 없습니다. 이 세 가지는 영원히 남을 것입니다. 감사합니다.[13]

프레젠터의 노트

》 제품 및 서비스, 회사, 사업에 대해 청중에게 전달하고 싶은 모든 요점을 나열하라.

》 그 요점들을 세 가지 핵심 요점으로 묶어라. 이 세 가지 요점은 전체 프레젠테이션의 로드맵이 될 것이다.

》 세 가지 요점별로 내용을 보강하라. 거기에는 이야기, 자료, 사례, 은유, 유추, 제3자 인증 등이 포함될 수 있다.

6장

공공의 적을 내세워라

> "빅 블루가 컴퓨터 산업, 정보시대를 전부 지배하게 될까요?
> 조지 오웰의 예언이 맞을까요?"
>
> — 스티브 잡스

고전적인 옛 이야기에서는 영웅이 등장한다. 그리고 영웅은 악당과 싸워 승리한다. 프레젠테이션에도 같은 이야기 구조를 적용할 수 있다. 스티브 잡스는 적대자 또는 해결해야 할 문제를 제시하여 설득력 있는 이야기의 토대를 만든다. 1984년에 그가 내세운 적대자는 '빅 블루 Big Blue (IBM의 애칭 – 옮긴이)'였다.

애플은 큰 화제가 된 텔레비전 광고들을 많이 만들었다. 그중에는 영웅과 악당의 대립을 소재로 삼은 것도 있었다. 1984년에 나온 매킨토시 광고가 그런 경우였다. 이 광고는 1월 22일에 열린 슈퍼볼 경기 때 방영되었다. 이 경기에서 로스앤젤레스 레이더스는 워싱턴 레드스킨스를 큰 점수 차로 이겼는데, 당시 사람들은 경기의 점수 차보다 애플 광고를 더 많이 기억했다.

〈에일리언〉을 감독한 리들리 스코트 Ridley Scott가 만든 이 광고는 세뇌를 당한 사람들이 모두 대머리를 하고서 대형 스크린에 비치는 리더(소설《1984》에 등장하는 '빅 브라더')의 연설을 듣는 장면으로 시작된다. 이때 1980년대 스타일의 꽉 죄는 운동복을 입은 금발 미녀가 해머를 들고 달려온다. 그녀의 뒤에는 헬멧을 쓴 경찰들이 쫓아오고 있다. 그녀는 해머를 힘껏 스크린으로 던진다. 세뇌당한 사람들이 입을 크게 벌리고 바라보는 가운데 스크린은 섬광과 함께 폭발한다. 광고의 끝에는 이런 문구가 등장한다. '1월 24일에 애플 컴퓨터가 매킨토시를 출시합니다. 왜 실제 1984년이 소설《1984》처럼 되지 않는지 곧 알게 될 것입니다.'[1]

사실 애플 이사들은 이 광고를 싫어해서 방영하기를 주저했다. 그러나 스티브 잡스는 적극 지지하고 나섰다. 그는 영웅과 악당이 등장하는 이야기 구조의 힘을 이해했으며, 모든 주인공에게는 적이 필요하다고 생각했다.

이 광고에서 악당은 IBM을 상징했다. 당시 메인프레임 컴퓨터를 만들던 IBM은 세계 최초의 일반용 컴퓨터인 애플 Ⅱ를 겨냥한 제품을 만들기로 결정했다. 이에 잡스는 1983년 기조연설에서 영업 담당자들에게 다음과 같이 말했다.

"이제 곧 1984년이 됩니다. 현재 IBM은 시장을 독식하려는 것처럼 보입니다. 애플은 IBM에 대적할 유일한 희망이 되었습니다. … IBM은 컴퓨터 산업을 장악하기 위해 마지막 장애물을 겨냥하고 있습니다. 그 장애물은 바로 애플입니다. 빅 블루가 컴퓨터 산업, 정보시대를 전부 지배하게 될까요? 조지 오웰의 예언이 맞을까요?"[2]

잡스는 소개말을 마친 후 그 광고를 공개했다. 그러자 청중은 열광적인 환호를 보냈다. 잡스는 흐뭇한 미소를 띤 채 한동안 무대에서 그 순간을 즐겼다. 그의 몸짓과 표정은 마치 '해냈어!'라고 말하는 것처럼 보였다.

문제+해결책=전형적인 잡스 식 프레젠테이션

적대자(문제)를 등장시키면 청중을 영웅(해결책)의 편으로 만들 수 있다. 잡스는 이 고전적인 이야기 형식을 빌어 흥미로운 프레젠테이션들을 선보였다.

한 예로 2007년 맥월드에서 했던 아이폰 소개를 들 수 있다. 잡스는 프레젠테이션을 시작한 지 30분쯤 지나서 아이폰이 앞으로 전성기를 맞을 수밖에 없는 이유를 설명했다. 이때 그가 소개한 악당들은 이름과 달리 그다지 똑똑하지 못한 시중의 모든 스마트폰이었다.

오른쪽 표 6.1은 당시 프레젠테이션에서 잡스가 한 말과 슬라이드에 들어간 이미지를 함께 나열한 것이다.[3] 슬라이드가 어떻게 프레젠테이션을 뒷받침하는지 주의 깊게 살펴보자.

프레젠테이션 내용	슬라이드 이미지
"사람들은 가장 진화한 휴대전화를 '스마트폰'이라고 부릅니다."	'스마트폰'
"대개 스마트폰은 휴대전화에 이메일과 미숙한 인터넷 기능을 더한 것입니다."	'스마트폰, 휴대전화＋이메일＋인터넷'
"문제는 스마트폰이 이름만큼 똑똑하지 않고 사용하기 어렵다는 것입니다. 여러분도 아시다시피 정말로 사용법이 복잡해요. 그래서 우리는 기존의 휴대전화보다 훨씬 더 똑똑한 획기적인 제품을 만들고 싶었습니다."	'스마트폰, 똑똑하지도 않고 사용하기 불편함'
"그래서 우리는 휴대전화를 재발명하려고 합니다. 그 첫걸음은 혁신적인 사용자 인터페이스를 만드는 것입니다."	'혁신적인 사용자 인터페이스'
"이 제품은 수년에 걸친 연구개발 끝에 만들어졌습니다."	'혁신적인 사용자 인터페이스' '수년에 걸친 연구개발'이라는 문구가 동시에 뜬다.
"왜 혁신적인 사용자 인터페이스가 필요할까요? 여기 스마트폰 4개가 있습니다. 모토로라 Q, 블랙베리, 팜 트레오(Treo), 노키아 E62입니다. 스마트폰 하면 많이 언급되는 것들이지요."	네 가지 스마트폰 이미지
"이 제품들의 사용자 인터페이스에는 무슨 문제가 있을까요? 바로 아래쪽에 있습니다. (키보드를 가리키면서) 바로 여기 말입니다. 이 키보드는 필요 없는 경우에도 항상 달려 있습니다. 그리고 조작 버튼도 애플리케이션에 관계없이 고정되어 있지요. 애플리케이션은 저마다 약간씩 다른 사용자 인터페이스와 최적화된 버튼 구성을 요구합니다. 아무리 멋진 아이디어가 있어도 이 제품들에는 버튼을 추가할 수 없어요. 이미 이 상태로 발매되었기 때문이지요. 그러면 어떻게 해야 할까요?"	다른 스마트폰의 윗부분이 사라지고 키보드가 달린 아랫부분만 남는다.

"우리는 이 모든 버튼을 없애고 큰 스크린을 만들 겁니다."	아이폰 이미지
"그러면 어떻게 작동시킬까요? 마우스를 들고 다닐 수는 없죠. 그러면 어떻게 해야 할까요? 스타일러스(컴퓨터 화면에 글을 쓰거나 그림을 그리는 등의 표시를 할 때 쓰는 펜-옮긴이)를 써야죠, 그렇죠? 그래요, 스타일러스를 사용할 겁니다."	아이폰의 옆모습, 스타일러스 이미지가 나타난다.
"아니에요. (웃음) 누가 스타일러스를 쓰고 싶어 합니까? 스타일러스는 갖다 버려야 해요. 어휴, 누구도 스타일러스를 원하지 않아요."	스타일러스 옆에 '누가 스타일러스를 쓰고 싶어 합니까?'라는 문구가 뜬다.
"그러니까 스타일러스는 뺍시다. 대신 우리는 세계 최고의 입력 기구를 사용할 겁니다. 모든 사람이 가지고 태어나는 입력 기구 말이에요. 그것도 열 개나 가지고 태어나지요. 바로 우리 손가락입니다."	스타일러스가 사라지고 아이폰 옆에 검지 이미지가 나타난다.
"우리는 '멀티터치'라는 놀라운 신기술을 발명했습니다."	손가락이 사라지고 '멀티터치'라는 글자가 뜬다.
"이 기술은 마술처럼 작동합니다. 스타일러스가 필요 없어요. 그래도 어떤 터치스크린보다 훨씬 정확합니다. 또, 의도하지 않은 터치는 알아서 무시할 정도로 대단히 똑똑합니다. 그리고 여러 개의 손가락을 써서 다양한 동작을 할 수 있습니다. 우리는 이에 대한 특허까지 땄습니다."	우측 상단에 '마술처럼 작동함, 스타일러스 필요 없음, 뛰어난 정확성, 의도하지 않은 터치는 무시함, 멀티터치 특허'라는 문구가 뜬다.

》 **표 6.1** 문제와 해결책을 명료하게 제시한 아이폰 소개 프레젠테이션

    이 표를 보면 잡스가 본론을 꺼내기 전에 질문을 자주 던진다는 사실을 알 수 있다. 그는 문제를 설명하기 전에 "왜 획기적인 사용자 인터페이스가 필요할까요?"라고 묻는다. 심지어 이미 마련한 해결책에도 의문을 제기한다. 그래서 잡스는 키보드는 터치

스크린으로 대체한다고 소개한 후 "그러면 어떻게 작동시킬까요?"라고 묻는다. 그가 준비한 대답은 세계 최고의 입력 기구인 손가락을 사용한다는 것이었다.

누구도 어느 회사 제품인지 신경 쓰지 않는다. 사람들이 진정으로 관심을 갖는 것은 문제를 해결하고 생활을 개선하는 일이다. 표 6.1에서 알 수 있듯이 잡스는 사람들이 불편을 느끼는 이유를 설명하고 해결책을 제시했다. 해결책을 제시하는 방법에 대해서는 7장에서 보다 자세히 다룰 것이다.

CNBC 인터뷰에서 드러난 설득력의 근거

CNBC의 짐 골드만은 아이폰 소개가 끝난 직후 잡스를 인터뷰하면서 "경쟁이 너무나 치열한 휴대전화시장에 뛰어든 이유가 무엇입니까?"라고 물었다. 잡스는 해결책이 필요한 문제를 다시금 제기하는 것으로 대답을 대신했다. "우리는 시장에 나와 있는 모든 휴대전화를 써봤지만 하나같이 형편없었습니다. 휴대전화를 재발명할 필요가 있었어요. 휴대전화는 보다 성능이 뛰어나고 사용하기 쉬워야 합니다. 우리가 그 일을 할 수 있다고 생각했어요. 이미 다른 회사들이 제품을 만들고 있다는 것은 중요하지 않아요. 2006년에는 휴대전화가 10억 대나 팔렸습니다. 시장점유율 1퍼센트만 차지해도 무려 1,000만 대나 됩니다. 그래서 우리는 휴대전화를 재발명했고, 사람들의 기대를 완전히 뛰어넘었습니다."

이어 골드만은 "아이폰이 경쟁자들에게 보내는 메시지는 무엇입니까?"라고 물었다. 잡스는 대답했다. "우리는 제품을 만드는 기업입니다. 우리는 훌륭한 제품을 사랑합니다. 우리의 제품을 설명하려면 이미 시장에 나와 있고 사람들이 사용하는 다른 제품들과 비교해야 합니다."[4]

이 답변은 잡스가 어떻게 설득력 있는 이야기를 만드는지 그 접근법을 보여준다. 새로운 제품이나 서비스를 설명하려면 고객에게 불편을 주는 문제점을 밝혀야 한다. 그러면 청중은 해결책으로 제시된 제품이나 서비스에 훨씬 더 주목할 것이다.

애플교 탄생의 원리

마케팅 전문가인 마틴 린드스트롬 Martin Lindstrom 은 《바이올로지 Buyology》에서 애플의 마케팅을 전도 활동에 비유했다. 두 가지 다 공통의 비전과 구체적인 적대자를 내세우기 때문이다. 린드스트롬에 따르면 "대부분의 종교는 명확한 비전을 갖고 있다. 그들은 영적 목표를 달성하기 위한 사명을 제시한다. 물론 기업들도 대부분 확고한 사명을 갖고 있다. 스티브 잡스는 일찍이 1980년대 중반에 '인간은 변화의 창조자입니다. 따라서 인간은 시스템이나 구조보다 위에 있어야 하며 거기에 종속되어서는 안 됩니다'라는 비전을 제시했다. 그로부터 20년이 지난 후에도 애플은 여전히 그 비전을 추구한다."[5]

수년 동안 장수 브랜드의 특징을 연구한 린드스트롬은 종교와 애플 같은 파워 브랜드가 가진 공통점을 지적했다. 그것은 공통의 적을 물리친다는 개념이다. "공통의 적을 제시하면 믿음을 드러낼 기회와 함께 같은 신도들끼리 단결할 명분이 생긴다. … 이 대결 전략은 브랜드에 충성하는 팬들을 끌어모으고, 논쟁을 불러일으키며, 구매의욕을 자극한다."[6]

두뇌는 큰 그림부터 본다

적대자를 내세우는 것은 청중을 설득하는 데 아주 중요하다. 그 이유는 우리의 뇌 구조가 가진 특성 때문이다. 뇌가 새로운 생각을 받아들이려면 특정한 공간이나 범주가 필요하다. 다시 말해 뇌는 세부 사항 이전에 정의를 요구한다. 뇌과학자 존 메디나John Medina에 따르면 뇌는 큰 그림을 보도록 만들어졌다. 한 예로 원시인들은 긴 이빨을 가진 호랑이와 마주쳤을 때 '이빨이 몇 개나 되지?'와 같은 세부적인 사항이 아니라 '저 호랑이가 나를 잡아먹을까?'와 같은 직접적이고 분명한 문제를 생각한다.

따라서 적대자의 설정은 청중에게 큰 그림을 제공한다. 메디나는 《브레인 룰스 Brain Rules》에서 '세부 사항부터 시작하지 마라. 핵심적인 아이디어부터 제시한 다음, 중요도에 따라 세부 사항을 나열하라'[7]고 조언한다. 프레젠테이션을 할 때도 마찬가지다. 세부 사항(해결책)을 설명하기 전에 큰 그림(문제)부터 제시해야 청중의 공감을 끌어낼 수 있다.

애플은 2003년 맥월드에서 새로운 웹 브라우저인 사파리를 공개했다. 사파리는 마이크로소프트의 익스플로러에 맞서는 여러 브라우저의 대열에 끼게 되었다. 잡스는 사파리를 소개하면서 "왜 우리가 자체적인 브라우저를 만들어야 했을까요?"[8]라는 질문을 먼저 던졌다. 사파리의 새로운 기능들을 설명하기 전에 개발 이유를 밝힐 필요가 있었기 때문이다.

잡스는 익스플로러와 넷스케이프를 비롯한 기존의 경쟁 제품들이 속도와 혁신에서 부족한 면이 있다고 지적하여 문제를 제기했다. 이어 속도 면에서 사파리가 익스플로러보다 맥에서 3배 빠르다고 설명하여 문제를 해결했다.

그리고 혁신 면에서 기존 브라우저들이 구글 검색 기능을 툴바에서 지원하지 않고, 즐겨찾기 기능도 부실하다고 지적했다. 잡스는 "조사 결과 사람들은 즐겨찾기 기능을 많이 사용하지 않았습니다. 너무 복잡해서 어떻게 써야 하는지 모르기 때문입니다"라고 말하여 문제를 제기했다. 반면 사파리는 툴바에 구글 검색 기능을 제공하고, 이용자가 자주 방문하는 홈페이지를 쉽게 찾을 수 있도록 돕는 기능을 추가했다고 말하여 문제를 해결했다.

잡스는 적대자를 내세우기 위해 질문을 던졌다. 그것은 "왜 이것이 필요할까요?"였다. 잡스는 이 단순한 질문을 발판 삼아 기존의 브라우저, 운영체제, 디지털 음원재생기기 등의 문제점을 밝히고 해결책을 제시했다.

분당 3,000달러짜리 프레젠테이션

해마다 9월이면 신생기업가들이 영향력 있는 언론인, 업계 전문가, 투자가들 앞에서 회사를 소개하는 행사가 2개 열린다. 하나는 샌프란시스코에서 열리는 테크크런치 50 TechCrunch 50이고, 다른 하나는 샌디에이고에서 열리는 데모 DEMO다. 이 자리에서 하는 프레젠테이션은 창업의 성패를 좌우한다. 테크크런치는 8분을 준다. 8분 안에 발표하려면 아이디어를 최대한 다듬어야 한다. 데모는 6분을 주는데, 여기에 참가하려면 1만 8,500달러를 내야 한다. 프레젠테이션 비용이 분당 3,000달러인 셈이다. 아이디어를 설명하기 위해 분당 3,000달러를 내야 한다면 과연 어떻게 해야 할까? 이 행사에 참여하는 벤처투자가들은 창업자들 대부분이 문제를 제시하기 전에 바로 제품을 설명하기 때문에 이야기를 흥미롭게 전달하지 못한다고 지적한다. 한 투자가는 내게 "전달하려는 정보를 머릿속에 넣으려면 새 공간을 만들어주어야 합니다. 문제를 제시하지 않고 바로 해결책으로 넘어가면 내용이 머리로 들어오지 않아요. 그것은 잔도 없이 커피를 들이붓는 것과 같아요"라고 말했다. 청중의 뇌는 새로운 정보를 흡수할 공간이 한정되어 있다. 그러나 대부분의 프레젠터들은 128KB 용량의 전송케이블에 2MB짜리 정보를 억지로 우겨넣으려 한다. 그러니 정보가 제대로 전달될 리 없다.

데모 2008에서는 트래블뮤즈 TravelMuse라는 회사가 가장 뛰어난 프레젠테이션을 했다. 설립자인 케빈 플라이스 Kevin Fleiss는 이렇게 프레젠테이션을 시작했다. "가장 규모가 크고 성숙한 온라인 소매 부문은 여행업입니다. 현재 미국만 해도 시장 규모가 900억 달러가 넘습니다(범주 설정). 누구나 온라인으로 예약하는 방법을 압니다. 그러나 예약은 전체 여행 계획의 마지막 5퍼센트에 불과합니다(문제 제시). 나머지 95퍼센트는 예약하기 전에 어디로 갈지, 어떤 일을 할지 결정하는 것입니다. 정작 어려운 부분은 바로 여기입니다. 트래블뮤즈는 필요한 기능과 정보를 자연스럽게 통합해 여행 계획을 쉽게 세울 수 있도록 도와줍니다(해결책 제시)."[9] 그는 해결책을 설명하기 전에 범주를 설정하고 문제를 제시함으로써 커피를 따를 잔을 마련했다.

투자가들은 아이디어를 보고 지분을 산다. 따라서 투자할 회사의 제품이 해결해주는 문제가 얼마나 보편적인지 알고 싶어 한다. 문제가 명확하지 않은 해결책은 매력이 훨씬 떨어진다. 투자가들은 문제와 해결책이 분명하게 드러나야만 안심하고 시장 규모, 경쟁 상황, 비즈니스 모델 같은 다음 단계의 의문으로 넘어간다.

짧게, 그러나 가장 명확하게 핵심을 드러내는 법

문제를 밝히는 데 오랜 시간이 걸리는 것은 아니다. 잡스는 대개 적대자를 소개하는 데 몇 분밖에 들이지 않는다. 사실 30초만 있어도 충분하다. 다음 네 가지 의문에 대한 답을 한 문장으로 만들면 된다. ①어떤 일을 하는가? ②어떤 문제를 해결하는가? ③어떤 점이 다른가? ④왜 관심을 가져야 하는가?

나는 캘리포니아에 있는 랭귀지라인 LanguageLine 의 경영진과 함께 이 네 가지 의문을 기반으로 엘리베이터 피치 Elevator Pitch (잠재고객과 함께 엘리베이터에 탑승했을 때 30초 동안 제품을 설명하는 것 – 옮긴이)를 만들었다. 이 네 가지 의문에 제대로 답하기만 해도 회사에 대해 많은 정보를 전달할 수 있다. 다음은 그 내용이다.

랭귀지라인은 비영어권 고객과 의사소통이 필요한 기업에 세계 최대의 전화통역 서비스를 제공합니다(하는 일). 23초마다 영어를 쓰지 않는 사람들이 미국으로 들어옵니다(문제). 그들이 병원, 은행, 보험회사, 911에 전화를 걸면 랭귀지라인 통역자가 응대할 수 있습니다(차이점). 우리는 여러분이 고객, 환자, 잠재고객과 150개 언어로 소통하도록 도와줍니다(관심을 가져야 할 이유).

적대자 : 편리한 이야기 도구

앨 고어는 스티브 잡스와 세 가지 점에서 비슷했다. 그것은 환경에 대한 헌신, 애플에 대한 애정(앨 고어는 애플 이사다), 설득력 있는 프레젠테이션 스타일이다.

앨 고어가 만든 다큐멘터리 〈불편한 진실〉은 이야기 기법으로 만든 일종의 프레젠테이션이다. 고어는 모두가 동의하는 문제를 제기하여(입장에 따라 해결책은 다를 수 있지만 문제는 대체로 인정된다) 시청자가 이에 관심을 가져야 할 이유를 제공했다.

고어는 주장을 전개할 무대를 만드는 일부터 시작했다. 〈불편한 진실〉에서는 우주에서 찍은 사진들을 보여주면서 지구의 아름다움을 상기시키는 동시에 문제를 제시했다. 우선 달에서 지평선 너머로 지구가 떠오르는 모습을 찍은 유명한 사진으로 시작하여 그 후 지구온난화로 빙하가 녹고 해안이 줄어들며, 허리케인이 발생하는 모습들을 보여준다. 고어는 "빙하는 우리에게 이야기를 들려줍니다"라고 말한다. 뒤이어 화석연료를 태울 때 발생하는 이산화탄소가 대기층에 쌓여 온난화를 초래한다고 설명해 적대자를 뚜렷이 드러낸다.

〈불편한 진실〉에서 가장 인상적인 장면은 고어가 적색 선과 청색 선으로 문제를 설명하는 장면이다. 적색 선은 지난 60만 년 동안의 이산화탄소 수치를, 청색 선은 평균온도를 가리킨다. 고어의 설명에 따르면, 이산화탄소가 늘어날수록 지구의 평균온도는 더욱 올라간다. 다큐멘터리는 역사상 가장 높은 수치를 기록한 현재의 이산화탄소량을 그래프로 보여준다. 그리고 고어가 리프트에 올라타면서 "이 부분을 강조하고 싶습니다"라고 말한 다음 버튼을 누른다. 리프트는 최소한 1.5미터는 될 법한 높은 곳으로 올라간다. 고어는 현재의 이산화탄소량을 보여주는 그래프와 같은 높이만큼 올라서는데, 그 모습을 보고 사람들은 웃음을 터뜨린다. 이런 연출은 재미있으면서도 신선한 깨달음을 준다. 고어는 "앞으로 50년 동안 이 수치는 계속 오를 것입니다. 여기 있는 아이들이 저와 같은 나이가 되었을 때는 이만한 높이가 될 것입니다"라고 말한 후 다시 버튼을 누른다. 리프트는 약 10초 동안 더 높이 올라간다. 그는 그래프를 따라 올라가면서 사람들을 향해 이렇게 말한다. "차트 바깥으로 넘어간다는 말 들어보셨죠? 50년 안에 그런 일이 실제로 벌어질 겁니다."[10] 이 장면은 웃기면서도 인상적이다. 이처럼 고어는 숫자와 통계가 사람들의 피부에 와 닿도록 설명했다.

고어는 스티브 잡스의 프레젠테이션에서 볼 수 있는 기법들을 많이 활용한다. 그중 하나가 적대자를 내세우는 것이다. 두 사람은 초기에 적대자를 내세워 청중을 같은 목표 아래로 끌어모은다. 잡스가 고어와 다른 점이라면, 그는 적대자에 맞설 영웅을 등장시킨다는 것이다.

프레젠터의 노트

》 프레젠테이션 초기에 적대자를 소개하라. 해결책을 설명하기 전에 항상 문제를 제시하라. 그 방법은 고객이 느끼는 고통을 생생히 묘사하는 것이다. '왜 우리가 이 일을 해야 하는가?'라는 질문으로 문제를 드러내라.

》 시간을 들여 구체적으로 문제를 설명하라. 문제는 가능한 한 생생하게 느껴지도록 묘사해야 한다.

》 이 장에서 설명한 4단계 방법론에 따라 제품을 위한 엘리베이터 피치를 만들어라. 특히 '어떤 문제를 해결하는가?'라는 두 번째 의문에 집중하라. 제품이 무엇이든 누구도 신경 쓰지 않는다는 사실을 기억하라. 사람들은 문제를 해결하는 데 관심이 있을 뿐이다.

7장

영웅을 드러내라

> "마이크로소프트의 유일한 문제점은 심미안이 없다는 것입니다.
> 작은 부분이 아니라 큰 부분에서 그렇습니다."
>
> — 스티브 잡스

스티브 잡스는 악당을 만들어내는 데 매우 뛰어나다. 악당은 위험할수록 좋다. 잡스는 적대자(기존 제품의 한계)를 내세운 다음, 삶을 보다 나은 것으로 만들어줄 해결책을 영웅으로 등장시킨다. 다시 말해 애플의 제품은 세상을 구하는 영웅이다. 6장에서 소개한 1984년 텔레비전 광고에서는 IBM이 적대자 역할을 했다. 잡스는 그 광고를 1983년 가을에 열린 내부 행사에서 영업 담당자들에게 처음 보여주었다.

잡스는 광고를 공개하기 전에 몇 분 동안 '빅 블루Big Blue'를 세계 정복의 야욕에 불타는 악당으로 그렸다. 당시 IBM은 '빅 브라더Big Brother'와 비슷한 어감의 빅 블루로 알려졌는데, 잡스는 이 점을 놓치지 않았다. 그는 다음과 같은 소개로 빅 블루를 한니발 렉터(영화 〈양들의 침묵〉에 등장하는 사이코 살인마 교수-옮긴이)보다 더 위험한 존재로 만들었다.

1958년 IBM은 '제로그래피 xerography'라는 신기술을 개발한 신생 기업을 인수할 기회를 놓쳤습니다. 그로부터 2년 후 제록스가 탄생했습니다. IBM은 좋은 기회를 놓친 것을 크게 후회했습니다. 그 후 10년이 흘렀습니다. 그리고 1960년대 말에 DEC와 협력 업체들이 미니컴퓨터를 개발했습니다. IBM은 미니컴퓨터가 본격적인 계산 작업을 하기에는 너무 작다고 무시했습니다. 나중에 DEC가 수백억 달러 가치를 가진 기업으로 성장한 후에야 IBM은 미니컴퓨터 시장에 진입했습니다.

다시 10년이 흘렀습니다. 1977년에 애플이라는 젊은 기업이 최초로 개인용 컴퓨터인 애플 Ⅱ를 개발했습니다(영웅 소개). 이번에도 IBM은 개인용 컴퓨터가 본격적인 계산 작업을 하기에는 너무 작다고 무시했습니다(영웅의 가치를 간과하는 악당). 하지만 1981년 애플 Ⅱ는 세계에서 가장 많이 팔리는 컴퓨터가 되었고, 애플은 미국 기업 역사상 가장 빠른 성장세를 기록하며 3억 달러의 가치가 있는 기업으로 성장했습니다. IBM은 1981년 11월 IBM PC를 들고 50개가 넘는 경쟁자들이 있는 개인용 컴퓨터 시장에 진입했습니다. 그리고 1983년 IBM과 애플은 각각 10억 대가 넘는 판매고를 올리면서 가장 강력한 경쟁자가 되었습니다(골리앗에 맞서는 다윗). 시장은 크게 흔들렸습니다. 처음으로 주요 기업이 파산했고 다른 기업들도 위기에 처했습니다. 1984년 IBM은 시장을 독점하고자 본격적으로 나섰습니다. 애플은 IBM에 맞설 유일한 희망이 되었습니다(행동을 개시하는 영웅). 처음에 IBM을 환영했던 유통업체들은 이제 IBM이 시장을 완전히 장악할까봐 걱정합니다. 그들은 미래의 자유를 보장할 유일한 힘인 애플의 선전을 간절히 바라고 있습니다.[1]

잡스가 전형적인 영웅과 악당의 대결 구도를 전개하자 청중들은 환호성을 질렀다. 그는 최고의 영웅 제임스 본드를 연기했다. 프레젠테이션 속에서 잡스는 세상을 멸망시키려 드는 악당에 맞서 싸우는 영웅 제임스 본드가 되었다. 그야말로 이언 플레밍 Ian Fleming(영화 〈007〉 시리즈의 원작을 쓴 영국 추리소설 작가 – 옮긴이)도 울고 갈 솜씨가 아닐 수 없다.

영웅의 사명

잡스가 제시하는 영웅의 사명에는 악당을 해치우는 일뿐만 아니라 우리의 삶을 향상시키는 일도 포함된다. 2001년 10월 23일 아이팟을 소개한 프레젠테이션은 그 미묘하고도 중요한 차이점을 드러냈다.

그전에 먼저 당시 디지털음악 산업의 상황을 이해할 필요가 있다. 사람들은 현재의 아이팟에 비해 그 크기가 거대한 CD플레이어를 들고 다녔다. 소수의 디지털 음악재생기기는 크고 무거운 데다가 저장용량이 너무 작아 열두어 곡밖에 넣을 수 없었다. 노매드 주크박스 Nomad Jukebox 같은 일부 제품은 2.5인치 하드드라이브를 사용하기 때문에 들고 다닐 수는 있지만 컴퓨터에서 음악을 전송하는 데 시간이 오래 걸렸다. 게다가 배터리 수명까지 짧아 사실상 실용성이 없었다. 잡스는 이런 문제를 해결할 필요성을 느끼고 영웅을 등장시켰다.

잡스는 먼저 "왜 음악일까요?"라고 질문한 뒤 이렇게 대답했다. "우리는 음악을 사랑합니다. 사랑하는 일을 하는 것은 언제나 좋지요. 음악은 삶의 일부분입니다. 음악은 언제나 우리 주위에 있었고, 앞으로도 그럴 것입니다. 음악은 유행을 타는 시장이 아닙니다. 그리고 모든 사람의 삶에서 일부분을 차지하기 때문에 전 세계에 존재하는 대단히 큰 시장입니다. 그러나 완전히 새로운 디지털음악 혁명이 일어났는데도 불구하고 시장을 선도하는 제품은 없습니다. 누구도 디지털음악을 위한 최적의 조합을 찾지 못한 것입니다. 하지만 우리는 그 조합을 찾아냈습니다."

잡스는 최적의 조합을 찾아냈다고 발표해 청중의 호기심을 자극했다. 본격적인 내용을 펼칠 무대를 마련한 셈이다. 다음 단계는 적대자를 내세우는 것이었다. 그는 기존 휴대용 음악재생기기를 두루 소개했다. 잡스는 밖에서 음악을 듣고 싶으면 CD플레이어나 플래시플레이어, MP3플레이어, 주크박스 같은 하드드라이브 제품을 사야 한다고 말한 후 하나씩 문제를 지적했다.

CD플레이어는 가격이 75달러 정도로 한 장에 10~15곡이 들어가는 CD를 들을 수 있습니다. 한 곡당 약 5달러가 드는 셈이죠. 150달러를 주고 플래시플레이어를 살 수도 있습니다. 여기에도 10~15곡이 들어가니까 한 곡당 10달러가 듭니다. 같은 가격대인 MP3플레이어도 있습니다. MP3플레이어는 최대 150곡까지 넣을 수 있어 한 곡당 1달러가 듭니다. 마지막으로, 300달러를 주고 주크박스를 살 수 있습니다. 여기에는 약 1,000곡이 들어가니까 한 곡당 30센트가 듭니다. 우리는 이 모든 기기들을 검토한 후 (슬라이드의 하드드라이브 부분을 가리키며) 바로 저 하드드라이브 수준에 도달하는 것을 목표로 잡았습니다. 우리는 오늘 정확하게 이 수준을 달성한 제품을 소개하려고 합니다. 그 제품의 이름은 아이팟입니다.

이어 잡스는 영웅에 해당하는 아이팟을 공개했다. 그는 아이팟이 CD 수준의 음질을 가진 MP3플레이어라고 설명하면서 이렇게 덧붙였다. "아이팟의 최대 장점은 1,000곡을 저장할 수 있다는 것입니다. 이 정도면 사람들이 소장한 노래를 거의 전부 담을 수 있는 용량입니다. 그래서 대단한 발전이라고 말씀드릴 수 있습니다. 1,000곡은 엄청난 용량입니다. 외출했다가 듣고 싶은 CD를 집에 놓고 나왔다고 뒤늦게 깨달은 적이 얼마나 많습니까? 하지만 아이팟은 소장한 노래를 전부 호주머니에 넣고 다닐 수 있습니다. 이런 일은 지금까지 불가능했습니다."[2]

잡스는 소장한 노래를 전부 호주머니에 넣고 다닐 수 있다는 점을 강조함으로써 영웅(아이팟)의 가장 혁신적인 가치를 청중에게 각인시켰다. 그리고 지금까지 풀지 못했던 문제를 애플이 해결했다고 분명하게 밝혔다.

〈산호세 머큐리 뉴스 San Jose Mercury News〉의 IT 전문 칼럼니스트인 마이크 랭버그 Mike Langberg는 아이팟 출시를 다룬 기사에서 크리에이티브 Creative 사가 이를 먼저 발견하고 1년 빠른 2000년 9월에 6GB 용량의 노매드 주크박스를 내놓았다는 점을 지적했다. 그러나 그의 말에 따르면, "크리에이티브에는 애플의 무기인 설립자이자 회장이며 최고 전도사인 스티브 잡스가 없었다."[3]

"저는 맥입니다" "저는 PC입니다"

2006년에 방영된 '맥을 사세요 Get a Mac' 광고는 순식간에 엄청난 유명세를 탔다. 이 광고에서 코미디언 존 호즈맨 John Hodgman이 'PC' 역할을, 배우 저스틴 롱 Justin Long이 '맥' 역할을 맡았다. 내용은 대개 답답하고 느린 PC와, 친근하고 편한 맥을 비교하는 식으로 진행되었다. 쉽게 말해 30초 동안 악당(PC)과 영웅(맥)의 이야기를 보여주는 것이다.

이 광고 시리즈 중 '천사와 악마'라는 제목이 붙은 초기 광고 한 편을 보면 맥이 PC에게 아이포토 iPhoto로 만든 사진첩을 보여주는 장면이 나온다. 이때 붉은 옷을 입은 악마와 하얀 옷을 입은 천사가 등장한다. 천사는 PC에게 덕담을 하라고 권하지만 악마는 사진첩을 찢어버리라고 꼬드긴다. 이 광고의 의미는 자명하다. 맥을 좋은 사람에, PC를 나쁜 사람에 비유한 것이다.[4]

영웅이 등장하면 혜택을 분명히 밝혀야 한다. 즉 사람들에게 가장 중요한 의문인 '내가 왜 관심을 가져야 하는가?'에 즉시 답해야 한다. '맥을 사세요' 광고의 다른 편에서는 두 인물(맥과 PC)이 박스에 앉아 이런 대화를 나눈다.

맥: 시작할 준비 됐어요?
PC: 아직 멀었어요. 할 일이 많아요. 당신은 무엇을 할 건가요?
맥: 동영상을 편집하고, 홈페이지를 만들고, 내장 카메라를 써볼 거예요. 나는 박스에서 나오자마자 바로 이런 일들을 할 수 있어요. 당신은요?
PC: 일단 최신 드라이버를 다운로드해야 하고, 하드드라이버에 남은 평가판 소프트웨어를 지워야 해요. 매뉴얼도 읽어야 해요.
맥: 시작하기 전에 할 일이 많은 것 같네요. 하지만 전 얼른 해보고 싶어서 기다릴 수가 없네요. 먼저 시작할 테니까 준비되면 말해요. (박스에서 뛰어나간다.)
PC: 사실 다른 박스에 남은 부분이 또 있어요. 나중에 만나요.

어떤 사람들은 잘난 척한다는 이유로 애플의 광고를 비판한다. 그러나 호불호를 떠나 애플의 광고가 효과적이라는 사실은 부인할 수 없다. 실제로 애플 광고가 대성공을 거두자 마이크로소프트에서 이에 대응하는 광고를 내보내기도 했다. 이 광고는 유명인과 여러 직업을 가진 보통 사람들이 '저는 PC입니다'라고 말하는 내용을 담았다. 그러나 먼저 PC를 따분하게, 맥을 멋지게 그려 타격을 입힌 쪽은 애플이었다. 마이크로소프트의 광고도 재미있었지만 애플 광고만큼 정서적인 효과를 내지는 못했다. 거기에는 악당이 없었기 때문이다.

문제와 해결책을 30초 안에

아이폰을 위해 1만 개가 넘는 애플리케이션을 갖춘 앱스토어는 애플에 커다란 성공을 안겨주었다. 애플은 텔레비전 광고와 인쇄 광고에서 아이폰과 아이팟 터치를 위한 몇 가지 애플리케이션을 소개했다. 여러 광고 중에서 텔레비전 광고는 30초 안에 문제와 해결책을 제시한다는 점에서 효과적이다.

가령 '샤잠 Shazam'이라는 애플리케이션을 위한 텔레비전 광고를 보면 내레이터가 "지금 듣는 노래를 누가 불렀는지 몰라 답답했던 적이 있으십니까?(문제 제기) 샤잠을 작동시켜 아이폰에 노래를 들려주면 가수와 음반을 구할 수 있는 곳을 알려줍니다"[5]라고 말한다. 또한 애플리케이션 광고에는 언제나 다음과 같은 카피가 나갔다. '이것이 아이폰입니다. 애플리케이션으로 생활 속 문제들을 하나씩 해결합니다.'

광고는 30초 안에 문제를 제기하고 그 문제를 해결할 방법을 소개한다. 이처럼 문제를 제기하고 해결책을 소개하는 데는 많은 시간이 필요하지 않다. 핵심을 전달하기 위해 너무 많은 시간을 소모하지 마라.

잡스는 컴퓨터가 아닌 경험을 판다

악당과 영웅을 등장시킨 다음에는 악당에게 시달리는 희생자인 소비자에게 영웅이 제공하는 혜택을 보여줘야 한다. 혜택, 즉 해결책은 간단하고 이해하기 쉬운가가 관건이다. 애플 홈페이지를 방문하면 '당신이 맥을 사랑할 수밖에 없는 이유'[6]라는 항목이 나온다. 이 항목에는 복잡한 기술 용어 없이 구체적인 혜택들이 나열되어 있다.

가령 맥북 프로에 대해 애플 홈페이지에서는 '인텔 코어2듀오 2.4GHz 프로세서에 2GB RAM, 1,066MHz, DDR3 SDRAM 메모리, 250GB RAM 시리얼 ATA 5,400RPM 드라이브를 갖추었다'고 소개하는 대신 다음과 같이 혜택을 간단하게 제시한다. '맥북 프로는 안과 밖이 모두 뛰어납니다. 또한 PC가 하는 모든 일을 더욱 잘 해냅니다. 그리고 가장 진보한 운영체제와 프로그램들을 갖추었습니다. 맥북 프로를 사는 일은 즐겁습니다.' 소비자들은 2.4GHz 다중코어 프로세서를 사는 것이 아니다. 그들은 그 프로세서가 제공하는 '경험'을 산다.

잡스는 경쟁자들과 달리 프레젠테이션에서 무미건조한 자료, 통계, 전문 용어를 잘 쓰지 않는다. 그는 2006년 맥월드에서 한 프레젠테이션 말미에 '한 가지 더' 덧붙이는 특유의 기법을 썼다. 잡스가 소개한 제품은 맥 노트북 최초로 인텔 칩을 사용한 신형 맥북 프로였다. 그는 몇 분 동안 과거의 문제점을 설명했다.

"파워북에는 한 가지 성가신 문제가 있었습니다. 잘 알려진 대로 우리는 G5(IBM 마이크로 프로세서)를 파워북에 이식하려고 노력했지만 전력소비 문제 때문에 실패했습니다. 애초에 그렇게 작은 제품에 넣는 것이 무리였습니다. 그래도 우리는 엔지니어링 측면에서 할 수 있는 모든 방법을 시도했습니다. 또 찾을 수 있는 모든 권위자들에게 조언을 구했습니다(스크린에 교황의 모습이 나오자 청중이 웃음을 터뜨린다)."

잡스는 이어 인텔 코어2듀오 칩을 사용함으로써 작은 제품에서 더 나은 성능을 이끌어낼 수 있다고 설명했다.

오늘 우리는 맥북 프로라고 이름 붙인 새 노트북을 소개하려고 합니다. 이 노트북은 신형 아이맥과 마찬가지로 인텔 코어2듀오 칩을 사용합니다. 앞으로 모든 맥북 프로에는 듀얼 프로세서가 들어갈 겁니다. 이러한 변화가 어떤 혜택을 안겨줄까요? 우선 파워북 G4보다 4~5배 빠릅니다. 이번 신제품은 정말 빨라요. … 새 맥북 프로는 가장 빠르고 얇은 맥 노트북이 될 것입니다. 새로운 기능들도 추가되었습니다. 게다가 영화관 스크린만큼 밝은

15.4인치 와이드스크린을 갖추었습니다. 이 스크린은 정말 멋집니다. 아이사이트 iSight 카메라도 내장되어 있습니다. 이제는 박스에서 꺼내 바로 화상회의를 할 수 있습니다. 대단한 일이지요. 아무데서나 화상회의를 할 수 있다니 말이죠. 정말 꿈같은 일입니다.[7]

물론 아무데서나 화상회의를 할 수 있는 것이 꿈같은 일이라는 말에 동의하지 않을 수도 있다. 그러나 잡스는 해결책이 필요한 문제를 명확하게 드러낸다. 그는 모든 프레젠테이션과 인터뷰에서 악당을 창조하고 영웅이 주는 혜택을 강조한다.

잡스는 미국의 박물관, 연구소 등을 운영하는 스미스소니언협회 Smithsonian Institution 와의 인터뷰에서 끈기가 기업가의 성패를 좌우한다고 말했다. 그의 말에 따르면 끈기는 열정에서 나온다. "하는 일에 엄청난 열정이 없으면 살아남지 못합니다. 중간에 포기하고 말 겁니다. 열정을 가지고 아이디어나 바로잡을 문제나 오류를 찾아야 합니다. 그렇지 않으면 끝까지 버틸 끈기를 얻을 수 없습니다. 저는 거기서 성패의 절반이 결정된다고 봅니다."[8]

비유하자면, 잡스는 비즈니스 세계에서 활약하는 인디애나 존스다. 그는 영화 속 영웅이 악당을 물리치듯 공통의 문제를 찾아내 해결한다. 그리고 청중의 환호를 받으며 보다 나은 세상의 석양 속으로 사라진다.

프레젠터의 노트

》 업계(혹은 제품 부문)의 현황을 있는 그대로 설명하고 나아갈 방향을 제시하라.

》 적대자(고객의 문제)를 내세운 다음, 당신의 회사나 제품 및 서비스가 제공하는 해결책을 쉽게 설명하라.

》 스티브 잡스가 말한 것처럼 문제를 바로잡고자 하는 열정이 없으면 끝까지 버틸 끈기를 얻지 못한다.

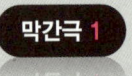
막간극 1

10분 규칙을 엄수하라

　일반적으로 청중은 10분 동안은 주의를 집중할 수 있다. 그렇다. 11분이 아니라 10분이다. 이 귀한 정보는 최근 인지 기능에 대한 연구에서 나왔다. 간단히 말해 우리의 두뇌는 10분을 넘기면 지루해한다. 뇌과학자 존 메디나에 따르면 "뇌는 문화와 유전자의 영향을 받는 지속시간별 반응 패턴을 따른다."[1] 메디나는 관찰과 실험을 통해 10분 법칙을 확인했다. 그는 학기마다 학생들에게 평균 정도의 관심을 가진 수업에서 어느 정도 시간이 지나면 시계를 보게 되는지 물었다. 그 대답은 한결같이 10분이었다.

　스티브 잡스는 사람들의 뇌가 지루해할 틈을 주지 않는다. 30분에 걸친 그의 프레젠테이션은 시연, 보조 연설, 동영상 상영 등으로 다채롭게 구성된다. 아무리 설득력이 좋아도 계속 자극제를 찾는 뇌를 사람들이 혼자서 감당할 수 없다는 사실을 잡스는 아는 것이다.

　잡스는 2007년 맥월드에서 프레젠테이션을 시작한 지 정확히 10분이 지난 후에 아이튠즈와 아이팟을 위한 새 텔레비전 광고(밝은 색상의 배경 앞에서 사람들이 어두운 실루엣으로 등장해 아이팟을 들고 흰 이어폰을 꽂은 채 춤추는 광고)를 선보였다. 그는 광고가 끝난 후 사람들에게 "멋지지 않아요?"[2]라고 물었다. 이 광고는 프레젠테이션의 1막(음악)과 2막(애플 TV) 사이에 들어가는 일종의 막간극이었다. 당신도 10분 법칙을 염두에 두고 반드시 청중의 뇌가 쉴 수 있는 시간을 주도록 하라.

2막

경험으로 만들어라

스티브 잡스는 프레젠테이션을 특별한 경험으로 만든다. 예를 들어 브로드웨이에서 유명 뮤지컬을 본다고 상상해보자. 당신은 다양한 등장인물, 화려한 무대장치, 멋진 배경, 그리고 티켓 요금이 아깝지 않다고 느낄 만한 순간을 기대할 것이다. 잡스의 프레젠테이션은 이런 특별한 경험을 사람들에게 선사한다. 그는 프레젠테이션을 통해 청중과 강력한 정서적 교감을 나눈다.

2막에서도 1막과 마찬가지로 각 장의 끝에 요점을 달았다. 각 장의 내용은 다음과 같다.

» **8장 : 슬라이드를 단순하게 구성하라.** 단순성은 모든 애플 디자인의 핵심이다. 잡스는 슬라이드를 만들 때도 같은 접근법을 쓴다. 그의 슬라이드는 단순하고 시각적이며, 내용이 쉽게 와 닿는다.

» **9장 : 숫자에 옷을 입혀라.** 배경 설명이 뒷받침되지 않은 자료는 아무런 의미가 없다. 잡스는 통계에 생생한 의미를 부여하고, 무엇보다 숫자를 설명할 때 청중이 이해할 수 있는 배경 설명을 제시한다.

》 **10장 : 놀랍도록 생생한 표현을 써라.** 스티브 잡스의 프레젠테이션을 접한 사람들은 '멋지고' '엄청나고' '대단하다'는 인상을 받는다. 또 잡스는 이런 단어들을 자주 사용하는데, 이 장에서 그 이유와 효과를 알아볼 것이다.

》 **11장 : 무대를 공유하라.** 애플은 다른 기업과는 다르게 공동 창업자 위주로 움직이는 기업이다. 그래서 애플에는 뛰어난 리더들이 많지만 사람들은 애플을 원맨쇼로 본다. 어쩌면 그럴지 모른다. 그러나 잡스는 프레젠테이션을 협연으로 만든다.

》 **12장 : 시연을 활용하라.** 시연은 잡스의 프레젠테이션에서 중요한 역할을 한다. 여기서는 시연을 효과적으로 하는 방법을 제시했다.

》 **13장 : 절정의 순간을 연출하라.** 잡스는 프레젠테이션에 극적인 요소를 넣는다. 그는 청중이 모든 것을 보고 들었다고 느낄 무렵 놀라운 내용을 공개한다. 이 놀라운 순간은 충격 효과를 극대화하기 위해 세심하게 계획된다.

8장

슬라이드를 단순하게 구성하라

"단순함은 궁극의 정교함입니다."

— 스티브 잡스, 레오나르도 다빈치의 말을 인용하며

단순성은 컴퓨터에서부터 MP3플레이어, 휴대전화, 매장에 이르기까지 모든 애플 디자인에서 가장 중요한 요소다. 잡스는 아이팟 3세대 출시에 맞춰 〈뉴욕타임스〉와 인터뷰하면서 "기술이 점점 복잡해짐에 따라 일반인도 이해할 수 있도록 쉽게 만드는 애플의 디자인 능력이 갈수록 중요해지고 있습니다"[1]라고 말했다.

애플의 수석 디자이너 조니 아이브 Johnny Ive는 1세대 아이팟을 기획할 때 잡스에게서 복잡하고 혼란스러운 요소를 모두 제거하라는 주문을 받았다고 밝혔다. 그래서 디자인팀은 포함시킬 요소만큼 제거할 요소에 대해 심각하게 고민했다. 아이브는 "지나칠 정도로 단순성을 추구했더니 아주 다른 제품이 나왔습니다. 그 차이는 최대한 단순하게 제품을 만들기 위한 노력의 결과였습니다"[2]

라고 말했다. 아이브에게 복잡함은 곧 아이팟의 실패를 뜻했다.

잡스는 쓸데없는 기능을 제거해서 제품을 쓰기 쉽게 만든다. 이 단순화 과정은 잡스가 슬라이드를 만들 때도 적용된다. 낸시 듀아테는 "한 슬라이드에 잡다한 내용을 넣는 것은 프레젠터가 게으르기 때문이다"[3]라고 지적한다. 대부분의 프레젠터들은 한 슬라이드에 가능한 한 많은 내용을 담으려고 하는 반면 잡스는 가능한 한 많은 내용을 빼려고 한다.

따라서 잡스의 프레젠테이션은 놀라울 정도로 단순하고 시각적이다. 그리고 그는 글머리 기호를 쓰지 않는다. 잡스의 프레젠테이션에서는 글머리 기호를 전혀 볼 수 없다. 물론 글머리 기호를 쓰지 않는 프레젠테이션이 가능한지 의문을 품는 사람들이 있을 것이다. 당연히 가능하다. 오히려 그렇게 하면 훨씬 더 흥미롭기까지 하다. 인지 작용에 대한 최근 연구 결과에 따르면 글머리 기호는 정보를 전달하는 가장 비효율적인 도구다. 신경과학자들은 프레젠테이션의 일반적인 요소가 청중과 소통하는 데 방해가 되는 최악의 도구라는 사실을 발견했다.

신경과학자 그레고리 번스는 《아이코노클라스트 Iconoclast》에서 "뇌는 기능적으로 게으르다"[4]라고 지적했다. 다시 말해 뇌는 에너지를 낭비하는 것을 싫어한다. 최대한 효율적으로 작동하도록 진화했기 때문이다. 파워포인트 같은 프레젠테이션 프로그램은 청중의 뇌를 쓸데없이 피곤하게 만든다. 파워포인트를 열면 우선 제목과 부제, 그리고 글머리 기호를 넣을 공간이 기본으로 제시

```
                    제목
            ■ 상위 글머리 기호
                ■ 하위 글머리 기호
                    ■ 최하위 글머리 기호
            ■ 상위 글머리 기호
                ■ 하위 글머리 기호
                    ■ 최하위 글머리 기호
            ■ 상위 글머리 기호
                ■ 하위 글머리 기호
                    ■ 최하위 글머리 기호
```

》 **그림 8.1** 복잡하기 짝이 없는 전형적인 슬라이드 구성

된다. 대부분의 프레젠터들은 그림 8.1처럼 제목을 넣은 다음 항목별로 글머리 기호를 넣는다.

이런 슬라이드 구성은 보기만 해도 질린다. 디자이너 가르 레이놀즈는 문서와 슬라이드를 통합시키려고 하기 때문에 이런 문제가 생긴다고 지적한다. "사람들은 그렇게 하면 일석이조의 효과를 거둘 수 있다고 기대한다. 그러나 죽는 것은 새가 아니라 효과적인 의사소통이다."[5] 레이놀즈는 파워포인트도 효율적으로 활용하면 프레젠테이션을 돋보이게 만들 수 있다고 생각한다. 그의 주장은 파워포인트를 버리라는 것이 아니다. 그가 버려야 한다고 말하는 것은 거의 모든 프레젠테이션에서 쓰이는 글머리 기호다. 레이놀즈는 "말하는 내용을 그대로 담은 슬라이드를 보여주는 짓

은 도움이 안 될 뿐 아니라 오히려 메시지 전달을 방해한다는 사실이 이미 오래전에 밝혀졌다"[6]고 말한다.

잡스와 같은 방법으로 슬라이드를 만들면 확실하게 두각을 드러낼 수 있다. 그렇게 하는 사람들이 드물기 때문이다. 청중은 참신한 슬라이드를 보고 놀라움과 흥미를 느낄 것이다. 그러면 잡스가 슬라이드를 만드는 방법을 배우기 전에, 그가 왜 그런 방법을 선택하게 되었는지 이유를 살펴보자. 잡스는 선불교에 관심이 많다. 전기 작가인 제프리 영^{Jeffrey Young}과 윌리엄 사이먼^{William Simon}에 따르면 잡스는 1976년부터 선불교를 공부하기 시작했다.[7] 심지어 1991년 잡스가 로렌 파웰^{Lauren Powell}과 결혼할 때 선승이 주례를 보기도 했다.

선불교의 핵심 요소 중 하나가 단순성이다. 레이놀즈는 "일본의 선禪 예술은 단순화를 통해 깊은 아름다움을 표현하고 강력한

글머리 기호는 주의 분산 기호다

우리는 어릴 때부터 주의를 기울이는 대신 노트에 기록하도록 훈련 받는다. 이는 유감스러운 일이다. 프레젠터의 행동은 주의를 끌어야 한다. 반면 글머리 기호는 노트에 기록하도록 유도한다. 따라서 스크린에 글머리 기호를 띄우는 것은 "내 말은 신경 쓰지 말고 일단 받아 적으세요."라고 말하는 것과 같다. 사람들은 오페라를 볼 때 노트에 기록하지 않는다는 사실을 명심하라.[8]

― 세스 고딘(Seth Godin)

메시지를 전달하는 것이 가능하다는 사실을 가르쳐준다"[9]고 말했다. 잡스는 슬라이드를 만들 때 바로 이 단순성을 추구한다. 사실 그는 삶의 모든 면에서 단순한 선과 같은 태도를 취한다.

1982년에 사진작가 다이애나 워커 Diana Walker 가 잡스의 사진을 찍은 적이 있었다. 사진을 찍은 곳은 벽난로와 전면 유리창이 있는 잡스의 집 거실이었다. 잡스는 나무 바닥에 깔린 작은 양탄자 위에 앉았다. 그의 옆에는 작은 램프가 서 있었고, 뒤에는 전축과 앨범들이 있었다. 몇 장의 앨범은 바닥에 놓여 있었다. 당시 재산이 1억 달러였던 그는 마음만 먹으면 얼마든지 호화로운 가구들로 넓은 거실을 채울 수 있었다. 그러나 그는 일상생활에서도 제품을 대할 때와 같이 미니멀리즘을 추구했다.

린더 카니는 《잡스처럼 일한다는 것》에서 "애플의 디자인 과정에서 가장 중요한 부분은 단순화"[10]라고 지적했다. "잡스는 기술만을 위한 기술에는 관심이 없다. 그는 단지 가능하다는 이유로 제품에 잡다한 기능을 넣지 않는다. 오히려 그 반대다. 그는 가능한 한 간단하고 쓰기 쉽도록 제품의 복잡한 부분을 줄여나간다."[11]

애플은 창업 초기인 1970년대에 컴퓨터를 구매할 필요성을 느끼지 못하는 일반 소비자들 사이에서 수요를 창출하기 위해 광고를 내보냈다. 이에 대해 린더 카니는 다음과 같이 기록했다. "당시 애플 광고는 기술 용어로 가득한 경쟁 업체의 광고와 달리 단순하고 이해하기 쉬운 내용으로 구성되었다."[12] 그 후로 잡스는 메시지를 줄곧 단순하게 유지했다.

독일의 유명 화가 한스 호프만Hans Hofmann은 "단순화는 불필요한 것들을 제거해 필요한 것들만 말하게 하는 것"이라고 설명했다. 잡스는 제품과 프레젠테이션에서 핵심적이지 않은 것들을 제거하여 명확성과 용이성이라는 궁극적인 목표를 달성한다.

맥월드 2008: 단순성의 예술

잡스의 슬라이드가 지닌 단순성을 제대로 이해하기 위해 2008년 맥월드 기조연설 내용을 발췌했다(표 8.1 참조).[13]

프레젠테이션 내용	슬라이드 이미지
"잠시 2007년을 돌아보는 시간을 갖고 싶습니다. 2007년은 애플에게 무척 특별한 해였습니다. 놀라운 신형 아이맥, 멋진 신형 아이팟, 획기적인 아이폰 같은 대단한 신제품들이 나왔기 때문입니다. 게다가 레오파드를 비롯해 다른 뛰어난 소프트웨어들도 2007년에 출시되었습니다."	'2007'
"이처럼 애플이 특별한 한 해를 보내도록 해주셔서 감사의 말씀을 드리고 싶습니다. 우리 모두는 고객 여러분의 엄청난 후원에 깊이, 깊이 감사드립니다. 2007년을 특별한 해로 만들어주셔서 감사합니다."	'감사합니다.'
"오늘 여러분께 말씀드릴 내용은 네 가지입니다. 그럼 시작해봅시다. 첫 번째는 레오파드입니다."	'1'
"기쁘게도 레오파드가 90일 만에 500만 장 넘게 판매되었습니다. 참으로 놀라운 판매량입니다. 이 수치는 역대 OS X 판매량 중에서 최고입니다."	'3개월 만에 5,000,000장 판매'

》 표 8.1 군더더기 없는 잡스 식 프레젠테이션

이 네 장의 슬라이드에는 다른 대부분의 프레젠터들이 슬라이드 한 장에 담는 것보다 더 단출한 내용이 담겨 있다. 존 메디나는 파워포인트로 만든 슬라이드가 평균적으로 단어를 40개 담는다는 사실을 발견했다. 반면 잡스의 프레젠테이션은 초반 네 장의 슬라이드에 단어 7개와 숫자 4개를 담았고 글머리 기호는 전혀 사용하지 않았다.

백 마디 말보다 강력한 한마디 메시지

2008년 9월 9일 잡스는 쇼핑 시즌에 맞춰 아이튠즈의 새로운 기능과 신형 아이팟을 소개했다. 그런데 행사가 열리기 전에 잡스가 건강이 나빠졌다는 소문이 돌았다(실제로 애플은 2009년 1월 잡스가 호르몬 이상으로 체중이 줄었으며 치료를 위해 병가를 낼 것이라고 밝혔다). 잡스는 무대에 오르자마자 이 소문에 대응했다. 그러나 말은 한마디도 하지 않았다. 슬라이드가 그의 말을 대신했다(표 8.2 참조).[14] 슬라이드에는 누구도 예상하지 못했던 내용이 담겨 있었고, 메시지는 단순했다. 그러나 청중은 그 내용에 환호성을 지르면서 긴장을 풀었다. 물론 언론과 투자가들은 그보다 더 많은 정보를 원했지만 잡스는 결정적인 사실만 알리면서 건강에 대한 온갖 억측을 일축했다.

나머지 프레젠테이션도 마찬가지로 단순한 내용이 담긴 슬라이드로 채워졌다.

프레젠테이션 내용	슬라이드 이미지
"안녕하세요. 와주셔서 감사합니다. 오늘 여러분에게 정말로 놀라운 제품들을 소개하려고 합니다. 그전에 이 말씀을 드리고 싶군요." (몸을 돌려 스크린 쪽을 가리킨다.)	'제가 죽을지도 모른다는 보도는 심하게 과장되었습니다'라는 문구가 뜬다.
"이 정도면 충분할 것 같군요. 그러면 진짜 주제인 음악으로 들어가봅시다. 오늘은 음악에 대해 이야기하면서 흥미로운 신제품들을 소개하려 합니다."	'음악'
"그러면 아이튠즈부터 시작해봅시다."	'아이튠즈'
"아이튠즈는 세계 최대의 콘텐츠를 보유한 음악 및 영화 재생 프로그램입니다."	아이튠즈 홈페이지 이미지가 슬라이드 화면에 나타난다.
"현재 아이튠즈는 850만 곡이 넘는 노래를 보유하고 있습니다. 정말 대단하죠. 처음 시작할 때는 20만 곡이었지만 지금은 850만 곡이 넘습니다."	슬라이드 상단에는 '8,500,000'라는 숫자가, 하단에는 '노래들'이라는 단어가 뜬다.
"팟캐스트는 12만 5,000건이 넘습니다."	'125,000' '팟캐스트'
"텔레비전 프로그램은 3만 편이 넘습니다."	'30,000' '텔레비전 프로그램'
"할리우드 영화는 2,600편이 넘습니다."	'2,600' '할리우드 영화'
"그리고 최근에는 아이폰과 아이팟 터치를 위한 3,000가지 이상의 애플리케이션도 제공합니다."	'3,000' '애플리케이션'
"지난 몇 년 동안 우리는 상당한 고객기반을 구축했습니다. 현재 아이튠즈의 고객계정은 6,500만 개가 넘습니다. 6,500만 명의 고객을 두었다는 것은 환상적인 일입니다."	'65,000,000' '고객계정'

》 표 8.2 짧지만 강력한 메시지를 담은 잡스의 슬라이드

2분 설명

"리더의 임무는 단순화하는 것입니다. 2분 안에 어디로 가야 하는지 설명할 수 있어야 합니다."[15]

— 제론 반 데 비어(Jeroen Van Der Veer), 로열더치셸 CEO

슬라이드에 들어간 단어와 숫자를 눈여겨보라. 슬라이드에 들어간 단어는 잡스가 메시지를 전달하기 위해 사용하는 단어와 정확하게 일치한다. 잡스가 "음악에 대해 이야기합시다"라고 하면 스크린에는 '음악'이라는 단어만 뜬다. 그리고 아이튠즈를 이야기하면 역시 스크린에는 '아이튠즈'라는 단어만 뜬다.

이처럼 슬라이드는 보조적인 역할을 한다. 프레젠터가 중요한 내용을 말할 때 스크린에 너무 많은 단어가 보이고, 말하는 단어와 스크린의 단어가 일치하지 않으면 청중은 동시에 두 가지를 받아들이는 데 어려움을 겪는다. 즉 장황한 슬라이드는 청중의 주의를 분산시킨다. 반면 단순한 슬라이드는 청중이 프레젠터에게 집중하게 만든다.

프레젠테이션 디자인 구성의 4원칙

일련의 연구조사에 따르면, 과도한 정보를 배제한 단순한 슬라이드가 청중의 주의를 끄는 최선의 도구다. 산타바바라대학의 교육심리학자인 리처드 메이어 Richard Mayer는 1991년부터 효율적인 멀티미디어 학습 방법을 연구해왔다. 그의 이론은 경험적 연구에 기반을 둔다. 메이어는 〈멀티미디어 학습에 대한 인지이론 A Cognitive Theory of Multimedia Learning〉이라는 논문에서 멀티미디어 디자인의 근본적인 원칙들을 제시했다. 잡스 역시 메이어가 제시한 멀티미디어 표현 원칙, 근접성 원칙, 주의 분할 원칙, 일관성 원칙이라는 네 가지 원칙을 지킨다.

맥프레젠테이션 McPresentation

한때 〈USA 투데이〉는 짧고 쉬운 기사로 채워졌다고 해서 '맥신문 McPaper (패스트푸드를 파는 맥도날드에 빗댄 표현—옮긴이)'이라는 놀림을 받았다. 그러나 지금은 그런 소리를 흔적조차 찾을 수 없다. 현재 〈USA 투데이〉는 미국에서 가장 많은 구독 부수를 자랑한다. 독자들은 화려하고 도드라진 그래픽과 차트, 사진을 좋아한다. 1982년 〈USA 투데이〉가 창간된 이후 다른 많은 일간지들은 기사 분량을 줄이고 사진을 늘리는 방향으로 편집을 바꿔야 했다.

〈USA 투데이〉는 뉴스, 스포츠, 경제, 생활 같은 주요 면의 아래쪽에 나오는 '스냅숏 snapshot'으로 유명하다. 스냅숏은 다양한 사안과 추세에 대한 통계 정보를 눈에 잘 들어오는 표로 보여준다. 스냅숏은 시각적인 슬라이드를 만드는 방법을 배울 수 있는 최고의 교재다. 주의 깊게 살펴보면 스냅숏어 리처드 메이어의 이론을 충실하게 반영하고 있음을 알 수 있다. 통계를 이미지로 표현하면 보다 인상적으로 전달할 수 있다. 스냅숏의 목록은 인터넷 사이트 usatoday.com/snapshot/news/snapndex.htm를 방문하면 볼 수 있다.

멀티미디어 표현 원칙

"글로만 설명하는 것보다 글과 그림을 함께 사용하는 것이 훨씬 낫다."[16] 메이어에 따르면, 학습자는 글과 그림으로 설명할 때 훨씬 쉽게 내용을 이해한다. 메이어가 실시한 비교 실험에서 글과 그림, 그리고 동영상으로 정보를 학습한 집단은 보다 정확하게 내용을 기억했다. 심지어 20년이 지난 후에도 말이다!

근접성 원칙

메이어는 "멀티미디어로 설명할 때 글과 그림을 따로 보여주기보다 가까이 배치하여 제시하라"[17]고 조언한다. 그는 한 실험에서 학생들에게 특정한 정보를 제시한 후 배운 내용에 대한 시험을 쳤다. 그 결과 특정 정보 옆에 관련된 그림이 있는 자료로 공부한 학생들이 글과 관련 그림이 따로 실린 자료로 공부한 학생들보다 75퍼센트 더 나은 성적을 올렸다. 메이어는 뇌가 작동하는 방식을 알면 이런 실험 결과가 전혀 놀랍지 않다고 말한다. 뇌는 복수의 형태로 제시된 정보를 습득할 때 훨씬 효율적으로 기억한다.

주의 분할 원칙

메이어는 "멀티미디어로 설명할 때 단어를 스크린으로 보여주는 것보다 말로 들려주는 것이 낫다"[18]고 지적한다. 귀로 듣는 말은 눈으로 읽는 글보다 훨씬 강한 영향력을 미친다. 따라서 슬라이드에 너무 많은 내용을 넣으면 청중의 뇌에 부담을 준다.

일관성 원칙

메이어는 "멀티미디어로 설명할 때 핵심과 관계없는 글과 그림은 가능한 한 줄여라"[19]라고 조언한다. 일관된 정보로 구성된 짧은 프레젠테이션이 인지학습이론의 원칙에 보다 충실한 것이다. 불필요하거나 무관한 정보를 더하면 오히려 정보 수용을 방해할 뿐이다.

메이어에 따르면, 이상적인 슬라이드는 청중이 봐야 할 곳을 가리키는 간단한 선이 있는 이미지로 구성된 것이다. 이는 청중이 스크린에서 주목할 곳을 찾느라 에너지를 낭비하지 않도록 돕는 '신호'다. 이 점을 명심하고 잡스의 프레젠테이션으로 돌아가도록 하자. 잡스는 프레젠테이션을 시작한 지 약 6분 후 아이튠즈의 새 기능인 지니어스를 설명하기 시작했다(아래 표 8.3 참조).[20]

프레젠테이션 내용	슬라이드 이미지
"이제 '지니어스'라는 새로운 기능을 소개하려고 합니다. 지니어스는 아주 멋진 기능입니다."	'지니어스'
"지니어스가 하는 일은 한 번의 클릭만으로 고객의 음악 보관함에서 서로 어울리는 노래들을 골라 자동으로 재생 목록을 만드는 것입니다. 그러면 고객도 몰랐던 곡들을 재발견할 수 있고, 생각하지 못했던 재생 목록을 얻을 수 있습니다. 지니어스 기능은 단 한 번의 클릭으로 원활하게 작동됩니다."	'한 번의 클릭만으로 음악 보관함에서 어울리는 노래들을 골라 자동으로 재생 목록을 만들어줌'
"그것이 지니어스가 하는 일입니다. 작동하는 방식은 이렇습니다. 여러분이 노래를 듣고 있다고 칩시다. 이 경우에는 밥 딜런의 노래가 되겠군요."	밥 딜런의 노래가 선택된 아이튠즈 화면

"여기 아래쪽에 지니어스 버튼이 보이실 겁니다. 이걸 누르면…. 자, 보세요. 지니어스 재생 목록이 만들어졌 습니다. 이렇게 지니어스 사이드바를 띄우면 추천 목록도 확인할 수 있습니다."	스크린 아래쪽에 지니어스 로고가 동그라미로 표시된다.
"어떻습니까? 우리는 클라우드 컴퓨팅으로 아이튠즈를 구현했고 거기에 지니어스 알고리즘을 더했습니다."	지니어스 로고 주위로 구름 모양의 선이 그려진다.
"그래서 여러분이 지니어스를 작동시키면 취향을 파악하기 위해 정보가 아이튠즈로 전송됩니다. 이때 정보는 완전히 익명으로 전송됩니다."	아이튠즈에서 구름으로 화살표가 올라간다.
"이때 여러분의 정보만 참고하지 않습니다. 우리는 다른 사용자 수백만 명에 대한 지식을 바탕으로 여러분의 정보를 분석합니다."	원래 있던 음악 보관함 옆으로 수많은 음악 보관함들이 나타난다.
"여러분처럼 다른 많은 사람들도 정보를 보냅니다."	음악 보관함에서 구름으로 화살표가 올라간다.
"이때 지니어스는 더욱 똑똑해집니다."	구름 속의 지니어스 로고가 '더 똑똑해짐'이란 말로 바뀐다.
"그래서 모든 사람들이 혜택을 봅니다. 지니어스는 여러분의 취향에 맞는 추천 목록을 제시합니다."	구름에서 음악 보관함으로 화살표가 내려간다.
"이렇게 한 번의 클릭으로 음악 보관함에 있는 노래와 어울리는 재생 목록이 자동으로 만들어집니다. 그 일을 해주는 것이 지니어스입니다." (시연대로 간다.)	

》 표 8.3 발표 내용과 슬라이드 이미지가 일치하는 잡스 식 프레젠테이션

슬라이드의 주요 부분을 가리키는 간단한 화살표를 넣는 것만큼 따라 하기 쉬운 일이 있을까? 잡스의 슬라이드는 대개 선과 다양한 이미지, 적은 글로 구성된다. 이처럼 단순성은 프레젠테이션의 모든 요소를 묶는 주제다.

여백의 미

가르 레이놀즈에 따르면 잡스의 슬라이드는 분명 선禪의 미학을 담고 있다. "잡스의 슬라이드를 보면 절제, 단순성, 여백의 미를 확인할 수 있다."[21] 레이놀즈는 슬라이드의 모든 공간을 빽빽히 채우는 것이 프레젠터들이 저지르는 가장 흔한 실수라고 지적한다.

낸시 듀아테는 여백이 슬라이드에 시각적 여유를 준다고 말한다. "슬라이드의 시각적 요소는 대개 관심의 초점이 된다. 그러나 여백으로 남겨놓는 부분에도 마찬가지로 신경 써야 한다. … 여백을 두어도 괜찮다. 산만하면 오히려 실패한 슬라이드가 된다."[22]

빼곡한 정보는 청중에게 너무 많은 노력을 요구한다. 반면 단순하게 구성된 정보는 강력한 힘을 갖고 있으며, 여백은 슬라이드에 명확성과 세련미를 부여한다. 디자이너들이 여백을 어떻게 활용하는지 보고 싶다면 인터넷 사이트 slideshare.net/contest/results-2008에서 수상작들을 참고하라.

그림 우월성 효과

이제 더 이상 글머리 기호가 들어간 슬라이드를 만들지 않도록 하자. 기존 슬라이드들은 컴퓨터에서 깨끗하게 지워버리자. 아이디어를 시각적으로 표현하는 것은 너무나 강력한 힘을 발휘하기 때문에 이를 뜻하는 '그림 우월성 효과Picture Superiority Effect'[23]라는 심리학 용어까지 생겼다.

과학자들은 시각 정보와 청각 정보가 뇌에서 다른 채널을 통해 처리된다는 사실을 발견했다. 프레젠테이션에서 이 사실이 시사하는 점은 명확하다. 아이디어를 말이 아닌 그림으로 표현하면 더 잘 기억된다는 것이다.

과학자들은 그림 우월성 효과를 통해 강력한 정보학습 수단을 찾을 수 있다고 믿는다. 존 메디나는 "특정한 정보를 기억시키는 힘과 관련하여 글이나 소리는 그림보다 훨씬 비효율적이다. 실험 결과 말로 전달한 정보는 72시간 후 약 10퍼센트만 기억에 남았다. 반면 그림을 추가했을 경우 그 비율은 65퍼센트로 상승했다"[24]고 말했다.

뇌는 글자를 작은 그림으로 인식하기 때문에 정보를 전달할 때는 글자보다 그림이 훨씬 큰 효과를 발휘한다. 메디나에 따르면 "글자가 비효율적인 이유는 그림과 다르기 때문이 아니라 그림과 너무 닮았기 때문이다. 글자는 뇌가 받아들이기에 너무나 특이한 정보 전달 매체다."[25]

사진에 대한 잡스의 애정

잡스는 세계개발자회의에서 아이폰 3G를 출시한다고 발표할 때 이 그림 우월성 효과를 충실히 살려 11장의 슬라이드만을 썼다. 그중 글자('아이폰 3G')를 포함한 슬라이드는 한 장뿐이었다. 나머지는 전부 사진으로 채워졌다. 표 8.4는 당시 잡스의 슬라이드에서 발췌한 것이다.[26]

프레젠테이션 내용	슬라이드 이미지
"아이폰의 첫 돌을 앞두고 우리는 여기서 한 단계 더 나아가고자 합니다."	한 개의 초가 꽂힌 생일 케이크 사진
"오늘 우리는 아이폰 3G를 공개합니다. 그동안 1세대 아이폰을 통해 너무나 많은 것들을 배웠습니다. 우리는 그동안 배웠던 모든 것에 새로움을 더해 아이폰 3G를 만들었습니다. 아이폰 3G는 아름답습니다."	'아이폰 3G'
"이것이 아이폰 3G입니다. (돌아서서 스크린을 가리킨다. 청중이 웃는다.) 가장자리가 더 얇아졌습니다. 정말로 아름답지요."	너무 얇아서 잘 보이지 않고 슬라이드 여백만 강조되는 아이폰의 측면 사진(정보 전달에 여백을 활용한 사례)
"뒷면은 전면 플라스틱입니다."	뒷면 전체 이미지
"버튼은 금속 소재입니다."	버튼이 보이는 아이폰의 측면 사진
"디스플레이 장치는 1세대와 같은 멋진 3.5인치 스크린입니다."	앞면 이미지
"그리고 카메라."	카메라를 클로즈업한 사진
"모든 종류의 헤드폰을 사용할 수 있는 플러시 헤드폰 잭."	헤드폰 잭을 클로즈업한 사진
"음질이 크게 개선된 오디오."	상단 사진
"정말, 정말 대단한 제품입니다. 손에 쥐는 느낌도 아주 좋습니다."	첫 번째 측면 사진
"놀라운 아이폰 3G입니다."	'아이폰 3G'

》 표 8.4 복잡한 내용을 단순하고 강력한 이미지로 표현하는 잡스 식 슬라이드

```
              아이폰 3G
         • 더 얇아진 가장자리
         • 플라스틱 뒷면
         • 금속 버튼
         • 3.5인치 스크린
         • 내장 카메라
         • 플러시 헤드폰 잭
         • 개선된 오디오
```

》 **그림 8.2** 이미지가 없고 글자만 많은 지루한 슬라이드

    평범한 프레젠터라면 이와 같은 정보를 모두 슬라이드에 채워 넣었을 것이다. 그래서 그림 8.2와 같은 슬라이드를 만들었을 것이다. 당신은 잡스의 슬라이드와 글머리 기호로 가득한 이 슬라이드 중 어느 쪽이 더 기억하기 쉬운가?

    스티브 잡스는 '세상에서 가장 얇은 노트북'으로 맥북 에어를 소개할 때 한 장의 슬라이드에 서류 봉투보다 작은 맥북 에어 사진을 담았다. 그것으로 충분했다. 아무런 단어도, 글상자도, 그래프도 필요 없었다. 사진 한 장이 모든 정보를 전달했기 때문이다. 그보다 더 강력한 효과를 내는 방법이 있을까?

    그림은 모든 것을 말해준다. 일반적인 프레젠터가 기술 제품을 설명하기 위해 만들 법한 슬라이드의 예를 살펴보자. 당신은 아마 그림 8.3과 같은 슬라이드에 더 익숙할 것이다. 사실 나는 이 슬라이드보다 형편없는 슬라이드를 숱하게 보았다. 이 슬라이드

맥북 에어

디스플레이
13.3인치 LED 와이드스크린
• 수백만 종류의 색상 지원
• 지원 해상도: 1,280×800(기본 해상도)
  1,024×768(픽셀)
  4:3(화면 비율)

크기 및 무게
✔ 높이: 0.16~0.76인치(0.4~1.94cm)
✔ 가로: 12.8인치(32.5cm)
✔ 세로: 8.94인치(22.7cm)
✔ 무게: 3.0파운드(1.36kg)

저장용량
120GB 하드디스크
혹은
120GB SSD

배터리 전력
• 일체형 37와트아워 리튬
  -폴리머 전지
• 45W 메가세이프 파워 어댑터
• 메가세이프 파워 포트
• 배터리 지속 시간: 4.5시간

프로세서 및 메모리
• 1.6GHz프로세서
  - 6MB 공유 L2 캐시
• 1,066MHz 전면 버스
• 2GB 1,066MHz DDR 3 SDRAM

》 **그림 8.3** 일반적인 디자인으로 구성된 슬라이드

에는 온갖 글씨체, 그림, 글상자가 뒤섞여 있다. 이런 슬라이드는 기억하기도 힘들뿐더러 보고 있기도 괴롭다.

그림 8.4는 잡스가 맥북 에어를 소개할 때 사용한 슬라이드다 (152쪽). 나머지 슬라이드도 대개 사진만 보여주는 식으로 구성되었다. 그는 보다 자세한 정보는 애플 사이트에서 확인하라고 권유한다. 그리고 슬라이드는 철저하게 시각적으로 만든다. 잡스와 같은 방식으로 기술 제품을 소개하는 것이 훨씬 효과적이다.

》 **그림 8.4** 단순하고 눈에 띄는 잡스의 슬라이드

(사진) 토니 아벨라(Tony Avelar) / AFP / 게티 이미지

글 대신 사진으로 아이디어를 전달하려면 자신감이 필요하다. 슬라이드에 의존할 수 없어서 메시지를 숙지해야 하기 때문이다. 잡스가 일반적인 프레젠터들과 다른 점이 거기에 있다. 잡스는 메시지를 충분히 숙지한 뒤, 자신감을 갖고 아이디어를 단순하고 명확하게 전달한다.

모든 것을 단순화하라

단순성은 잡스의 슬라이드뿐만 아니라 제품을 설명하는 말에도 적용된다. 잡스의 슬라이드에 불필요한 내용이 없듯이 그의 말 역시 간결하고 핵심만을 명확하게 드러낸다. 가령 2008년 10월에 애플이 환경 친화적인 맥북을 공개했을 때 잡스는 표 8.5에 있는 두 가지 설명 방식으로 신제품을 소개할 수 있었을 것이다. 표 8.5의 왼쪽은 기술적인 부분에 치중한 설명이고 오른쪽은 핵심만 간단하게 요약한 설명이다. 실제로 잡스는 오른쪽에 있는 문장으로 설명했다.[27] 아래 표에서 볼 수 있듯이 잡스는 긴 설명을 트위터 식 헤드라인으로 바꾼다. 간단한 문장은 이해하기도, 기억하기도 쉽다.

기술 중심 설명	잡스의 설명
"신형 맥북은 가장 엄격한 절전 기준을 만족시키며 난연제를 전혀 사용하지 않았습니다. 또한 내부 케이블과 부품도 폴리염화비닐을 쓰지 않았으며, 에너지 효율이 뛰어난 LED 스크린을 갖추었습니다."	"신형 맥북은 가장 환경 친화적인 노트북입니다."
"맥북 에어는 가장 얇은 부분이 0.16인치, 가장 두꺼운 부분이 0.76인치입니다."	"세상에서 가장 얇은 노트북입니다."
"타임캡슐은 서버급 하드디스크와 802.11n 무선랜 공유기를 통합하여 맥의 자료를 자동으로 백업해줍니다."	"타임캡슐에 전원을 넣고 버튼만 누르면 집안에 있는 모든 맥의 자료가 자동으로 백업됩니다."
"맥 OS X는 메모리 보호, 선점형 멀티태스킹, 대칭형 다중처리 기능이 있습니다. 또한 인터넷 표준 PDF를 사용하는 쿼츠(Quartz 2D) 그래픽 엔진을 갖추었습니다."	"맥 OS X는 기술적으로 가장 진보한 개인용 컴퓨터 운영체제입니다."

》 표 8.5 신제품을 소개하는 두 가지 설명 방식

단순함은 궁극의 정교함이다

업무서신, 이메일, 프레젠테이션에 들어가는 내용 대부분은 간결하고 단순하게 편집할 수 있다. 또한 단순성은 슬라이드의 내용뿐만 아니라 설명에도 적용할 수 있다.

광고전문가인 폴 아덴 Paul Arden 은 청중이 슬라이드 내용을 읽으려고 온 것이 아니라고 지적한다. "청중 앞에서 말재주를 과시하지 말고 그림을 그려주어라. 프레젠테이션은 시각적 효과가 강할수록 잘 기억된다."[28] 레오나르도 다빈치는 "단순함은 궁극의 정교함"이라고 말했다. 역사상 가장 뛰어난 화가로 꼽히는 그 역시 단순성의 진정한 힘을 알았다. 이 점을 이해하면 당신의 프레젠테이션은 훨씬 강한 설득력을 발휘하게 될 것이다.

프레젠터의 노트

》 가능한 한 글머리 기호를 쓰지 마라. 글머리 기호는 책이나 이메일처럼 내용을 구분해야 할 때는 상당히 효과적인 수단이다. 그러나 슬라이드에는 글머리 기호보다 그림이 훨씬 효과가 뛰어나다.

》 슬라이드마다 한 가지 주제에 집중하고 사진이나 이미지로 표현하라.

》 시각적으로 뛰어난 슬라이드를 만드는 법을 배워라. 예술적인 소질이 있어야만 좋은 슬라이드를 만들 수 있는 것은 아니다. 인터넷 사이트 carminegallo.com에 소개된 사례들을 참고하라.

9장

숫자에 옷을 입혀라

"지금까지 아이폰 400만 대를 팔았습니다.
400만 대를 200일로 나누면 하루에 평균 2만 대를 판 셈입니다."

– 스티브 잡스

2001년에 애플은 음악 산업 전체를 뒤흔들 아이팟을 공개했다. 가격이 399달러로 비싼 편이었던 아이팟은 5GB나 되는 저장용량을 자랑했다. 그러나 일반인에게 5GB는 의미 없는 숫자에 불과했다. 하지만 잡스는 아이팟을 소개하면서 1,000곡을 담을 수 있다는 설명으로 5GB를 의미 있는 숫자로 만들었다.

물론 더 낮은 가격에 더 많은 저장용량을 가진 경쟁 제품들이 있었기 때문에 이 인상적인 설명도 설득력을 발휘하지는 못했다. 그래서 잡스는 그것이 전부가 아니라고 청중에게 말했다. 그는 아이팟의 무게가 0.18킬로그램에 불과하고 크기도 아주 작아서 "호주머니에 쏙 들어간다"고 말했다. 그리고 잡스는 실제로 호주머니에서 아이팟을 꺼내보였다. 그 모습에 청중은 환호성을 보냈

다. '노래 1,000곡을 호주머니에'라는 아이팟 헤드라인은 모든 것을 말해주었다.[1]

숫자는 사람들이 이해할 수 있는 내용을 덧입히기 전까지 의미를 갖기가 힘들다. 사람들의 이해를 돕는 가장 좋은 방법은 숫자를 친숙한 대상과 연결시키는 것이다. 5GB는 무의미한 숫자이지만 '호주머니에 들어가는 1,000곡'이란 내용은 완전히 새로운 방식으로 음악을 즐길 수 있다는 말로 들린다.

이처럼 잡스는 숫자에 옷을 입혀 이를 더욱 흥미롭게 만든다. 〈롤링스톤〉기자인 제프 구델 Jeff Goodell 은 잡스에게 애플의 미국 시장점유율이 5퍼센트 수준에 머문 것에 대해 질문한 적이 있다(이 인터뷰는 2003년에 시행된 것이다. 현재 애플 컴퓨터의 미국 시장점유율은 10퍼센트다). 일반적으로 5퍼센트는 미미한 숫자로 인식된다. 그러나 잡스는 다음과 같은 설명으로 그 숫자에 전혀 다른 의미를 부여했다. "우리의 시장점유율은 자동차시장에서 BMW나 벤츠가 차지한 점유율보다 높습니다. 그래도 BMW나 벤츠가 사라질 것이라고 생각하거나 시장점유율이 낮아 엄청나게 불리한 상황에 처했다고 생각하는 사람은 없습니다. 오히려 크게 인정받는 브랜드들이지요."[2]

잡스는 자동차시장의 상황을 빗대어 낮은 시장점유율에 대한 인상을 바꾸었다. 애플의 시장점유율을 세계적으로 인정받는 자동차 브랜드들의 시장점유율과 비교하여 5퍼센트란 숫자에 전혀 새로운 이야기를 덧입힌 것이다.

"절반 가격에 두 배 빠른 속도"

AT&T의 무선통신망을 통한 1세대 아이폰의 데이터 전송 속도는 종종 짜증 날 정도로 느렸다. 애플이 이 문제를 해결한 아이폰 3G를 출시했을 때, 잡스는 이를 소개하는 프레젠테이션에서 데이터 전송 속도가 2.8배 빨라졌다고 말했다. 그리고 청중이 이 변화를 체감할 수 있도록 시연을 했다. 잡스는 기존 네트워크와 3G 네트워크로 내셔널 지오그래픽의 홈페이지를 띄우는 과정을 보여주었다. 기존 네트워크는 홈페이지를 완전히 띄우는 데 59초가 걸린 반면 3G 네트워크는 21초밖에 걸리지 않았다.[3] 게다가 가격까지 내려갔다.

잡스는 절반 가격에 두 배 빠른 제품을 가질 수 있다고 말했다. 대개 프레젠터들은 청중이 자기처럼 흥분할 것이라고 지레짐작하고는 아무 의미가 없는 숫자를 나열한다. 그러나 잡스는 마니아를 제외한 일반인에게 숫자 자체는 아무런 의미를 갖지 못한다는 사실을 안다. 그래서 숫자에 구체적이고 생활과 밀접하며 상황에 맞는 의미를 부여한다.

구체적이고 생활과 밀접하며 상황에 맞는 의미

잡스가 숫자에 구체적이고 생활과 밀접하며 상황에 맞는 의미를 부여한 두 가지 사례를 살펴보자. 먼저 애플이 저장용량 30GB인

신형 아이팟을 출시했을 때의 사례다. 소비자에게는 30GB라는 숫자가 현실적으로 와 닿지 않는다. 단지 8GB보다 낫다는 정도로 인식할 뿐이다. 하지만 잡스는 아무런 맥락 없이 숫자를 제시하지 않는다. 그는 청중이 이해하고 공감할 수 있도록 숫자를 설명한다. 그래서 30GB는 노래 7,500곡, 사진 2만 5,000장, 동영상 75시간을 저장할 수 있는 용량이라고 말한다. 이처럼 잡스의 설명은 구체적이고(수천 곡이 아닌 7,500곡) 노래와 사진, 그리고 동영상처럼 생활과 밀접한 요소를 다루며, 청중이 가장 관심을 갖는 부분을 강조한다.

두 번째 사례는 아이폰 출시 200일을 기념했던 2008년 맥월드 기조연설이다. 잡스는 그 자리에서 "지금까지 아이폰 400만 대를 팔았습니다"라고 발표했다. 일반 프레젠터들은 거기서 곧 다른 내용으로 넘어갔겠지만, 잡스는 "400만 대를 200일로 나누면 하루에 평균 2만 대를 판 셈입니다"라고 설명했다. 그리고 그 짧은 기간 동안 20퍼센트에 육박하는 시장점유율을 달성했다고 덧붙였다. 하지만 그것이 끝이 아니었다.

잡스는 "전체 시장에서 이 사실이 의미하는 것은 무엇일까요?"[4]라고 물었다. 그는 애플과 주요 휴대전화 브랜드인 RIM, 팜, 노키아, 모토로라의 미국 스마트폰 시장점유율을 비교해서 보여주었다. 거기에 따르면 RIM의 블랙베리가 39퍼센트로 가장 높은 시장점유율을 기록했다. 2위인 아이폰의 시장점유율은 19.5퍼센트였다. 잡스는 나머지 경쟁사의 전체 시장점유율과 애플의 시상

점유율을 비교했다. 그리고 90일 만에 하위 세 경쟁사의 전체 시장점유율에 맞먹는 수준을 달성했다고 밝혔다. 이처럼 애플의 시장점유율은 잡스의 설명 덕분에 구체적인 의미를 얻었다. 잡스는 유명 경쟁사들을 이용해 1분기에 400만 대를 판매한 실적을 더욱 놀랍게 만들었다.

비유를 통해 숫자를 이해시켜라

나는 샌디스크^{SanDisk} 경영진이 '2008 소비자가전 쇼'에서 할 프레젠테이션을 도울 때 잡스의 기법을 활용했다. 샌디스크는 12GB 용량의 마이크로 SD를 발표할 예정이었다. 그러나 12GB가 얼마나 큰지 제대로 아는 사람은 전자기기 애호가들뿐이었다. 그래서 우리는 잡스 식으로 숫자에 옷을 입혔다. 다음은 실제 발표 내용이다.

오늘 우리는 최초로 휴대전화용 12GB 메모리카드를 소개하고자 합니다. 이 메모리카드에는 트랜지스터 500억 개가 들어갑니다. 트랜지스터 하나를 개미 한 마리라고 생각해보십시오. 개미 500억 마리를 줄 세우면 지구 두 바퀴를 돕니다. 그러면 이 점은 여러분에게 어떤 의미가 있을까요? 이 메모리카드는 6시간 분량의 동영상과 달까지 갔다가 돌아오는 시간 동안 들을 수 있는 분량의 음악을 저장합니다.

기술적인 내용을 모르는 사람은 12GB가 얼마나 큰 용량인지 이해하지 못한다. 그래서 샌디스크는 개미로 지구를 두 바퀴나 돌릴 수 있다는 설명으로 숫자에 의미를 더했다. 비유는 숫자를 이해시키는 데 더없이 좋은 방법이다.

내용이 복잡할수록 비유와 같은 수사학을 통해 이해를 돕는 것이 중요하다. 가령 인텔은 2008년에 코어 i7이라는 강력한 신형 프로세서를 출시했다. 실리콘 한 조각에 트랜지스터 7억 3,000만 개를 심은 이 칩은 비약적인 기술 발전의 성과였다. 당시 엔지니어들은 i7에 들어간 기술을 '획기적'이라고 평가했다. 그러나 소비자와 투자가들은 그 가치를 이해하기 힘들 것이 뻔했다. 어떻게 해야 그들에게 이처럼 대단한 기술적 성과를 이해시킬 수 있을까?

인텔의 테스트 책임자인 존 바튼John Barton은 그 해답을 찾아냈다. 바튼은 〈뉴욕타임스〉와의 인터뷰에서 27년 전 만들어진 프로세서에는 트랜지스터 2만 9,000개가 들어 있었던 반면 i7은 같은 크기의 칩에 트랜지스터 7억 3,000만 개가 들어갔다고 말했다. 바튼은 두 프로세서를 인구 2만 9,000명의 뉴욕 주 이타카 시와 7억 3,000만 명의 유럽에 비유했다. 그는 "이타카만 해도 상당히 복잡한 도시입니다. 하지만 7억 3,000만 명의 인구를 수용하려면 유럽 대륙 정도는 되어야 합니다. 유럽 전체 인구를 이타카에 밀어 넣는다고 생각해보십시오."[5]라고 말하여 사람들이 두 숫자의 크기를 쉽게 이해할 수 있도록 했다.

숫자 비유 명예의 전당

모든 산업은 그와 연관된 숫자를 가진다. 그러나 일반 프레젠터들은 숫자를 흥미롭고 의미 있게 전달하지 못한다. 지금부터 잡스처럼 숫자에 성공적으로 의미를 부여한 몇 가지 우수 사례를 살펴보자.

초당 1,000조 회를 연산하는 컴퓨터

IBM은 2008년 6월 9일 엄청나게 빠른 슈퍼컴퓨터를 개발했다고 발표했다. '로드러너 Roadrunner'라 부르는 이 컴퓨터는 그 이름에 걸맞게 속도가 정말로 빨라서 초당 1페타플롭 petaflop 으로 작동한다. 페타플롭은 연산 1,000조 회를 말한다. IBM은 일반인이 이 숫자의 의미를 이해하기 힘들 것이라고 판단하고 이런 내용을 덧붙였다.

페타플롭은 얼마나 빠른 것일까? 대략 현재 가장 빠른 컴퓨터 10만 대를 합친 성능이라고 보면 된다. 로드러너의 성능을 낼 정도로 컴퓨터를 쌓으면 높이가 약 2.4킬로미터(1.5마일)에 달한다. 또한 로드러너가 하루에 하는 일을 60억 인구가 계산기로 하려면 초당 1번씩 해도 46년이 넘게 걸린다. 그리고 이 슈퍼컴퓨터가 비용과 효율을 개선한 속도로 자동차 연비가 개선되어왔다면 현재는 리터당 약 8만 5,000킬로미터가 될 것이다.[6]

이 설득력 있는 비교는 언론의 관심을 끄는 데 성공했다. 구글에서 'IBM+Roadrunner+1.5miles'를 검색하면 IBM의 보도자료 내용을 그대로 인용한 기사 2만여 건을 볼 수 있다. 이처럼 비유는 숫자의 의미를 전달하는 데 효과적이다.

7,000억 달러의 금융 구제자금

숫자가 클수록 청중이 이해할 수 있는 문맥으로 설명하는 것이 중요하다. 가령 2008년 10월에 미국 정부는 구제자금으로 7,000억 달러를 금융 산업에 투입했다. 7,000억 달러는 7 뒤에 0이 11개나 붙는 거액이라 일반인들은 그 규모를 체감하기 어렵다. 하지만 〈산호세 머큐리 뉴스〉의 스콧 해리스 Scott Harris는 독자들이 이해하기 쉽게 7,000억 달러를 설명했다. 그는 7,000억 달러가 구글 경영진의 자산을 모두 합친 것보다 25배 많고, 스타벅스 라떼 벤티 사이즈 3,500억 잔 혹은 아이폰 35억 대를 살 수 있으며, 모든 미국인에게 2,300달러를 주거나 2,300만 명의 대학 학자금을 대줄 수 있는 액수라고 썼다.[7] 일반 사람들에게 커피값과 대학 학자금은 친숙하다. 그래서 7,000억 달러가 어느 정도인지 보다 생생하게 이해할 수 있다.

59억 톤의 이산화탄소 배출량

환경단체들은 숫자를 보다 의미 있게 만들려고 노력한다. 환경에 악영향을 끼치는 습관에 물든 사람들의 인식을 바꾸려면 그들게 해야 한다. 대개 환경과 관련된 숫자는 그 규모를 이해하기에는 너무 크다. 가령 2006년 미국이 배출한 이산화탄소가 59억 톤이나 된다는 사실을 어떻게 설명할 것인가? 일반인이 보기에 엄청난 숫자이기는 하지만 그 규모를 실감하기는 어렵다. 아무런 배경 설명이 없기 때문이다. 59억 톤은 다른 나라에 비해 적을 수도 있다. 그리고 사실 59억 톤이 일반인에게 어떤 의미를 줄 수 있을까? 숫자 자체는 습관을 바꿀 만큼 설득력을 발휘하지 못한다.

앨 고어의 홈페이지 ClimateCrisis.org에서는 이 숫자의 의미를 구체적으로 설명한다.[8] 이 설명에 따르면 미국인은 1년에 평균 20톤의 이산화탄소를 배출한다. 반면 세계 평균은 4.4톤에 불과하다. 이런 비교는 구체적이고 쉽게 이해된다. 또한 이 홈페이지에서는 향후 일어날 변화를 설명하여 59억 톤이 갖는 의미를 더욱 명확하게 만들었다. 이산화탄소 배출량을 줄이지 않으면 혹서와 산불이 잦아지고 향후 50년 안에 동식물 100만 종 이상이 멸종 위기에 몰린다는 것이다.

미국해양대기관리처 NOAA: National Oceanic and Atmospheric Administration의 과학자들도 환경 위기를 설득력 있게 전하는 일에 나섰다. 수석과학자인 수잔 솔로몬 Susan Solomon 은 〈뉴욕타임스〉와의 인터뷰에서 화석연료를 현재 추세대로 계속 사용하면 대기 중 이산화탄소 농도가 450ppm에 이를 수 있다고 말했다. 이 숫자는 무엇을 의미할까? 솔로몬에 따르면 이 경우 해수면이 상승하여 전 세계 해안 지역을 위협하고, 호주 서부의 강수량이 10퍼센트 줄어든다. 솔로몬은 "10퍼센트라고 하면 그다지 높지 않은 수치로 보일지 모릅니다. 그러나 과거 남서부에 혹독한 가뭄이 들었을 때 줄어든 강수량이 10퍼센트 수준이었습니다"[9]라고 말했다.

앨 고어와 수잔 솔로몬 같은 기후변화 전문가들은 큰 숫자를 의미 있게 전달할 줄 안다. 그들은 그렇게 함으로써 정부와 개인이 문제를 해결하기 위해 행동에 나서도록 설득한다.

140/220 수치의 고혈압

당신이 혈압에 대해 아무것도 모르는 상태에서 의사로부터 혈압이 140/220이라는 말을 듣는다면 어떨까? 한시라도 빨리 식습관을 바꿔 체중을 조절해야겠다는 마음이 들까? 아마도 그 숫자가 구체적인 의미를 가지기 전까지는 그런 마음이 들지 않을 것이다. 내가 아는 한 의사는 환자에게 이렇게 말했다. "혈압이 140/220으로 나왔습니다. 정상 수치는 80/120입니다. 현재 당신의 혈압은 심각하게 높은 수준입니다. 이렇게 혈압이 높으면 심장마비, 신장질환, 발작의 위험이 커집니다. 잘못하면 뇌동맥이 터져 급사할 수도 있습니다." 그는 이처럼 구체적인 설명을 통해 환자가 당장 체중 조절에 들어가도록 만들었다.

어느 업계에서 일하든지 일반인들에게 숫자를 제시할 때는 의미 있는 설명을 덧붙여야 한다. 설명 없이 제시된 숫자는 아무런 영향력을 발휘하지 못한다. 그리고 숫자를 사람들이 공감할 수 있는 내용과 비교하면 흥미와 영향력, 그리고 설득력을 더할 수 있다.

프레젠터의 노트

》 프레젠테이션의 요점을 뒷받침할 숫자를 제시하라. 이때 얼마나 제시할지 신중하게 결정하라. 너무 많은 숫자로 청중에게 부담을 주지 마라.

》 숫자에 구체적인 의미를 부여하라. 청중의 생활과 밀접한 내용으로 숫자의 의미를 설명하라.

》 비유와 같은 수사법으로 숫자에 옷을 입혀라.

10장

놀랍도록 생생한 표현을 써라

"연결합니다. 휘리릭~. 다 됐습니다."
– 스티브 잡스, 1세대 아이폰의 전송 속도에 대한 설명 중에서

스티브 잡스가 2008년 세계개발자회의에서 소개한 아이폰 3G는 1세대보다 속도가 두 배나 빠르다. 최대 전송량이 2G 네트워크는 144Kbps인 데 반해 3G 네트워크는 3Mbps다. 간단히 말해 3G 네트워크는 웹 서핑과 다운로드 속도를 크게 높인다. 이에 대해 잡스는 단 한마디로 "놀랄 만큼 빠릅니다"[1]라고 말했다.

잡스는 기술 용어나 복잡한 내용을 배제하고, 단순하고 명확하며 직접적인 화술을 구사한다. 잡스처럼 신제품이 "놀랄 만큼 빠르다"고 자신 있게 말할 수 있는 경영인은 드물다. 그는 〈포춘〉과의 인터뷰에서 새 OS X 운영체제의 인터페이스를 설명해달라는 요청을 받고 이렇게 대답했다. "우리는 핥아보고 싶은 마음이 들 정도로 메뉴 버튼을 멋지게 만들었습니다."[2] 이런 식의 표현은 내

로 과장되게 들릴 수 있지만 청중을 웃음 짓게 만든다. 그는 다른 프레젠테이션에서는 잘 들을 수 없는 재미있고 생생한 단어들을 쓴다.

잡스와 게이츠가 치른 쉬운 영어 시험

〈시애틀 포스트 인텔리전서Seattle Post Intelligencer〉의 토드 비숍Todd Bishop은 독자들의 요청에 따라 흥미로운 기사를 썼다. 그는 2007년과 2008년 스티브 잡스와 빌 게이츠가 각각 맥월드와 소비자가전 쇼에서 했던 프레젠테이션 4개를 단어 분석 소프트웨어로 평가했다. 평가 점수가 낮을수록 이해하기 쉬운 내용이라는 뜻이다.

비숍이 사용한 프로그램은 UsingEnglish.com[3]에서 제공한 것이다. 이 프로그램은 다음 네 가지 기준에 따라 문장을 분석한다.

1. **단어 수**: 문장을 구성하는 단어의 평균 수를 계산한다.
2. **단어 밀집도**: 읽기 쉬운 정도를 판단한다. 단어 밀집도가 낮은 문장은 보다 이해하기 쉽다. 퍼센트가 낮을수록 좋다.
3. **어려운 단어 빈도**: 한 문장에 3음절이 넘는 단어가 얼마나 들어 있는지를 계산한다. 퍼센트가 높을수록 이해하기 어려운 내용이다.
4. **거닝 포그 지수**Gunninng Fog Index: 내용을 이해하기 위해 필요한 교육 연수年數. 가령 〈뉴욕타임스〉의 거닝 포그 지수는 11 혹은 12, 학

술적인 문서는 18이다. 쉬운 단어로 구성된 짧은 문장이 어려운 단어로 구성된 긴 문장보다 낮은 점수를 받는다.

이 시험에서 잡스가 게이츠보다 점수를 잘 받은 것은 당연한 일이다. 아래 표 10.1은 그 결과를 나타낸 것이다.[4] 잡스는 전체 항목에서 게이츠보다 훨씬 좋은 점수를 기록했다. 그는 게이츠보다 더 쉽고 명확하며 적은 단어를 썼다. 오른쪽 표 10.2는 두 사람이 2007년에 했던 기조연설에서 발췌한 것이다. 표의 왼쪽은 잡스의 기조연설[5], 오른쪽은 게이츠의 기조연설[6]이다.

평가 항목	스티브 잡스	빌 게이츠
2007년	맥월드 연설	소비자가전 쇼 연설
단어 수	10.5	21.6
단어 밀집도	16.5%	21.0%
어려운 단어 빈도	2.9%	5.11%
거닝 포그 지수	5.5	10.7
2008년	맥월드 연설	소비자가전 쇼 연설
단어 수	13.79	18.23
단어 밀집도	15.76%	24.52%
어려운 단어 빈도	3.18%	5.2%
거닝 포그 지수	6.79	9.37

》 **표 10.1** 스티브 잡스와 빌 게이츠의 쉬운 말 구사율 비교

스티브 잡스, 2007년 맥월드 연설	빌 게이츠, 2007년 국제 소비자가전 쇼 연설
"아시다시피 불과 1년 전 이 자리에서 인텔 칩으로 프로세서를 바꾼다고 발표했습니다. 그것은 말하자면 심장이식수술과 같은 일이었습니다. 그때 앞으로 12개월 안에 이 일을 마무리 짓겠다고 말했습니다. 하지만 우리는 7개월 만에 업계 역사상 가장 원활하게, 그리고 성공적으로 작업을 마쳤습니다."	"현재 프로세서는 32비트에서 가능했던 기능들을 대부분 유지하면서 큰 비용 인상 없이 64비트 시대로 넘어가고 있습니다. 32비트 소프트웨어도 돌릴 수 있으면서 더 많은 메모리가 필요하면 바로 확보할 수 있습니다."
"이제 아주 흥미로운 점 몇 가지를 말씀드리고 싶습니다. … 현재 하루에 500만 곡이 넘는 노래가 팔리고 있습니다. 놀랍지 않습니까? 1초당 58곡이 팔리고 있습니다."	"올해 들어 지금까지 200만 명이 넘는 사람들에게 베타 2 버전이 배포되었습니다. 그리고 사용자의 의견을 접수할 마지막 기회인 RC(Release Candidate) 버전은 500만 부 넘게 배포되었습니다. 우리는 윈도우비스타를 사용하는 가족들을 대상으로 수많은 심층 연구를 진행하고 그들과 인터뷰를 했습니다. 그리고 이런 작업은 모두 7개국에서 이뤄졌습니다. 우리는 시중에서 가장 흔히 사용되는 소프트웨어들을 대상으로 성능 시뮬레이션을 진행했는데, 이 성능 시험의 횟수를 따지면 총 60년치가 넘습니다."
"아이튠즈에 재미있는 텔레비전 프로그램들을 올렸습니다. 현재 350가지가 넘는 프로그램을 편별로 구매할 수 있습니다. 지금까지 5,000만 편이 넘는 프로그램을 판매했습니다. 대단하지 않습니까?"	"마이크로소프트 오피스는 새로운 사용자 인터페이스를 갖추었습니다. 이제 여러분은 새로운 방식으로 오피스 라이브 서비스와 쉐어포인트(SharePoint)에 접속할 수 있습니다. 그리고 달라진 인터페이스 덕분에 발견가능성이 크게 개선되었습니다."

》 표 10.2 잡스 식 화법과 게이츠 식 화법

이처럼 게이츠의 표현은 무미건조하고 추상적이며 복잡하지만 잡스의 표현은 명료하고 생생하며 단순하다. 물론 '빌 게이츠는 잡스처럼 말하지는 못해도 세계에서 가장 부유한 사람이야. 그러니까 일을 잘한 게 틀림없어'라고 생각하는 사람들도 있을 것이다. 사실 그렇다. 그는 시장점유율 90퍼센트를 자랑하는 윈도우를 발명했다. 그러나 당신은 아니다. 다시 말해 게이츠는 프레젠테이션을 조금 못해도 상관없지만 당신은 그렇지 않다. 당신의 프레젠테이션이 혼란스럽고 중구난방에, 어려운 용어로 가득하다면 청중의 주의를 끌지 못할 것이다. 따라서 청중이 이해하기 쉽도록 내용을 간결하게 만들어야 한다.

잡스는 '놀랍다, 대단하다, 멋지다'처럼 일상적인 단어들을 즐겨 쓴다. 대개 사람들은 프레젠테이션을 할 때 말투를 바꾸지만 잡스는 무대 안과 밖에서 같은 말투를 쓴다. 그는 제품에 대한 자신감이 있으며, 단어를 선택하는 일에 재미를 느낀다. 일부 사람들은 잡스의 말투가 과장되었다고 말하지만 그는 수백만 고객들과 공유할 수 있는 감정을 표현한다.

따라서 제품이나 서비스 또는 브랜드를 진정으로 대변하는 단어들을 사용해야 한다. 가령 뮤추얼펀드를 파는 투자상담사가 고객에게 "이 상품은 투자시장을 완전히 바꿔놓았습니다. 당장 투자하셔야 합니다"라고 말하면 신뢰성이 떨어질 것이다. 하지만 "이 상품은 리스크를 줄이면서 투자수익을 늘려줍니다. 현재 상품이 수천 종 나와 있지만 이 상품은 다릅니다. 그 차이점을 말씀드리겠습니다"라고 설명한다면 전문성을 유지하면서도 고객이 요점을 쉽게 이해하도록 도와준다.

쉬운 단어를 쓰는 일을 주저하지 마라. 정말로 제품이 '놀랍다'고 생각되면 그렇게 말하라. 프레젠터가 진심을 담아 말하지 않으면 청중을 설득할 수 없다.

잡스 식 단어 사용의 세 가지 특징

잡스는 전문 용어를 거의 쓰지 않는다. 그는 쉽고 일상적인 단어를 쓴다. 특정 업계에서 쓰는 전문 용어는 생각의 자유로운 교류를 방해한다. 나는 같은 회사 안에서도 부서마다 서로의 전문 용어를 이해하지 못하는 경우를 숱하게 보았다. 전문 용어는 대개 의미 없고 이해하기 어려우며 설득력을 떨어뜨릴 뿐이다.

사명선언은 전문 용어를 남발하는 전형적인 사례다. 대개 사명선언은 회의를 여러 번 거쳐 만들어지지만 결국 잊혀지고 만다. 길고 복잡하며 어려운 용어로 가득하기 때문이다. 반면 잡스는 '시너지' '원칙에 기반한' '동종 업계 최고'처럼 사명선언에 흔히 들어가는 말을 거의 쓰지 않는다. 이런 표현들은 공허한 생색내기에 불과하다. 그러나 전 세계 기업들은 매일같이 회의실에 모여 한 문장에 딱딱한 용어를 얼마나 많이 넣을 수 있는지 고민한다.

애플의 사명선언은 단순하고 명확하며 인상적이다. 정서적 표현과 실질적인 사례로 가득한 애플의 사명선언은 다음과 같다.

애플은 1970년대에 애플 Ⅱ로 개인용 컴퓨터 시장을 개척했고, 매킨토시로 개인용 컴퓨터를 재발명했다. 지금도 애플은 수많은 상을 받은 컴퓨터와 OS X 운영체제, 아이라이프, 전문 애플리케이션으로 혁신을 주도한다. 또한 애플은 휴대용 음원 및 동영상 재생기기인 아이팟과 아이튠즈 온라인 스토어로 디지털 미디어 혁명을 주도하고 있으며, 혁신적인 아이폰으로 휴대전화시장에 진입했다.[7]

잡스가 신제품을 소개할 때 쓰는 단어들은 세 가지 특징을 갖는다. 그것은 단순하면서도 명확하며 감정을 적극적으로 표현한다는 것이다.

- **단순성**: 전문 용어와 긴 단어를 쓰지 않는다.
- **명확성**: 길고 추상적으로 설명하지 않고 간결하고 구체적으로 설명한다.
- **감정 표현**: 감정을 드러내는 형용사를 많이 쓴다.

잡스가 맥북 에어를 소개하는 내용을 보면 이 세 가지 특징이 잘 드러난다. 그 내용은 다음과 같다. "이것이 맥북 에어입니다. 얼마나 얇은지 느낌이 오실 겁니다(명확성). 그래도 풀사이즈 키보드와 모니터를 갖추었습니다(단순성). 놀랍지 않습니까(감정 표현)? 이렇게 생겼습니다. 대단하죠(감정 표현)? 세상에서 가장 얇은 노트북입니다(단순성). 그러면서도 13.3인치 와이드스크린과 풀사이즈 키보드를 갖추고 있습니다(감정 표현과 명확성). 우리 기술팀이 이 제품을 개발했다는 사실이 놀랍습니다(감정 표현)."[8]

재테크 전문가의 지적

재테크 전문가 수즈 오먼은 2008년과 2009년 세계 금융시장이 무너질 때 맹활약했다. 그녀는 CNBC에서 자기 이름을 건 프로그램을 진행하면서 〈오프라〉나 〈래리 킹 라이브〉 같은 프로그램에 자주 초대 손님으로 출연했다. 한번은 그녀와 재테크 관련 주제를 설명하는 방법에 대한 이야기를 나눈 적이 있다. 오먼은 "너무나 많은 사람들이 지식을 과시하면서 다른 사람들에게 똑똑하다는 인상을 주고 싶어 해요."[9]라고 말했다. 내가 "하지만 너무 간단하게 말하면 가볍게 받아들이지 않나요?"라고 묻자, 그녀는 이렇게 대답했다.

> 사람들이 어떻게 생각하는지는 신경 쓰지 않아요. 내가 신경 쓰는 것은 청중이나 독자에게 도움이 되는 정보를 전달하는 거예요. … 듣는 사람에게 변화를 일으키는 것이 목표라면 메시지를 되도록 간단하게 만들어야 해요. 가령 당신에게 우리 집으로 오는 길을 가르쳐준다면 최대한 간단하게 설명해야겠지요. 복잡하게 설명하면 전혀 도움이 안 돼요. 오히려 도중에 화가 나 포기할 가능성이 높지요. 하지만 간단하게 설명하면 도중에 포기하지 않고 잘 찾아올 수 있어요. 어떤 사람들은 금융 관련 정보는 원래 복잡해야 한다고 생각해요. 그들은 정보가 쉬워지면 일자리를 잃을지도 모른다고 걱정하죠. 그래서 쓸데없이 내용을 복잡하게 만들어요.[10]

행사	잡스의 말
애플 뮤직 이벤트, 2001	"아이팟의 가장 멋진 점은 소장한 노래들을 전부 호주머니에 넣고 다닐 수 있다는 것입니다."[11]
맥월드 2003, 세계 최초 17인치 와이드스크린 노트북 소개	"안전띠를 매주십시오. 그리고 어깨띠도 매세요."[12]
맥월드 2003, 티타늄 파워북 소개	"구매 욕구를 최고로 자극하는 제품입니다."[13]
맥월드 2003, 신형 17인치 파워북 소개	"이 제품은 대단합니다. 우리가 만든 가장 놀라운 제품입니다. 모니터를 보십시오. 엄청납니다. 얼마나 얇은지 보십시오. 놀랍지 않습니까? 모니터를 닫아도 두께가 1인치밖에 안 됩니다. 게다가 아주 예쁩니다. 이 제품은 분명 세계에서 가장 진보한 노트북입니다. 경쟁 업체들은 우리가 2년 전 발표한 제품도 아직 따라잡지 못했습니다. 그런데 이것까지 나와버렸으니, 그들이 어떻게 할지 궁금합니다."[14]
1세대 매킨토시 소개	"미치도록 대단합니다."
존 스컬리 펩시 회장을 설득하면서 한 말	"계속 설탕물을 팔면서 남은 삶을 보내고 싶으세요, 아니면 세상을 바꿀 기회를 잡고 싶으세요?"
PBS 방송 프로그램 〈괴짜들의 승리(Triumph of the Nerds)〉에서 인용한 말	"우리는 우주에 흔적을 남기기 위해 여기에 있습니다."[15]
CEO 길 아멜리오의 사임에 대해 한 말	"제품들이 엉망이에요! 더 이상 흥미로운 부분이 없어요!"[16]
2008년 9월, 아이팟 터치 소개	"아이팟 터치는 우리가 만든 가장 재미있는 아이팟입니다."[17]
2003년 1월 7일, 최초의 17인치 노트북 소개	"기적 같은 기술로 만든 획기적인 제품입니다."[18]

》 표 10.3 구체성, 명확성, 감정이 남겨 있는 잡스 화법의 예

표 10.3은 구체적이고 명확하며 감정을 적극적으로 드러내는 잡스의 말들을 추린 것이다. 이 사례는 일부에 불과하다. 잡스의 모든 프레젠테이션은 비슷한 화법으로 진행된다.

어떤 사람들은 이 표에 나온 말들을 보고 잡스가 허풍이 심하다고 생각할 것이다. 하지만 허풍은 내실이 없을 때 허풍이 된다. 최초로 직관적인 인터페이스와 마우스를 갖춘 매킨토시가 미치도록 대단하지 않다거나, 맥북 에어가 놀랄 정도로 얇지 않다고 주장하기는 힘들다.

잡스는 허풍의 대가가 아니라 헤드라인의 대가다. 애플은 제품을 설명할 말을 대단히 신중하게 고른다. 그들이 선택한 단어는 고객들 사이에서 흥분을 자아내고 반드시 사야 한다는 생각이 들도록 만든다. 거기에 잘못된 점은 없다. 대개 상품에 붙는 선전 문구들은 밋밋하고 추상적이며 무의미하다는 사실을 기억하라. 잡스의 설명은 밋밋함과는 거리가 멀다. 당신의 설명에도 흥미를 더하도록 노력하라.

청중의 뇌에 지름길을 만들어주는 법

말에 흥미를 더하는 한 가지 방법은 제품이나 아이디어를 청중에게 친숙한 다른 대상에 비교하는 것이다. 스티브 잡스는 완전히 새로운 제품을 소개할 때 흔히 쓰이고 잘 알려진 대상에 비교하는 경우가 많다. 다음은 그에 대한 몇 가지 예다.

- '애플 TV는 21세기의 DVD 플레이어와 같습니다.' - 2007년 1월 9일, 애플 TV 소개
- '아이팟 셔플은 껌 한 통보다 작고 가볍습니다.' - 2005년 1월, 아이팟 셔플 소개
- '아이팟은 카드 한 통 크기만 합니다.' - 2001년 10월, 아이팟 소개

적절한 비교 대상이 있으면 지속적으로 언급하라. 많이 반복할수록 고객들은 더 잘 기억할 것이다. 앞서 소개한 제품들을 구글에서 검색하면 잡스가 사용한 표현을 그대로 인용한 링크가 수천 개 나온다. 다음은 앞서 소개한 표현을 인용한 링크의 개수다.

- 애플 TV + 21세기의 DVD 플레이어: 4만 개
- 아이팟 셔플 + 껌 한 통: 4만 6,500개
- 아이팟 + 카드 한 통: 22만 7,000개

청중은 제품을 특정한 범주에 넣는다. 즉 머릿속 상자에 정리하는 것이다. 그러면 그들을 위해 상자를 만들어주도록 하자. 그렇게 하지 않으면 그들의 뇌에 부담을 주게 된다. 신경과학자이자 에모리대학의 심리학 교수 그레고리 번스에 따르면 "뇌는 최소한의 에너지를 사용하려는 경향이 있다." 다시 말해 다른 사람이 말하는 내용을 이해하기 위해 많은 노력을 하지 않으려 한다. 번스는 "효율성 원칙은 중요한 결과를 낳는다. 뇌는 가능한 한 시

름길을 가려고 한다"[19]고 지적한다. 친숙한 대상과 비교하는 것은 그 지름길을 만들어준다.

어려운 단어와 복잡한 내용만큼 프레젠테이션을 망치는 요소는 없다. '동급 최고의 첨단 솔루션'과 같은 표현으로는 누구에게도 강한 인상을 주지 못한다. 오히려 청중을 잠재우고 계약 기회를 날리며, 경력에 지장을 초래할 뿐이다. 반면 명확하고 간결하며 생생한 표현은 잠재고객을 충성고객으로 바꾼다. 도파민 수용체를 자극하는 표현으로 고객의 주의를 끌어라. 고객이 안개 속에서 길을 잃으면 프레젠터의 비전을 따를 수도, 열정을 공유할 수도 없다는 사실을 명심하라.

프레젠터의 노트

» 헤드라인을 간결하게 만들어라. 쓸데없는 수식어나 전문 용어를 없애라. 최대한 편집하라.

» 문장의 단어 밀집도에 주의를 기울여라. 이해하기 쉬운 단어로 된 짧은 문장을 쓰는 것이 효과적이다.

» 재미있는 말을 쓰고 형용사를 덧붙여 제품에 대한 열정을 표현하라. 잡스는 매킨토시의 메뉴 버튼이 너무 예뻐서 핥아보고 싶은 마음이 들 정도라고 말했다. 이 말은 그의 자신감을 반영한다.

11장

무대를 공유하라

"역사에 가로막히지 마십시오. 마음껏 멋진 것들을 창조하세요."

― 로버트 노이스(Robert Noyce), 인텔 공동 창업자

잡스는 2006년 1월 10일에 열린 맥월드에서 신형 아이맥에 최초로 인텔 프로세서를 장착할 것이라고 발표했다. 그는 이미 2005년에 2006년 6월부터 이른바 '뇌이식수술'을 단행할 것이라고 말한 바 있었다. 2006년 1월 10일 잡스는 청중들에게 전환 작업의 현황을 알려주겠다고 말했다. 그가 이렇게 운을 떼자 무대 중앙에서 드라이아이스로 만든 연기가 피어올랐다. 잠시 후 인텔의 상징인 버니 복장을 한 남자가 무대로 걸어 나왔다. 그는 칩을 만드는 얇고 둥근 실리콘 조각인 웨이퍼를 들고 있었다. 그는 잡스에게 걸어가 악수를 했다. 조명이 켜진 후 모습을 드러낸 그 남자는 다름 아닌 인텔의 CEO 폴 오텔리니Paul Otellini였다.

오텔리니는 잡스에게 웨이퍼를 건네며 "스티브, 인텔은 준비가

》 **그림 11.1** 무대에 함께 선 스티브 잡스와 폴 오텔리니

(사진) 저스틴 설리번 / 게티 이미지

되었어요"라고 말했다. 잡스는 "애플도 준비가 되었습니다. 우리는 이 일을 성사시키려고 작년에 협력 관계를 맺었지요"라고 화답했다. 이어 잡스는 청중을 보며 이렇게 말했다. "우리는 짧은 시간 안에 전환 작업을 마무리 짓기 위해 열심히 일했습니다. 양사 엔지니어들이 협력하여 너무나 원활하게 작업을 진행하는 모습은 정말 놀라웠습니다."[1] 오텔리니도 애플의 엔지니어들을 칭찬했다. 두 사람은 함께 이룬 성과에 대해 이야기를 나눈 다음 다시 악수를 나누었다. 오텔리니가 무대를 떠난 후 잡스는 놀라운 사실을 발표했다. 그 내용은 애플이 인텔 프로세서를 장착한 최초의 맥을 원래 계획했던 6월이 아닌 오늘 출시한다는 것이었다.

애플만큼 창업자와 동일시되는 기업은 드물다. 그러나 잡스는 임직원 또는 협력 업체 경영자와 무대를 공유한다. 그의 프레젠테이션은 원맨쇼인 경우가 거의 없다. 잡스는 이야기를 풀어나가는 데 중요한 역할을 맡을 조연들을 반드시 등장시킨다.

잡스가 무대에 등장시킨 가장 의외의 인물은 빌 게이츠였다. 1997년 보스턴에서 열린 맥월드에서 임시 CEO로 경영일선에 복귀한 지 얼마 안 된 잡스는 애플의 상황을 개선하기 위해 일부 협력 관계를 재조정했다고 밝혔다. 그는 익스플로러가 매킨토시의 기본 브라우저가 될 것이고, 마이크로소프트가 1억 5,000만 달러를 투자할 것이라고 발표했다. 이어 그는 위성 생중계로 특별 손님을 모시겠다고 소개했다. 빌 게이츠가 스크린에 등장하자 약간의 환호성과 함께 심한 야유가 터져 나왔다. 게이츠는 잠시 애플이 그간 해낸 일들에 대해 존경심을 표현했다.

다시 무대로 돌아온 잡스는 엄한 아버지처럼 청중에게 새로운 협력 관계를 받아들여야 한다고 설명했다. 그는 "앞으로 애플이 더욱 발전하려면 애플이 이기고 마이크로소프트가 져야 한다는 생각을 버려야 합니다. 우리가 실패하면 그것은 누구의 잘못도 아닙니다. 우리의 잘못입니다. … 우리가 마이크로소프트 오피스를 맥에 넣고 싶다면 존중하는 마음으로 그 회사를 대해야 합니다"[2]라고 말했다.

뛰어난 배우들은 종종 다른 배우들이 더욱 빛나도록 돕는다. 잡스는 임직원이든 협력 업체 경영자든 무대에 초대한 사람들을 최대한 빛나게 만든다. 모든 출연자가 빛나야 좋은 쇼가 되는 법이다.

뇌는 다양성을 원한다

뇌는 지겨운 일에 주의를 기울이지 않는다. 잡스가 지겨운 사람은 아니다. 오히려 그 반대다. 그러나 우리의 뇌는 다양성을 선호한다. 아무리 능수능란한 프레젠터라도 혼자 무대를 장시간 이끌면 청중은 시계를 볼 수밖에 없다. 뛰어난 연설문 작성자들은 이 사실을 잘 안다. 그래서 케네디, 레이건, 오바마의 연설은 20분을 넘기지 않았다. 물론 잡스의 기조연설은 이보다 훨씬 길어 1시간 30분에 가깝게 진행된다. 그러나 잡스는 시연, 동영상 상영, 초대 손님 등을 통해 끝까지 흥미를 유지한다.

모르는 부분은 전문가에게

애플은 2008년에 알루미늄을 통째로 깎아 만든 신형 맥북을 소개했다. 획기적인 디자인 덕분에 신형 맥북은 더 가볍고 튼튼해졌다. 잡스는 "이제 노트북에 대해 이야기해봅시다. 먼저 우리가 새로운 방식으로 노트북을 만들 수 있도록 도와준 기술을 설명하겠습니다"[3]라고 말했다. 그리고 자신이 나서지 않고 애플의 디자인 담당 선임부회장인 조니 아이브를 소개했다.

잡스가 의자에 앉아 지켜보는 가운데 아이브는 6분 동안 노트북 디자인에 대해 말했다. 그는 1.1킬로그램의 알루미늄 판을 깎아서 0.1킬로그램에 불과한 최종 프레임을 만드는 과정을 속성으로 설명했다. 다시 무대에 오른 잡스는 아이브에게 고마움을 전한 후 청중에게 이것이 "노트북을 만드는 새로운 방식"이라고 헤드라인을 말했다. 잡스는 애플의 모든 면에 관여하지만 모르는 부분은 전문가에게 넘길 줄 안다. 이처럼 다른 배우들이 조명을 받을 기회를 나누면 이야기에 신뢰성과 흥미를 더할 수 있다.

최고의 판매 수단, 증언

애플이 아이튠즈를 통해 영화 대여 서비스를 시작했을 때 잡스는 작품 공급 계약을 맺은 제작사들의 명단을 발표했다. 거기에는 터치스톤, 소니, 유니버셜, MGM, 월트디즈니를 비롯한 대형 제작사들이 포함되었다. 그럼에도 불구하고 애플은 회의적인 시각에 부딪혔다. 이미 블록버스터와 넷플릭스^{Netflix} 같은 경쟁 업체가 시장을 선점하고 있었기 때문이다. 하지만 애플은 소비자들이 컴퓨터, 아이팟, 아이폰, 혹은 애플 TV를 통해 원하는 영화를 보고 싶어 할 것이라고 판단했다. 잡스는 애플의 핵심 협력 업체와 발표 무대를 공유함으로써 영화 대여 사업에 신뢰성을 더했다.

잡스는 "모든 주요 제작사들이 협력 업체로 참여했습니다. 처음 계약한 곳은 20세기폭스입니다. 우리는 20세기폭스와 대단히 좋은 협력 관계를 맺었습니다. 오늘 이 자리에 20세기폭스의 회장 짐 지아노풀로스^{Jim Gianopulos}를 모시게 된 것을 기쁘게 생각합니다"라고 말했다.

활기찬 성격의 지아노풀로스는 무대로 뛰어올라가 사람들이 듣고 싶어 하는 내용을 말했다. 그 내용은 재미있는 영화들을 쉽고 편하게 원하는 시간과 장소에서 즐길 수 있다는 것이었다. 그는 "스티브의 제안을 받고 바로 수락했습니다. 그 아이디어는 흥미롭고 멋졌습니다. 물론 영화 대여 서비스는 새로운 것이 아닙니다. 그러나 애플은 아이팟과 아이폰으로 음악 산업과 휴대전화 산업을 바꾼 것처럼 직관적이고 통찰력 넘치며, 혁신적인 방식으로 일합니다. 앞으로 애플의 영화 대여 사업은 새로운 모델을 보여줄 것입니다. 기대가 아주 큽니다. 애플과 협력하게 되어 더없이 기쁘고 자랑스럽습니다"[4]라고 말했다.

지아노풀로스는 애플의 사업에 대해 증언함으로써 최고의 판매 수단을 제공했다. 무엇보다 두 사람은 같은 무대에 나란히 섰다. 증언만 있어도 좋지만 증언해줄 대상이 직접 무대에 나서는 것은 더욱 좋다.

고객과 언론을 무대에 세워야 하는 이유

고객들은 언제나 예산을 신경 쓴다. 특히 경제가 어려울 때는 한 푼이라도 쉽게 쓰지 않는다. 또한 고객들은 베타테스트 대상이 되고 싶어 하지 않는다. 제품은 회사가 고객에게 약속했던 가치를 충분히 발휘하여 돈의 효용을 높여야 한다고 생각하기 때문이다. 따라서 증언과 인증은 언제나 강한 설득력을 발휘한다. 실제로 입소문은 구매 결정에 가장 큰 영향력을 끼친다.

성공하는 기업들은 고객 만족이 판매를 늘리는 핵심 조건이라는 사실을 알기 때문에 고객 만족 사례를 모아 잠재고객에게 전파하는 일을 전담하는 직원들을 둔다. 그러나 소규모 기업들은 전담 인원을 둘 형편이 못 된다. 그래도 세계적인 기업들이 사용하는 홍보 기법을 활용할 수는 있다. 효과가 증명된 한 가지 기법은 애플처럼 고객을 프레젠테이션에 동참시키는 것이다. 그 방법은 직접 무대에 올리거나 동영상을 보여주는 것이다. 사정이 여의치 않으면 고객이 평가한 내용을 프레젠테이션에서 언급하기라도 해야 한다.

언론의 보도 역시 빠뜨려서는 안 될 중요한 원천이다. 제품을 좋게 평가한 언론의 보도 내용을 소개하면 메시지를 돋보이게 만들 수 있다. 잡스는 언론과 애증 관계에 있지만 프레젠테이션에서는 호의적인 모습을 보인다. 그는 2008년 맥월드 기조연설에서 레오파드를 출시 90일 만에 500만 장이나 팔았다고 발표했다. 또, 레오파드가 언론에서 호평을 받았다는 사실도 빠뜨리지 않았다. 잡스는 "언론이 레오파드를 아주 좋게 평가했습니다. 레오파드는 흥행과 비평 모두에서 성공적인 결과를 거두었습니다"[5]라고 말했다. 그가 주요 언론의 기사를 소개하는 동안 스크린에는 그 내용이 떴다. 다음은 당시 잡스가 소개한 몇 가지 기사 내용이다.

- '내가 보기에 레오파드는 비스타보다 더 빠르고 우수하다.'- 월트 모스버그, 〈월스트리트저널〉
- '레오파드는 강력하고 완성도가 높으며 세심한 기획에 따라 만들어졌다.'- 데이빗 포그, 〈뉴욕타임스〉
- '레오파드를 통해 애플의 운영체제는 미적·기술적 진보의 폭을 넓혔다.'- 에드 베이그, 〈USA 투데이〉
- '레오파드는 대다수 소비자를 위해 만들어진 최고의 운영체제다.' - 에드 멘델슨, 〈PC 매거진〉

마지막 기사 문구는 웃음을 자아낸다. 〈PC 매거진〉이 맥 제품을 호의적으로 평가한다는 사실 자체가 재미있다. 잡스는 종종 프레젠테이션에서 언론의 호평을 소개한다. 미국인은 기자들을 신뢰할 수 없는 집단으로 보지만 주요 언론의 호평은 여전히 영향력을 발휘한다. 구매자들은 기사를 보고 현명한 선택을 했다는 자신감을 갖게 된다.

성공하는 기업들은 신제품을 출시할 때 협력 업체와 테스트를 거친 후 그 내용을 공개한다. 이런 방식은 제품 출시와 함께 즉각적인 증언과 인증을 확보하도록 도와준다. 고객은 새로운 제품이나 서비스에 따른 리스크를 최소화하고 광고를 믿을 근거를 원한다. 따라서 전문가나 고객 혹은 협력 업체가 신제품을 긍정적으로 증언하면 고객은 구매를 가로막는 심리적 장애물을 더 잘 극복하는 경향이 있다.

21세기형 증언 마케팅

증언은 중요한 마케팅 도구다. 과거에는 증언을 광고를 통해 내보냈지만 지금은 인터넷이 발달하면서 일부 혁신적인 기업들은 유튜브를 활용한다. 고객의 증언을 동영상으로 만들어 유튜브에 올리면 상당한 효과를 기대할 수 있다. 또, 그 동영상을 회사 홈페이지에 올리거나 프레젠테이션에서 소개하면 신뢰성을 더할 수 있다.

우선 증언 마케팅에 활용할 고객의 명단을 확보하는 일이 중요하다. 긍정적인 증언을 제공하는 고객은 그렇지 않은 고객보다 더 가치가 있다. 신규 고객을 끌어들이도록 도울 고객을 찾아라. 그리고 그들에게 증언에 나설 이유를 제공하라. 가령 회사와의 관계를 돈독히 하는 것이나 필요할 때 담당 직원과 쉽게 이야기할 수 있는 것, 혹은 새로운 디자인이나 제품에 대한 의견을 제시할 수 있는 것 등의 특전을 주어라. 고객들은 대부분 프레젠테이션에 직접 참여하기 힘들 것이다. 그때는 인터뷰한 동영상으로 대체하면 된다. 폴 오텔리니가 잡스와 같이 무대에 서는 것만큼 강력한 효과는 내지 못해도 경쟁자들보다 앞서나갈 수 있는 기회가 될 것이다.

조력자들에게 조명을 비춰라

스티브 잡스는 직원들도 프레젠테이션의 일부로 참여시킨다. 그는 2007년 맥월드에서 기조연설을 마무리 지으며 이렇게 말했다. "이 제품을 만든 직원들을 소개하고 싶습니다. 일어나주시겠습니까? 저 사람들에게 박수를 보내줍시다. 감사합니다. 우리 직원들의 가족에게도 고마움을 전합니다. 많은 직원들이 지난 6개월 동안 집에 자주 못 들어갔습니다. 가족의 도움이 없었다면 일을 제대로 할 수 없었을 것입니다. 우리는 놀라운 일들을 해냈고, 우리의 가족은 우리가 저녁시간에 맞춰 퇴근하지 못해도 이해해주었습니다. 신제품 출시를 앞두고 연구실이나 회의실에서 쉼 없이 일해야 한다는 사실을 알기 때문이지요. 여러분이 우리에게 얼마나 고맙고 필요한 존재인지 모릅니다. 고맙습니다."[6]

프레젠터는 자신과 제품 중심으로 프레젠테이션을 전개하기 쉽다. 그러나 뒤에서 수고한 사람들에게 공을 돌리는 일을 잊어서는 안 된다. 그러면 청중에게 좋은 인상을 주고, 직원과 동료들에게 더 열심히 일할 동기를 심어줄 수 있다.

끝으로 잡스는 청중이나 고객에게도 종종 감사 인사를 한다. 그는 2008년 맥월드에서 2007년을 뒤돌아보며 기조연설을 시작했다. "먼저 여러분에게 감사드리고 싶습니다. 모든 고객분들이 우리를 응원해주셨습니다. 정말로 고맙습니다. 멋진 2007년을 만들어주셔서 감사합니다."[7] 그는 제품을 만들고 사준 사람들에게 고마움을 전함으로써 기조연설을 그들과 특별한 관계를 맺는 계기로 활용했다.

무대에 등장한 또 다른 잡스

1999년 인기 의학 드라마 〈ER〉의 스타였던 노아 와일 Noah Wyle 은 〈실리콘밸리의 해적들 Pirates of Silicon Valley〉이라는 텔레비전 영화에서 잡스를 연기했다. 애플은 뉴욕에서 열린 1999년 맥월드에서 와일을 등장시켜 기조연설을 시작하게 했다. 청바지에 검은 스웨터, 운동화를 신은 와일의 모습은 언뜻 잡스처럼 보였다. 무대에 선 와일은 잡스의 몸짓과 말투까지 흉내 냈다. 그는 "이번 맥월드는 멋진 행사가 될 겁니다. 지금 변화가 일어나고 있어요. 애플이 되살아나고 있습니다. 오늘 여러분은 대단한 신제품들을 보게 될 겁니다. 이 제품들은 미치도록 대단합니다. 정말로, 완전히, 아주, 미친 듯이 대단해요!"라고 말했다. 이어 진짜 잡스가 나타나자 청중은 환호성을 질렀다.

잡스는 와일에게 자신을 잘못 흉내 냈다고 지적하면서 농담을 나누었다. 그는 정말로 자신처럼 보이려면 어떻게 말하고 행동하고 걸어야 하는지 설명했다. 잡스는 청중에게 "제가 어떻게 행동하는지 보고 싶어서 노아를 이 자리에 초대했습니다. 그리고 노아가 저보다 낫기도 하구요!"라고 소개했다. 와일은 "고마워요. 전 그저 영화 내용에 대해 당신이 화를 내지 않아서 고마울 따름입니다"라고 말했다. 그러자 잡스가 대꾸했다. "네? 왜 화를 냅니까? 그건 그냥 영화일 뿐이에요. 하지만 공평해지려면 저를 〈ER〉에 출연시켜주셔야 합니다."[8]

두 사람의 대화는 많은 웃음을 자아냈다. 그리고 잡스도 농담을 할 줄 안다는 사실을 드러냈다. 나는 그와 같은 무대를 그전에도, 그 이후에도 보지 못했다.

프레젠터의 노트

》 새로운 제품이나 서비스를 소개할 때 긍정적인 증언을 해줄 고객을 확보하라. 유명한 언론 매체나 블로거의 평가도 큰 도움이 된다.

》 증언을 프레젠테이션에 포함시켜라. 가장 쉬운 방법은 고객이 제품에 대해 말하는 모습을 2분 이내의 동영상으로 만들어 보여주는 것이다.

》 프레젠테이션에서 직원과 협력 업체, 그리고 고객에게 가능한 한 자주 고마움을 표시하라.

12장

시연을 활용하라

"잡스는 맥월드 기조연설을 대규모 언론 행사로 만들었다. 그는 전 세계 언론을 대상으로 준비된 무대에서 공연을 펼친다."

– 린더 카니

전문가들은 애플이 2008년 10월 14일에 공개한 맥북 라인으로 노트북 디자인을 재정의했다고 평가한다. 앞서 소개했듯이 잡스는 이 신형 맥북을 소개하는 자리에서 디자인 책임자인 조니 아이브에게 제작 과정을 설명하게 했다. 신형 맥북은 알루미늄 판을 통째로 깎아서 프레임을 만든 것인데, 애플은 이 기술 덕분에 더 얇고 가벼우면서도 더 튼튼하고 멋있는 노트북을 만들 수 있었다.

   잡스는 프레젠테이션을 시작한 지 25분 정도가 지나 새 알루미늄 프레임을 소개했다. 일반적인 프레젠테이션이었다면 소개말과 함께 사진 한두 장을 보여주고 말았을 것이다. 그러나 잡스는 한 걸음 더 나아갔다. 그는 애널리스트와 기자들이 직접 프레임을 만져볼 수 있는 시간을 마련해 프레젠테이션을 생생한 체험의 장으로 만들었다.

잡스는 샘플을 들어 보여주면서 이렇게 말했다. "이것이 유니바디 unibody 입니다. 참 아름답죠. 이 프레임은 훨씬 견고합니다. 게다가 아주 멋집니다. 직접 보셨으면 좋겠네요. 조명을 밝힐 테니 이 프레임이 얼마나 아름답고 정교한지 돌아가면서 보시기 바랍니다."

이 말과 함께 각 줄의 끝에 있던 애플 직원들이 샘플을 돌렸다. 잡스는 청중이 프레임을 살피는 동안 "보시고 다시 돌려주셔야 합니다"라고 농담을 던져 웃음을 자아냈다. 그리고 1분 동안 아무 말도 하지 않았다. 그는 사람들이 직접 제품을 만져보고 느끼길 바랐다.

1분이 지난 후 잡스는 "우리 직원 수백 명이 몇 달 동안 매달려 경제적으로 이 프레임을 설계하고 생산하는 방법을 찾아냈습니다. 이 프레임은 첨단기술의 개가입니다"라고 말했다.

다시 그는 모든 사람이 프레임을 직접 보고 만지도록 30초 더 기다렸다. 그리고 "그것이 초정밀 유니바디 프레임입니다. 여러분은 우리 외에 최초로 그 프레임을 만져본 사람들입니다"[1]라고 마무리 지은 뒤, 다른 사양에 대한 설명으로 넘어갔다. 이처럼 잡스는 실물을 소도구 삼아 설명만으로는 지루할 수 있는 시간을 흥미롭게 만들었다.

좋은 시연의 다섯 가지 요건

잡스는 시연을 할 때 대개 소도구를 사용한다. 가이 가와사키 Guy Kawasaki 는 저서 《매킨토시 방식 The Macintosh Way》에서 뛰어난 프레젠터들은 시연을 잘한다고 말했다. 그는 "좋은 시연은 많은 비용을 들이지 않고 경쟁자의 마케팅이나 광고에 대응하는 방법이다. 좋은 시연은 청중에게 제품 정보를 제공하고 혜택을 설명하며 구매 욕구를 자극한다"[2]고 썼다. 가와사키는 좋은 시연의 다섯 가지 요건을 제시했는데, 그 내용은 다음과 같다.

- **짧다**: 좋은 시연은 청중을 피곤하게 만들지 않는다.
- **단순하다**: 좋은 시연은 단순해서 쉽게 이해할 수 있다. "좋은 시연은 핵심 메시지를 두 가지 이상 전달하지 않는다. 시연의 목적은 청중의 호기심을 자극하는 것이지, 그들을 피곤하게 만드는 것이 아니다."[3]
- **핵심적이다**: "좋은 시연은 가장 멋진 기능을 보여줌으로써 경쟁 제품과의 차별성을 강조해야 한다. 단, 그 기능이 실질적인 혜택을 제공해야 한다."[4]
- **신속하다**: 좋은 시연은 신속하게 진행된다. "시연을 할 때 15초 이상 걸리는 일은 하지 말아야 한다."[5]
- **실질적이다**: 좋은 시연은 실질적인 문제에 대한 해결책을 명확하게 보여준다. "고객들은 제품의 기능을 알고 싶어 한다."[6]

프레젠테이션 내용	슬라이드 이미지
"왜 3G가 좋을까요? 데이터를 더 빨리 다운로드할 수 있기 때문입니다. 특히 인터넷을 검색하고 이메일을 확인할 때 빠른 속도가 필요하지요."	인터넷과 이메일을 상징하는 아이콘
"그러면 웹서핑의 경우를 한번 봅시다. 우리는 같은 장소에서 아이폰 3G 2개를 가지고 각각 2G 네트워크와 3G 네트워크를 통해 같은 웹사이트에 접속했습니다."	아이폰 2개가 동시에 내셔널 지오그래픽 홈페이지를 띄우는 동영상
"어떻게 되나 보시죠." (잡스는 스크린에 웹사이트가 뜨는 동안 아무 말도 하지 않는다. 내셔널 지오그래픽 홈페이지는 이미지가 많고 구성이 복잡하다.)	두 아이폰에 뜨는 웹사이트
"3G에서는 21초가 걸렸습니다. (잡스가 팔짱을 낀 채 말없이 청중을 바라보며 다시 30초를 기다린다. 그 모습에 청중은 웃음을 짓는다.) 2G에서는 59초가 걸렸습니다. 같은 전화기로 같은 장소에서 실험했는데 3G가 약 2.8배 빠르게 나왔습니다. 거의 와이파이 속도에 가깝습니다. 이건 정말 빠른 겁니다!"	완전히 뜬 3G 화면과 아직 뜨고 있는 2G 화면

》 표 12.1 2008 세계개발자회의 잡스의 시연

    9장에서 살펴보았듯이, 잡스는 2008년 세계개발자회의에서 아이폰 3G를 소개할 때 이 요건들을 모두 충족시켰다. 아이폰 3G는 2세대 무선 데이터 네트워크보다 더 빠른 3G 네트워크를 이용한다. 위 표 12.1은 당시 잡스가 말한 내용과 슬라이드 내용을 정리한 것이다.[7]

    표 12.1을 통해 잡스가 충족한 다섯 가지 요건의 내용을 간단히 살펴보면 다음과 같다.

- **짧다**: 2G와 3G를 비교한 시연은 2분이 채 걸리지 않았다.
- **간단하다**: 두 휴대전화에서 웹사이트가 뜨는 모습을 보여주는 것만큼 간단한 시연이 어디 있겠는가? 이 시연은 복잡한 구석이 전혀 없다.
- **핵심적이다**: 잡스는 주요 경쟁 대상인 2G와 3G를 놓고 정면 대결을 펼쳤다.
- **신속하다**: 잡스는 신속하게 시연을 진행하면서도 중요한 순간에는 침묵을 지킴으로써 극적 긴장감을 조성했다.
- **실질적이다**: 이 시연은 이미지가 많은 사이트를 띄우려면 오래 기다려야 하는 기존 2G의 실질적인 문제에 대한 해결책을 분명히 제시했다.

역사를 만든 시연

잡스는 모든 프레젠테이션에서 시연을 한다. 그중에는 역사적인 의미를 갖는 시연들도 있다. 잡스는 2007년 맥월드를 시작하면서 "오늘 우리는 역사를 만들 것입니다"라고 말했다. 그가 말한 역사적인 사건은 아이폰 출시였다.

잡스는 "우리는 휴대전화를 재발명하고자 합니다. 오늘 네 가지를 보여드리겠습니다. 그것은 애플리케이션, 사진, 달력, SMS입니다. 일반적으로 휴대전화에 다 들어 있는 것들이지요. 하지만 오늘 보실 것은 많이 다릅니다. 그러면 같이 보시죠"라고 말했다.

그리고 언제나 그랬듯 무대 오른쪽에 있는 의자에 앉아서 시연을 했다.

"모니터 왼쪽 하단에 있는 이 아이콘 보이시죠? 이걸 누르면 전화기로 넘어갑니다. 이제 전화번호부로 들어왔습니다. 어떻게 검색하느냐고요? 그냥 스크롤하면 됩니다. 지금 조니 아이브에게 전화를 건다고 가정합시다. 여기를 누르면 그에 대한 모든 정보와 함께 전화번호가 뜹니다. 전화를 걸고 싶으면 번호를 누르면 됩니다. 지금 걸어보겠습니다." 잠시 후 발신음이 울리고 아이브가 전화를 받았다.

잡스는 아이브에게 말했다. "이 순간까지 2년 6개월이 걸렸습니다. 아이폰으로 첫 번째 통화를 하게 돼서 정말 기분이 좋네요." 이때 마케팅 부회장 필 쉴러 Phil Schiller가 전화를 걸어왔다. 잡스는 아이브를 대기 상태로 돌렸다가 두 명과 동시통화하는 시연을 했다. 이어 그는 아이폰의 SMS 기능을 선보이고 사진 기능을 소개했다. "아이폰은 가장 멋진 사진관리 애플리케이션을 갖추었습니다. 휴대기기용 애플리케이션으로는 당연히 최고이고요. 아마 다른 모든 기기를 통틀어서도 그럴 겁니다." 그는 손가락만을 사용해 사진을 확대하고 조작하는 시범을 보였다. 그러고는 청중을 향해 말했다. "아주 멋지죠. 대단하지 않습니까?"[8]

잡스는 그 순간 정말로 새로운 기능에 흥분한 것처럼 보였다. 청중 앞에서 신제품을 시연하는 그의 모습은 마치 사탕가게에 들어선 아이 같았다.

시연 중에 장난 전화를 건 잡스

시연은 즐겨야 한다. 잡스는 확실히 시연을 즐긴다. 아이폰 시연의 마지막을 장식한 애플리케이션은 구글 맵스였다. 잡스는 구글 맵스로 발표회장에서 가까운 스타벅스 매장을 검색했다. 그는 스타벅스 매장의 목록을 띄운 다음 "전화를 한번 걸어봅시다"라고 말했다. 잠시 후 점원이 전화를 받았다. 잡스는 "안녕하세요. 라떼 4,000잔을 주문하고 싶은데요. … 아니에요. 농담입니다. 전화를 잘못 걸었네요. 안녕히 계세요."[9]라고 말했다. 그 모습에 청중은 큰 웃음을 터뜨렸다.

잡스는 시연 중에 실제로 스타벅스에 장난전화를 걸었다. 그는 종종 이런 식으로 신제품을 선보이는데, 그럴 때마다 그의 열정이 청중에게 고스란히 전달된다. 이처럼 잡스는 사람들이 프레젠테이션을 재미있게 본다는 사실 자체에서 즐거움을 느낀다.

잡스의 다른 시연 사례를 살펴보자. 잡스는 2005년 10월 12일 포토 부스 Photo Booth의 기능들을 설명했다. 포토 부스는 웹캠으로 찍은 사진과 동영상에 다양한 효과를 넣는 소프트웨어다.

잡스는 "이제 여러분에게 포토 부스를 보여드리겠습니다. 이 프로그램은 아주 재미있습니다. 먼저 제 사진을 찍어보지요"라고 말했다. 그는 컴퓨터에 내장된 웹캠을 보면서 웃는 얼굴로 사진을 찍었다. 곧 잡스의 얼굴이 모니터에 나타났다. "대단하죠? 그러면 몇 가지 멋진 효과를 보여드리겠습니다."

시연의 황제, 몬테마뇨

이탈리아 기업가이자 텔레비전 프로그램 진행자인 마르코 몬테마뇨Marco Montemagno는 시연을 적극적으로 활용하는 프레젠테이션의 귀재다.

몬테마뇨는 인터넷과 친숙하지 않은 사람들 수천 명을 대상으로 인터넷 문화를 소개하는 프레젠테이션(http://montemagno.typepad.com/marco_blog/blog_index.html 참조)을 자주 한다. 이때 그는 쉬운 단어를 쓰고, 간단하고 시각적인 슬라이드를 만든다. 그리고 사진, 애니메이션, 동영상을 자주 활용한다. 다음은 그의 역동적인 프레젠테이션에서 발견되는 세 가지 시연 요건이다.

1. **청중에게 할 일을 주어라.** 몬테마뇨는 청중에게 미리 펜과 종이를 나누어준다. 그리고 프레젠테이션을 하다가 옆 사람의 얼굴을 30초 만에 그려달라고 요청한다. 이어 가장 좋아하는 노래와 영화의 제목을 쓰라고 말한다. 그리고 그 종이를 다른 사람들에게 돌리라고 말한다. 그러면 모두가 다른 사람의 종이를 갖게 된다. 이는 인터넷을 통해 정보를 공유하는 일의 의미를 설명한다.

2. **무대를 공유하라.** 몬테마뇨는 청중들 중에서 자원자를 뽑아 무대에 올린다. 그리고 그들에게 티셔츠를 접어달라고 요청한다. 대개 사람들은 약 20초 동안 일반적인 방식으로 티셔츠를 접는다. 자원자가 티셔츠를 접고 나면 몬테마뇨는 유튜브를 통해 5초 만에 티셔츠를 접는 방식을 보여준다. 그리고 청중이 환호하는 가운데 직접 시범을 보인다. 이 시범의 목적은 인터넷이 학문적 정보부터 실용적 정보까지 두루 제공한다는 사실을 알리는 것이다.

3. **자신만의 장기를 활용하라.** 세계적인 탁구선수 출신인 몬테마뇨는 탁구선수를 초대하여 빠르게 탁구공을 주고받으면서 무선 헤드셋을 통해 탁구와 인터넷을 비교 설명한다.

잡스는 곧 열영상, 엑스레이, 앤디 워홀 같은 기능들을 이용하여 재미있는 사진들을 만들었다. 이어 두 손을 비비면서 "이보다 더 재미있는 것이 있습니다. '십대 효과'라는 겁니다"[10]라고 말한 후 얼굴을 우스꽝스럽게 만드는 효과를 넣었다. 청중은 포토 부스를 어린아이마냥 가지고 노는 잡스의 모습을 흥미롭게 바라보았다.

한 가지에 집중하라

애플의 신제품은 다양한 기능을 갖추고 있다. 그러나 잡스는 한 가지에 집중한다. 마치 가장 흥미로운 부분만 보여주는 영화 예고편처럼 말이다. 전체 내용을 알고 싶은 사람은 영화를 보면 된다.

잡스는 2007년 세계개발자회의 기조연설에서 레오파드를 설명하는 데 대부분의 시간을 할애했다. 그러나 종종 그러듯이 마지막에 '한 가지 더' 말할 것이 있다고 덧붙였다. 그가 소개한 것은 '세계에서 가장 혁신적인 브라우저이자 윈도우에서 가장 빠른 브라우저'인 윈도우용 사파리였다. 잡스는 새 브라우저를 소개하겠다고 말한 다음 무대 오른쪽으로 가서 시연을 시작했다. 시연 내용은 익스플로러와 사파리의 속도를 비교하는 것이었다.

스크린에는 두 브라우저가 나란히 보였다. 잡스는 두 브라우저로 동시에 일련의 웹사이트들을 띄웠다. 시연 결과 같은 작업을 하는 데 사파리는 6.64초, 익스플로러는 13.56초가 걸렸다. 잡스는 "사파리가 윈도우에서 가장 빠른 브라우저입니다"[11]라고 결론 내렸다. 전체 시연은 3분이 채 걸리지 않았다. 더 오래할 수도 있었지만 잡스는 단 한 가지 장점에 집중했다. 잡스는 청중을 피곤하게 만들지 않는다. 그는 슬라이드에서 쓸데없는 내용들을 제외하듯, 시연에서도 간단명료하게 메시지를 전달한다.

2006년 애플은 멀티미디어 콘텐츠를 쉽게 만들 수 있는 아이라이프 제품군 중 하나인 개러지밴드에 팟캐스트 스튜디오 기능을 추가했다. 잡스는 이 기능을 소개하면서 이렇게 말했다. "개러지밴드에 멋진 기능들을 많이 추가했습니다. 하지만 오늘은 한 가지만 시연해보겠습니다. 그것은 팟캐스트 스튜디오 기능입니다. 이제 개러지밴드는 팟캐스트를 만드는 최고의 도구가 되었습니다. 정말 대단합니다. 그러면 시연을 해보겠습니다."

잡스는 무대 오른쪽에 놓인 의자에 앉아 4단계 만에 짧은 팟캐스트를 만들었다. 먼저 재미있는 오디오 트랙을 만들었는데, 녹음된 내용은 다음과 같다. "안녕하세요. 스티브입니다. 저의 주간 팟캐스트인 '애플의 소문에 관한 특급비밀'에 오신 것을 환영합니다. 이 팟캐스트는 우리가 가장 좋아하는 회사에 대한 흥미로운 소문들을 다룹니다. 저는 애플 내부에 상당히 좋은 정보원을 두고 있는데요. 제가 들은 내용을 말씀드리자면, 차세대 아이팟이 10인치 모니터에 무게가 3.6킬로그램이나 나가는 거대한 물건이라는 군요. 오늘 방송은 이것으로 마치겠습니다. 다음 주에 만나요."

잡스는 녹음을 마친 다음 배경 이미지와 음악을 넣는 방법을 보여주었다. 그는 작업을 끝내고 "아주 멋지죠? 이것이 개러지밴드에 추가된 팟캐스트 스튜디오입니다"[12]라고 말했다.

팟캐스트 스튜디오 소개가 뛰어나긴 했지만 2005년 개러지밴드 소개에 비할 바는 아니었다. 당시 잡스는 소개를 시작하면서 이렇게 말했다. "오늘 우리는 아주 멋진 프로그램을 소개하려고 합니다. 그것은 아이라이프 제품군에 포함될 다섯 번째 프로그램입니다. 그 이름은 개러지밴드입니다. 개러지밴드가 뭐냐고요? 개러지밴드는 누구나 쓸 수 있는 새로운 음악 프로그램입니다. 저는 음악가가 아닙니다. 그래서 제 친구 존 메이어John Mayer가 시연을 도와줄 겁니다."[13] 소개말을 끝내고 잡스는 맥 앞에, 메이어는 맥에 연결된 미니 키보드 앞에 앉았다. 잡스는 메이어의 연주에 맞춰 베이스, 합창, 기타 등의 소리를 별도로 만들고 각 트랙을 동시에 틀어 합주곡으로 바꾸었다. 그리고 단계마다 자세한 설명을 덧붙여 곡을 만드는 일이 얼마나 쉬운지 보여주었다.

잡스는 시연을 하기 위해 몇 시간 동안 연습해서 전문가 못지않은 실력을 뽐내곤 했다. 그럼에도 불구하고 그는 자신이 모르는 부분을 도와줄 사람을 무대에 올렸다. 개러지밴드의 경우에는 적절하게도 음악가를 초빙했다.

물론 당신이 존 메이어와 같은 음악가를 프레젠테이션에 초대하기는 어렵다. 그러나 청중에게 효과적으로 시연을 보일 수 있는 다른 창의적인 방법이 있다. 언젠가 나는 한 기업가가 벤처투자가들에게 새로운 인터넷 서비스를 소개하는 모습을 보았다. 이 서비스는 10대들을 겨냥한 것이었기 때문에 40대의 기업가가 시연을 보이는 것은 부적절했다. 그는 회사를 소개한 다음 10대 청소년 두 명에게 시연을 맡겼다. 두 청소년은 새로운 서비스를 써보고 좋았던 점을 이야기했다. 이처럼 적절한 시연자를 고른 덕분에 그 시연은 색다르고 설득력 강한 성공적인 시연이 되었다.

학습자의 세 가지 유형

학습자는 시각 학습자, 청각 학습자, 경험 학습자로 구분된다. 시연은 세 가지 유형 모두에게 정보를 전달하는 데 효과적인 방법이다.

- **시각 학습자**: 약 40퍼센트의 사람들은 보는 것을 통해 배우는 시각 학습자다. 시각 학습자에게 효과적으로 정보를 전달하려면 슬라이드에 너무 많은 글을 넣지 말아야 한다. 대신 글이 적고 그림이 많은 슬라이드를 만들어야 한다. 청중은 학습할 수 없는 정보에는 반응하지 않는다.
- **청각 학습자**: 약 20~30퍼센트에 해당하는 청각 학습자는 듣는 것을 통해 배운다. 이 유형의 학습자에게 효과적으로 정보를 전달하려면 3막에서 설명하는 화법을 활용해야 한다. 대표적인 방법은 핵심적인 메시지를 뒷받침할 개인적인 이야기나 생생한 사례를 인용하는 것이다.
- **경험 학습자**: 경험 학습자는 직접 해보고, 움직이고, 만져보는 것을 통해 배운다. 이들은 오래 듣는 일을 따분해 한다. 따라서 경험 학습자에게 효과적으로 정보를 전달하려면 프레젠테이션에 직접 해보는 순서를 넣어야 한다. 가령 잡스처럼 샘플을 돌린다거나 어떤 내용을 작성하게 한다거나 무대에 올리는 일 등이 있다.

'놀라움'이라는 극적 요소를 더하라

잡스는 2005년 세계개발자회의에서 항간에 나돌던 소문이 사실임을 밝혔다. 그 소문은 파워PC 칩을 인텔 프로세서로 바꾼다는 것이었다. 잡스는 프로세서 교체 사실을 발표하면서 인텔 프로세서를 쓰면 OS X 운영체제가 더 원활하게 돌아갈 것이라고 말했다. 그는 OS X가 5년간 '이중생활'을 해왔는데, '만약의 경우에 대비하여' 그동안 비밀리에 두 프로세서에 맞게 개발되고 있었다는 사실을 밝혔다. 또한 그 결과 맥 OS X가 인텔 프로세서로도 노래 부르듯이 잘 돌아간다고 이야기했다.

이어 잡스는 전혀 예상하지 못했던 사실을 말했다. 그는 "사실, 제가 쓰는 이 컴퓨터는…" 하고 말꼬리를 흘리면서 살짝 미소를 지었다. 그제야 시연용 맥이 인텔 프로세서를 쓰고 있다는 사실을 눈치 챈 청중은 웃음을 터뜨렸다. 잡스는 "그러면 성능을 한번 봅시다"라고 말한 다음 무대 한쪽으로 걸어갔다. 그는 의자에 앉아 달력, 이메일, 사진, 웹서핑, 동영상 등 일반적으로 컴퓨터에서 하는 일들을 빠르고 원활하게 해보였다. 약 2분 동안의 시연을 마치고 잡스는 "이것이 인텔 프로세서에서 돌아가는 맥 OS X입니다"[14]라고 말했다.

잡스는 2007년 아이폰을 소개할 때도 인상적인 시연을 선보였다. 그는 아이폰으로 노래를 듣는 법을 보여주었다. 그가 고른 노래는 자신이 좋아하는 레드 핫 칠리 페퍼스 Red Hot Chili Peppers의 곡이었다. 노래가 흘러나오는 도중 필 쉴러 마케팅 부회장의 전화가 걸려왔다. 잡스는 관중석에 있는 쉴러와 통화를 했다. 쉴러는 사진을 한 장 보내달라고 부탁했다. 잡스는 필요한 사진을 찾아 이메일로 보낸 후 다시 음악을 들었다. 이처럼 잡스는 제품의 기능을 생생하게 느낄 수 있도록 적절하게 연극적 요소를 가미할 줄 아는 뛰어난 연출가다.

프레젠터의 노트

》 프레젠테이션을 계획할 때 시연을 포함시켜라. 시연은 짧고 핵심적이며 실질적이어야 한다. 다른 사람을 참여시키는 것도 좋다.

》 시연에 열의를 가져라. 코미디언들은 열의를 가져야 농담이 통한다고 말한다. 마찬가지로 제품에 오락적 요소가 있다면 진심으로 즐겨라.

》 학습자 유형별로 효과적으로 정보를 전달하도록 시연을 구성하라.

13장

절정의 순간을 연출하라

> "사람들은 당신이 한 말과 행동을 잊을 것이다.
> 그러나 당신이 느끼게 만든 감정은 잊지 않을 것이다."
>
> — 마야 안젤루(Maya Angelou)

모든 직장인에게 서류 봉투는 익숙한 물건이다. 사람들은 대개 서류 봉투를 서류를 넣는 물건으로 보지만 잡스는 청중을 놀라게 할 소도구로 보았다.

잡스는 맥북 에어를 소개하면서 "이것이 맥북 에어입니다. 아주 얇아서 서류 봉투에 들어갈 정도입니다"라고 말했다. 이어 그는 무대 한쪽으로 걸어가 서류 봉투를 집어든 다음 맥북 에어를 꺼냈다. 순간 청중은 환호성을 질렀고, 카메라 수백 대가 여기저기서 플래시를 터뜨렸다. 잡스는 마치 아기를 보여주면서 자랑스러워하는 부모처럼 모두가 볼 수 있도록 맥북 에어를 높이 들었다(그림 13.1). 그리고 "얼마나 얇은지 느낌이 오실 겁니다. 그래도 풀사이즈 키보드와 모니터를 갖추었습니다. 놀랍지 않습니까? 세

» **그림 13.1** 극적으로 공개한 맥북 에어를 든 잡스의 모습

(사진) 토니 아벨라 / AFP / 게티 이미지

상에서 가장 얇은 노트북입니다"[1]라고 말했다.

잡스가 맥북 에어를 서류 봉투에서 꺼내는 모습을 담은 사진은 주요 신문과 잡지, 인터넷 사이트에 실렸다. 심지어 서류 봉투처럼 보이는 맥북 에어용 커버까지 나왔다.

잡스가 서류 봉투에서 맥북 에어를 꺼냈을 때 청중은 탄성을 질렀다. 맥북 에어가 상상 이상으로 얇았기 때문이다. ABC 뉴스는 "맥북 에어는 노트북 산업을 재구성할 잠재력을 지녔습니다. 잡스는 서류 봉투에서 맥북 에어를 꺼내 올해 열린 모든 애플 행사에서 가장 놀라운 순간을 연출했습니다"[2]라고 평가했다. 이 극적인 순간은 사실 그전부터 준비된 것이었다. 애플은 프레젠테이션이 있기 전부터 보도자료, 웹사이트 이미지, 광고를 통해 잡스가 서류 봉투에서 맥북 에어를 꺼내는 모습을 노출시켰다. 그리고 잡스는 실제 프레젠테이션에서 시연함으로써 사람들의 정서적 반응을 불러일으켰다.

예술의 경지에 오른 프레젠테이션

2009년 1월 24일 출시 25주년을 맞은 매킨토시는 1980년대에 개인용 컴퓨터시장을 재편한 바 있다. 당시 명령줄로 구성된 구식 인터페이스에 비해 마우스로 입력하는 매킨토시의 직관적인 사용자 인터페이스는 획기적이었다. 매킨토시는 IBM PC보다 사용하기가 훨씬 쉬웠다.

이 매킨토시 공개 행사는 역대 최고로 평가 받았다. 매킨토시는 애플 본사에서 가까운 데안자 De Anza 대학의 플린트센터 Flint Center에서 공개되었다. 2,571석을 가득 채운 직원, 애널리스트, 주주, 기자들은 기대에 들떠 공개를 기다렸다.

잡스는 좋아하는 음악가인 밥 딜런의 말을 인용하는 것으로 프레젠테이션의 막을 올렸다. 그는 매킨토시의 기능을 설명한 후 이렇게 말했다. "이 모든 것들을 IBM PC에 비해 크기와 무게가 3분의 1에 불과한 매킨토시 안에 넣었습니다. 방금 매킨토시 사진들을 보셨습니다. 이제 실물을 보여드리겠습니다. 곧 여러분이 스크린으로 보실 모든 작업은 저 가방 안에 든 매킨토시로 한 것입니다." 잡스는 무대 중앙에 있는 가방을 가리킨 후 그쪽으로 걸어가 매킨토시를 꺼냈다. 이어 전원을 켜고 플로피디스크를 넣었다. 순간 조명이 어두워지고 〈불의 전차〉 주제곡이 흘러나오는 가운데 맥라이트 MacWrite, 맥페인트 MacPaint 등의 사용 화면이 나왔다. 잡스는 음악이 끝난 후 "우리는 최근 매킨토시에 대한 이야기를 많이 했습니다. 오늘은 처음으로 매킨토시에게 직접 말을 시켜보려고 합니다"라고 말했다. 순간 매킨토시에서 다음과 같은 기계음이 흘러나왔다.

"안녕하세요, 저는 매킨토시입니다. 저 가방에서 나와서 정말 좋군요. 사람들 앞에서 말하는 것이 익숙하지는 않지만 제가 IBM 컴퓨터를 처음 만났을 때 들었던 생각을 들려주고 싶습니다. 그것은 여러분이 들 수 없는 컴퓨터를 믿지 말라는 것입니다. 저는 이렇게 말할 수 있지만 지금부터는 저에 대한 이야기를 들어보고 싶습니다. 제가 자랑스럽게 소개할 사람은 제게 아버지와 같은 스티브 잡스입니다."[3] 소개가 끝나자 청중들은 환호성을 지르면서 기립박수를 쳤다.

매킨토시에게 자기 소개를 시킨 것은 엄청난 흥분을 자아낸 멋진 아이디어였다. 지금까지 그 장면을 담은 유튜브 동영상은 50만 회의 조회 수를 기록했다. 이처럼 잡스는 25년이 지난 후에도 사람들이 기억할 만한 인상적인 순간을 만들어냈다. 그야말로 진정한 명 연출자가 아닐 수 없다.

청중의 뇌에 딱 한 가지 주제만 남겨라

인상적인 순간을 만들어내는 비결은 청중의 기억에 각인시키고 싶은 핵심 주제를 찾아내는 것이다. 그리고 청중이 프레젠테이션에 쓰인 슬라이드를 다시 보지 않아도 그 주제를 떠올릴 수 있게 만들어야 한다. 사람들은 세부적인 내용을 대부분 잊어버리겠지만 감정적 자극을 준 내용은 확실하게 기억한다. 애플이 맥북 에어를 출시할 때 내세운 핵심 주제를 떠올려보라. 아마 세상에서 가장 얇은 노트북이라는 문구가 기억날 것이다. 바로 그것이다. 맥북 에어에 대해 더 자세한 내용을 알고 싶은 사람은 애플의 웹사이트나 매장을 방문하면 된다. 프레젠테이션은 경험을 창조하고 헤드라인에 생명을 불어넣기 위한 것이다. 그래야 청중에게 강렬한 인상을 남길 수 있다.

잡스는 1세대 아이팟에 대해 하나의 핵심 메시지를 전달하고 싶어 했다. 그것은 노래 1,000곡을 호주머니에 넣고 다닐 수 있다는 것이었다. 이 간결한 메시지는 프레젠테이션, 보도자료, 홈페이지에서 일관되게 사용되었다. 2001년 10월 잡스는 프레젠테이션에서 이 메시지에 생명을 불어넣었다.

극작가가 먼저 상황을 제시한 다음 줄거리를 풀어가듯, 잡스는 시작하자마자 절정의 순간을 드러내지 않는다. 그는 프레젠테이션을 하면서 드라마를 만들어간다. 그는 아이팟을 공개하면서 차근차근 관련 정보를 제시하다가 결정적인 메시지를 꺼냈다.

"아이팟의 최대 장점은 1,000곡을 넣을 수 있다는 것입니다. 소장한 모든 노래를 항상 들고 다닐 수 있다는 것은 음악 감상법의 엄청난 진보입니다. (당시에 다른 기기들도 1,000곡을 넣을 수 있었다. 그러나 정말 중요한 정보는 다음에 제시되었다.) 그러나 아이팟의 가장 멋진 점은 소장한 모든 노래를 호주머니에 넣고 다닐 수 있다는 것입니다. 아이팟은 휴대성이 대단히 뛰어납니다. 카드 한 벌 크기밖에 안 되거든요. (이때 슬라이드에는 카드 한 벌이 담긴 사진이 나왔다.) 아이팟은 크기가 가로 6센티미터, 세로 10센티미터 정도입니다. 두께는 1.9센티미터입니다. 정말 작지요. 게다가 무게는 지금 여러분의 호주머니에 들어 있는 휴대전화보다 가벼운 0.18킬로그램에 불과합니다. 그래서 아이팟이 놀라운 것입니다. 아이팟은 최고의 휴대성을 자랑합니다. 모양은 이렇게 생겼습니다."

잡스는 일련의 사진들을 보여주었다. 실물은 여전히 공개하지 않았다. 그러다가 "사실, 지금 제 호주머니에 하나가 들어 있습니다!"라고 말하고는 호주머니에서 아이팟을 꺼내 높이 들었다. 청중은 환호성을 질렀다. 그는 잠시 기자들이 사진을 찍을 시간을 준 다음 "이 작고 놀라운 기기는 1,000곡의 노래를 넣을 수 있고, 제 호주머니에 쏙 들어갑니다!"[4]라고 말했다.

〈뉴욕타임스〉는 당시 기사 제목을 '노래 1,000곡을 호주머니에'로 뽑았다. 이보다 좋은 제목은 없었다. 사실상 잡스가 기사 제목까지 정해준 셈이다. 뿐만 아니라 잡스는 열정적인 프레젠테이션으로 아이팟 헤드라인을 사람들의 뇌에 깊이 각인시켰다.

심리적 포스트잇

뇌과학자 존 메디나에 따르면 "뇌는 지겨운 일에 주의를 기울이지 않는다. 뇌는 감정을 자극하는 대상에 주의를 기울인다. 편도체는 신경전달물질인 도파민으로 가득하다. … 뇌가 감정적인 자극을 받으면 편도체는 도파민을 분비한다. 도파민은 기억과 정보 처리에 큰 도움을 주기 때문에 '기억할 것!'이라고 적힌 포스트잇이라고 말할 수 있다."[5]

어떤 생각이나 정보에 대해 수용자의 뇌가 심리적 포스트잇을 붙이도록 핵심 메시지를 전달하면 훨씬 쉽게 기억된다. 이 사실은 프레젠터뿐만 아니라 교사와 부모에게도 의미 있을 것이다.

단순한 통보를 화제의 뉴스로

잡스는 1997년에 임시 CEO로 애플에 복귀했다가 2년 6개월 후 '임시' 딱지를 뗐다. 그는 대부분의 CEO들처럼 보도자료를 통해 그 사실을 알리는 대신 특별한 순간을 준비했다.

2000년 1월 5일, 잡스는 2시간에 걸친 프레젠테이션의 끝에 지나가는 말로 "한 가지 더 말씀드릴 것이 있습니다"라고 말했다. 그러고도 바로 뉴스를 알리지 않았다. 일부러 기대감을 고조시킨 것이다. 잡스는 먼저 프레젠테이션에서 소개했던 인터넷 전략에 기여한 직원들을 일으켜 세워 그들에게 박수를 보냈다. 또한 그래픽대행사와 광고대행사에도 감사 인사를 했다. 이어 그는 자신의 본격적인 귀환을 알렸다. "지난 2년 6개월 동안 애플의 모든 임직원은 열심히 일했습니다. 이 기간 동안 저는 임시 CEO였습니다. 저는 사랑하는 픽사의 CEO이기도 합니다. 저는 2년 6개월이 지난 지금 픽사의 주주들에게 '임시' 딱지를 떼도 상관없다는 사실을 증명했다고 생각합니다. 저는 픽사와 애플에서 여전히 같은 일을 합니다. 다만 오늘 이 자리에서 '임시' 딱지를 떼었다는 사실을 기쁜 마음으로 알립니다."

그 말에 사람들은 의자에서 벌떡 일어나 환호성을 질렀다. 열광적인 반응에 압도당한 잡스는 애플의 재기가 혼자만의 공은 아니었음을 분명하게 밝혔다. 그는 "너무나 기뻐해주시니 당황스럽군요. 애플이 재기한 것은 전 세계에서 가장 재능 있는 사람들이 일하기 때문입니다. 여러분의 환호는 애플 전 직원을 대표해서 받도록 하겠습니다"[6]라고 말했다.

프레젠테이션을 특별한 경험으로 바꾸는 비결

잡스는 2007년 맥월드 기조연설에서 26분 동안 애플 TV를 소개했다. 그리고 12초 동안 아무 말도 하지 않고 물을 한 잔 마신 다음 무대 중앙으로 걸어갔다. 이윽고 잡스는 역사상 가장 뛰어난 제품 발표를 시작했다. 우리는 지금까지 헤드라인과 3의 법칙 등 잡스가 프레젠테이션을 구성하는 몇 가지 원칙을 확인했다. 이번에는 더 긴 내용을 살펴보자. 표 13.1에 나온 순서대로 잡스는 인터넷에 접속하는 새로운 방식을 발표해 업계를 뒤흔들었다.[7]

프레젠테이션 내용	슬라이드 이미지
"오늘은 제가 2년 6개월 동안 기다려왔던 날입니다. 때때로 모든 것을 바꾸는 혁신적인 제품이 등장합니다. 평생 그런 제품을 하나만 만들어도 대단히 운이 좋은 것입니다. 그런 의미에서 애플은 정말 운이 좋았습니다. 혁신적인 제품을 여러 번 세상에 내놓을 수 있었으니까요."	애플 로고
"우리는 1984년에 매킨토시를 출시했습니다. 매킨토시는 애플뿐만 아니라 컴퓨터 산업 전체를 변화시켰습니다."	매킨토시의 사진. 왼쪽 상단에 '1984'라는 숫자가 나타난다.
"2001년에는 아이팟을 출시했습니다. 아이팟은 우리가 음악을 듣는 방식뿐만 아니라 음악 산업 전체를 바꿔놓았습니다."	아이팟 사진. 왼쪽 상단에 '2001'이라는 숫자가 나타난다.
"오늘 우리는 그 정도 수준에 속하는 세 가지 혁신적인 제품을 소개하려고 합니다."	애플 로고
"우선 와이드 터치스크린을 가진 아이팟입니다."	같은 설명을 단 아이팟 그림
"두 번째는 혁신적인 휴대전화입니다."	같은 설명을 단 휴대전화 그림
"세 번째는 획기적인 인터넷 통신기기입니다."	같은 설명을 단 나침반 그림
"자, 지금까지 와이드 터치스크린을 가진 아이팟, 혁신적인 휴대전화, 획기적인 인터넷 통신기기, 이 세 가지를 말씀드렸습니다."	'아이팟, 휴대전화, 인터넷'이라는 문구와 함께 세 가지 이미지가 나타난다.
이제 감이 잡히십니까? 이 세 가지는 별도의 기기가 아닙니다."	세 가지 이미지가 회전한다.
"모두 하나의 기기입니다. 우리는 그것을 아이폰이라고 부릅니다."	'아이폰'
"오늘 애플은 휴대전화를 재발명합니다!"	'애플이 휴대전화를 재발명하다'
"바로 이것입니다." (웃음)	스크롤 휠 대신 낡은 회전식 다이얼이 그려진 아이팟 사진

》 표 13.1 절정의 순간을 연출하는 잡스 식 슬라이드 구성

웃음소리가 잦아든 후 잡스는 기존 스마트폰들의 한계를 지적하고 실제 아이폰을 공개한 다음, 핵심적인 기능들을 설명했다. 전체 프레젠테이션을 보면 표 13.1에 정리된, 약 3분에 걸친 소개가 가장 인상적인 부분임을 알 수 있다.

잡스가 특별한 경험을 만들기 위해 청중의 기대를 천천히 고조시키는 과정을 살펴보라. 그는 이렇게 말할 수도 있었다. "다음에 소개할 제품은 아이폰입니다. 아이폰은 애플이 스마트폰 시장에 진입하면서 내놓는 첫 작품입니다. 이렇게 생겼습니다. 그러면 지금부터 기능을 자세히 설명해드리겠습니다." 그러나 이런 내용으로는 강렬한 인상을 줄 수 없다. 실제 소개 과정에서는 한마디씩 말할 때마다 청중의 기대를 고조시켰다. 사람들은 잡스가 과거의 혁신적인 제품들을 소개할 때 이렇게 생각했을 것이다. '세 번째 혁신적인 제품이 과연 뭘까? 이제 발표할 모양이군. 잠깐, 세 가지나 된다고? 세상에, 알고 봤더니 하나잖아! 저 기능들을 한 제품에 다 넣었다니. 잘 봐야겠어!'

잡스의 모든 프레젠테이션은 청중을 놀라게 하는 절정의 순간을 연출한다. 무대의 중심에는 제품이 있고 잡스는 연출자 역할을 한다. 그는 프레젠테이션 세계의 스티븐 스필버그다. 스필버그의 영화에서 가장 기억나는 부분이 무엇인가? 스필버그는 언제나 관중의 기억에 오랫동안 남을 만한 장면을 만든다. 〈인디애나 존스: 잃어버린 성궤를 찾아서〉에서는 인디애나 존스가 권총을 뽑아 칼을 휘두르는 악당을 죽이는 장면이 그렇고, 〈ET〉에서는 ET

가 집으로 전화를 걸어달라고 부탁하는 장면이 그렇다. 잡스도 절정의 순간을 연출하여 프레젠테이션을 특별한 경험으로 만든다.

잡스는 지난 30년 동안 프레젠테이션을 하면서 의상, 슬라이드, 진행 방법 등 많은 부분을 바꾸었다. 그러나 단 한 가지는 변하지 않았다. 그것은 극적인 요소에 대한 애정이다.

인상적인 이야기를 들려주어라

반드시 중요한 신제품을 발표해야만 인상적인 순간을 만들 수 있는 것은 아니다. 사실 아이팟 같은 획기적인 신제품을 발표할 기회를 얻는 사람은 아주 드물다. 개인적인 이야기처럼 단순한 내용도 얼마든지 인상적일 수 있다.

언젠가 나는 대형 유기농업체와 함께 일한 적이 있다. 이 업체의 경영진은 유기농 작물이 일반 작물보다 낫다는 사실을 증명하기 위해 지루한 통계로 슬라이드를 가득 채웠다. 통계는 보조자료로서 나름대로 가치가 있었다. 그러나 프레젠테이션에는 인상적인 부분이 전혀 없었다. 내용을 개선하려고 회의를 하던 도중 한 농부가 이런 이야기를 들려주었다. "과거에 일반적인 농법으로 농사를 지을 때는 일을 마치고 집에 돌아와서 아이들을 껴안을 수 없었어요. 먼저 옷을 세탁하고 샤워를 해야 했지요. 하지만 지금은 해로운 약물을 몸에 묻힐 일이 없으니까 상추밭에서 일하다가 집에 들어가서도 바로 아이들을 안아줄 수 있어요."

7년이 지난 지금 나는 그 업체가 했던 프레젠테이션의 내용은 전부 잊어버렸다. 그러나 농부가 들려준 이야기는 기억한다. 그 이야기는 내게 감정적 자극을 준 프레젠테이션의 하이라이트였다.

프레젠터의 노트

》 절정의 순간을 연출하라. 반드시 획기적인 내용일 필요는 없다. 개인적인 이야기를 들려주거나, 새로운 정보를 공개하거나, 시연을 하는 것으로도 인상적인 순간을 만들 수 있다. 스티븐 스필버그 같은 영화 감독들은 감정을 자극하고 웃거나 생각하게 만드는 장면을 넣기 위해 고심한다. 사람들은 멋지고 인상적인 순간들을 좋아한다. 그 순간을 프레젠테이션에서 구현하라. 그 내용이 뜻밖의 것일수록 좋다.

》 절정의 순간을 위한 각본을 짜라. 결정적인 순간을 드러내기 전에 기대를 고조시켜라. 뛰어난 소설이 첫 장에 모든 줄거리를 쏟아내지 않듯, 프레젠테이션에서도 단계적인 과정이 필요하다. 브루스 윌리스가 나오는 〈식스 센스〉를 보았는가? 이 영화의 핵심적인 장면은 마지막에 나오는데, 사람들이 예상하지 못한 반전을 보여준다. 이처럼 프레젠테이션에 청중을 놀라게 할 요소를 넣어라.

》 절정의 순간을 드러내는 연습을 하라. 연습 부족으로 절정의 순간을 망치는 실수를 저질러서는 안 된다. 결정적인 순간은 자연스럽고 능숙하게 연출되어야 한다. 시연과 슬라이드에 문제가 없도록 철저하게 점검하라.

막간극 2

스티브 잡스 대신 무대에 서야 한다면

애플의 마케팅 부회장 필 쉴러는 2009년 1월 6일 대단히 어려운 일을 맡았다. 그는 잡스 대신 맥월드에서 기조연설을 하게 되었다. 게다가 애플은 그전 해에 2009년에는 맥월드가 마지막이 될 것이라고 발표한 바 있었다.

쉴러는 30년 넘게 큰 무대에서 눈부시게 활약해온 스티브 잡스와 비교당하는 불운한 처지에 놓였다. 그러나 그는 잡스의 프레젠테이션이 갖춘 최고의 요소들을 잘 살려서 훌륭한 프레젠테이션을 했다. 다음은 잡스와 쉴러가 충실하게 구현한 성공적인 프레젠테이션의 일곱 가지 원칙이다.[1]

» **트위터 식 헤드라인을 만들어라**: 쉴러는 기조연설을 시작하면서 바로 주제를 밝혔다. 그는 처음부터 "오늘은 전적으로 맥에 대해 이야기하겠습니다"라고 말했다. 이 말은 지난 2년 동안 잡스가 기조연설에서 시작했던 말을 연상시킨다. 잡스는 2008년 맥북 에어를

발표하기 전에 특별한 일이 일어나고 있다고 말했고, 2007년에는 아이폰을 발표하기 전에 애플이 역사를 만들 것이라고 말하여 간결하면서도 핵심을 드러내는 헤드라인을 제시했다.

» **로드맵을 그려라**: 쉴러는 기조연설을 시작하면서 간단하게 주제를 제시했고, 그 뒤에도 계속 상기시켰다. 또한 그는 기조연설을 세 부분으로 나누어 소개했다. "오늘 여러분에게 세 가지 새로운 내용을 말씀드리겠습니다." 첫 번째는 새로운 버전의 아이라이프였다. 두 번째는 새로운 버전의 아이워크iWork였다. 세 번째는 17인치 맥북 프로였다.

» **숫자에 옷을 입혀라**: 쉴러는 잡스와 마찬가지로 숫자에 의미를 더했다. 그는 매주 고객 340만 명이 애플 매장을 찾는다고 말했다. 그리고 청중이 이해하기 쉽게 "매주 맥월드가 100번 열리는 것과 같습니다"라고 설명했다.

» **시연을 활용하라**: 시연은 잡스의 프레젠테이션에서 중요한 역할을 한다. 쉴러 역시 효율적으로 시연을 활용했다. 그는 잡스처럼 무대에 마련된 컴퓨터 앞에 앉아 09 버전의 아이라이프와 아이워크가 가진 새로운 기능들을 직접 보여주었다. 나는 개인적으로 그래픽 디자인에 대한 전문성이 없어도 누구나 잡스와 같은 슬라이드를 만들 수 있게 해주는 키노트의 새로운 기능들이 좋았다.

» **무대를 공유하라**: 쉴러는 무대를 독차지하지 않았다. 그는 잡스가 그랬던 것처럼 신제품을 담당한 실무자들을 무대에 올렸다. 가령

동영상 편집 프로그램 아이무비iMovie의 새로운 버전을 소개할 때는 담당 엔지니어에게 시연을 맡겼다. 또한 17인치 맥북 프로의 혁신적인 배터리를 소개할 때는 한 번의 충전으로 8시간 지속되는 배터리를 개발한 과정을 담당자가 직접 설명하는 동영상을 보여주었다. 이렇듯 쉴러는 무대를 공유할 뿐 아니라 시연을 실무자에게 맡김으로써 보다 생생한 프레젠테이션을 구현했다.

» **시각적인 슬라이드를 만들어라:** 잡스의 슬라이드에는 단어가 많이 들어가지 않는다. 쉴러의 슬라이드 역시 마찬가지였다. 그가 초반에 보여준 몇 장의 슬라이드는 간단한 사진으로만 구성되었다. 또한 쉴러의 슬라이드에는 글머리 기호가 없었다. 그전 해 전 세계적으로 문을 연 새 애플 매장을 소개한 후 새로운 제품들의 기능을 소개할 때도 스크린에는 최소한의 단어만 보였다. 그리고 단어가 들어갈 때는 종종 이미지가 같이 제시되었다. 애플 웹사이트나 Slideshare.net에서 그가 사용한 실제 슬라이드를 확인할 수 있다.[2]

» **절정의 순간을 연출하라:** 쉴러는 잡스처럼 프레젠테이션을 마치기 전에 "한 가지 더" 발표하겠다고 말했다. 그는 이전처럼 3의 법칙을 적용해 아이튠즈의 새로운 점을 소개했는데, 그해 아이튠즈에 세 가지 변화가 있을 것이라고 말했다. 그 내용은 가격 구조가 변하고, 아이폰 3G 네트워크로 노래를 다운로드할 수 있으며, 모든 노래가 DRM 프리(디지털 저작권 관리 장치 해제-옮긴이)로 제공된

다는 것이었다. 청중은 '오늘부터' 800만 곡이 DRM 프리로 제공될 것이고, 분기 말까지 모든 곡을 DRM 프리로 제공하겠다는 쉴러의 말에 큰 박수를 보냈다. 쉴러는 아이튠즈가 DRM 프리로 곡들을 제공한다는 내용이 중요한 헤드라인이 될 것임을 알고 마지막까지 아껴두었던 것이다. 실제로 언론은 그 내용을 중점적으로 다루었다.

3막

다듬고 연습하라

지금까지 스티브 잡스가 프레젠테이션을 준비하고, 말과 슬라이드를 통해 이야기를 풀어가며, 조연을 등장시키고 시연을 보이고 절정의 순간을 연출하는 방법들을 살펴보았다. 끝으로 청중과의 정서적 교감을 위해 프레젠테이션을 다듬고 연습하는 방법을 배워보자. 이 마지막 단계는 무대에서 리더처럼 말하고 행동하고 싶은 사람에게 반드시 필요하다. 3막에서 살펴볼 내용은 다음과 같다.

》 **14장 : 무대 연출을 마스터하라.** 말하는 내용만큼 말하는 방법도 중요하다. 여러 조사 결과에 따르면 몸짓과 말투는 사람들에게 남기는 인상의 63~90퍼센트를 좌우한다. 무대에서 보이는 잡스의 모습은 전달하는 내용만큼 강렬한 인상을 준다.

》 **15장 : 자연스러운 모습을 보여라.** 잡스만큼 연습을 많이 하는 사람은 드물다. 가까운 사람들은 그가 얼마나 오래 프레젠테이션을 준비하는지 안다. 조사 결과에 따르면 특정한 기술의 숙달 정도는 연습 시간에 정확하게 비례한다. 이 장에서는 잡스가 프레젠테이션을 어떻게 얼마나 연습하는지 살펴볼 것이다.

>> **16장 : 적절한 복장을 갖춰라.** 잡스만큼 편하게 옷을 고르는 사람은 없을 것이다. 그는 모든 프레젠테이션에서 같은 옷을 입는다. 잡스의 복장은 코미디 프로그램에서 농담거리로 삼을 만큼 널리 알려져 있다. 물론 그는 그렇게 입어도 되지만 이를 섣불리 따라했다가는 경력에 큰 손상을 입을 수 있다. 이 장에서는 프레젠테이션에 맞게 옷을 입는 방법을 배워보자.

>> **17장 : 각본을 버려라.** 잡스는 스크린이 아니라 사람들을 보고 이야기한다. 그는 충분한 연습을 거쳤기 때문에 사람들과 눈을 마주치며 이야기할 수 있다. 이 장에서는 청중과 소통할 수 있도록 연습하는 방법을 배울 것이다.

>> **18장 : 즐겨라.** 세심하게 준비해도 항상 계획대로 일이 진행되는 것은 아니다. 그래도 잡스는 당황하지 않는다. 프레젠테이션을 즐기기 때문이다.

14장

무대 연출을 마스터하라

"나는 스티브의 에너지와 열정에 매혹당했다."

– 길 아멜리오

스티브 잡스는 강한 카리스마를 가졌다. 그의 목소리와 몸짓은 자신감과 에너지를 뿜어낸다. 2003년 맥월드 기조연설을 보면 잡스의 열정이 생생하게 느껴진다. 표 14.1은 티타늄 파워북을 소개하는 잡스의 말과 행동을 정리한 것이다.[1] 진하게 표시된 부분은 그가 강조한 말이다.

말	행동
"우리는 2년 전 **기념비적인 제품**을 소개했습니다. 티타늄 파워북은 **출시하자마자** 최고의 노트북이 되었습니다. 사람들이 가장 사고 싶어 하는 노트북이 된 것이지요."	검지를 치켜세운다.
"모두가 그렇게 평가했습니다."	손바닥을 위로 한 채 두 팔을 벌린다.

"놀라운 점이 뭔지 아십니까? 바로 **2년 동안** 누구도 우리를 따라잡지 못했다는 것입니다."	오른손의 두 손가락을 세운다.
"**지금도** 거의 모든 전문가들은 티타늄 파워북이 최고의 노트북이라고 말합니다. 그에 **근접한** 제품조차 없어요."	왼손으로 허공을 내리친다.
"이 사실은 우리에게 대단히 중요합니다. 왜냐하면 언젠가 노트북이 **데스크톱보다** 더 많이 팔릴 것이라고 생각하기 때문입니다. … 우리는 **더 많은 데스크톱을** 노트북으로 바꾸고 싶습니다."	두 손을 넓게 벌린다.
"그러면 어떻게 해야 할까요? 앞으로 어떤 제품을 내놓아야 할까요? 티타늄 파워북은 기념비적인 제품이기 때문에 계속 남을 것입니다. 그러나 우린 **더 많은 데스크톱 이용자들을** 끌어들이기 위해 한 단계 더 나아갈 것입니다."	손을 오른쪽에서 왼쪽으로 움직인다.
"그러면 우리가 어떤 제품을 만들었을까요?"	잠시 멈춘다.
"바로 새 **17인치 파워북**입니다. 이 제품은 17인치 와이드 스크린을 갖추었습니다."	다시 손바닥을 위로 해서 두 팔을 벌린다.
"이 제품은 **정말 멋집니다**."	잠시 멈춘다.
"닫으면 두께가 **2.5센티미터**밖에 안됩니다."	왼손으로 얇다는 표시를 한다.
"이 제품은 **역대 가장 얇은** 노트북입니다. 그러면 실물을 보여드리겠습니다. 바로 여기 있습니다."	청중을 바라보면서 무대 오른쪽으로 걸어간다.
"이것은 우리가 만든 가장 놀라운 제품입니다."	컴퓨터를 들어서 연다.
"새 17인치 파워북입니다. 대단하지요. 모니터를 보세요."	모니터를 보여준다.
"얼마나 얇은지 보세요. 놀랍지 않습니까? 모양도 아주 예쁩니다."	컴퓨터를 닫고 들어 보인다.
"이 제품은 **세상에서 가장 진보한** 노트북입니다. 경쟁자들은 아직 우리가 2년 전에 소개한 제품 수준도 따라잡지 못했습니다. 그런데 이 제품에는 어떻게 대응할지 모르겠군요."	웃으면서 청중을 바라본다.

》 **표 14.1** 열정과 에너지를 발산하는 잡스 식 강조법

물론 잡스가 제품을 설명하는 내용은 중요하다. 그러나 그 내용을 전달하는 스타일도 중요하다. 그는 모든 문장에서 핵심 단어를 힘주어 말한다. 그리고 활발한 몸짓으로 내용을 뒷받침한다. 앞으로 잡스의 화법과 몸짓에 대해 더 자세히 살펴볼 것이다. 그 전에 잡스의 기술이 얼마나 뛰어난지 살펴보자.

무대를 죽이는 초대 손님

잡스는 2007년 맥월드에서 아이폰을 소개하면서 싱귤러/AT&T CEO인 스탠 시그먼 Stan Sigman 을 초대했다. 두 사람은 협력 관계에 대해 간단히 대화를 나눌 예정이었다. 시그먼은 무대에 오르자마자 분위기를 침울하게 만들었다. 그는 호주머니에 손을 넣고는 낮고 단조로운 목소리로 인사말을 했다. 그리고 대사를 적은 쪽지를 꺼내 그대로 읽었다. 당연히 시그먼은 사람들을 바라보지 않았고, 말은 자주 끊겼다. 그가 대사를 읽은 6분은 마치 30분처럼 느껴졌다. 청중은 조바심을 내면서 잡스의 차례가 돌아오기만을 기다렸다.

이 행사를 실시간으로 중계한 CNN의 블로그에는 이런 내용의 글이 올라왔다. "시그먼은 굳은 자세로 대사를 읽는군. 내용을 확인하려고 중간에 말을 멈추는 경우도 많아. 반면 입심 좋은 잡스는 오늘도 검은색 터틀넥 스웨터에 물 빠진 청바지를 입었어. … 잡스는 기업계 최고의 배우야. 각본은 거의 쳐다보지 않고 즉흥적으로 농담을 던지지." 블로거들은 시그먼이 말하는 동안에도 "각본만 읽는 저 사람은 누구야?" "무슨 말이 저렇게 많아" "짜증 날 정도로 못하네" "졸려"와 같은 반응들을 올렸다.

시그먼은 그해 AT&T를 떠났다. 맥월드닷컴은 그 소식을 이렇게 전했다. "시그먼은 잡스의 현실왜곡장을 완전히 무력화시키고 청중을 잠에 빠뜨린 사람으로 기억될 것이다. 그 후 그는 가혹하게도 독설가인 스콧 본 Scott Bourne의 농담거리가 되었다. … 은퇴한 시그먼은 앞으로 무엇을 할까? 일설에 따르면 빈곤층 청소년을 대상으로 대중연설 워크숍을 진행할 것이라고 한다."[2]

시그먼은 AT&T에서 42년간 근무하면서 말단 직원에서 무선사업부 책임자의 자리에까지 올랐다. 그러나 많은 사람들은 그의 리더십을 체감하지 못했다. 시그먼은 맥월드에서 보인 맥없는 모습으로 오랫동안 기억될 것이다. 물론 그것은 그의 잘못이 아니었다. 잡스라는 최고의 프레젠터와 같은 무대에 서야 했고, 물론 이 책을 읽어보지도 못했기 때문이다.

청중의 마음을 움직이는 보디랭귀지

잡스는 애플 CEO인 존 스컬리와 오랫동안 경영권 다툼을 벌인 끝에 1985년에 애플을 떠났다. 그러다가 11년 후인 1996년에 당시 CEO인 길 아멜리오가 잡스의 넥스트 NeXT를 4억 2,700만 달러에 인수하기로 결정하면서 당당히 애플로 돌아왔다. 아멜리오는 《최전선에서: 애플에서 보낸 500일 On the Firing Line: My Five Hundred Days at Apple》이라는 책에서 "나는 스티브의 에너지와 열정에 매혹당했다. 그가 열정적인 모습으로 내면의 충만한 힘을 발산하는 모습을 기억한다"[3]고 썼다.

잡스는 무대에 설 때 활기를 얻는다. 무대에서 드러나는 그의 에너지는 한계가 없는 것처럼 보인다. 잡스는 에너지가 최고조일 때 뛰어난 프레젠테이션에 필요한 세 가지 행동을 한다. 그것은 청중과 눈을 맞추고, 열린 몸짓을 하고, 손짓을 활용하는 것이다.

눈 맞추기

잡스처럼 뛰어난 프레젠터들은 일반적인 프레젠터들보다 현저하게 자주 청중과 눈을 맞춘다. 그들은 스크린이나 각본을 읽는 일이 드물다. 물론 잡스는 각본을 완전히 없애지 않는다. 그는 종종 시연을 할 때 청중의 눈에 띄지 않게 각본을 참고하는데, 키노트는 청중이 스크린을 보는 동안 프레젠터가 각본을 읽기 쉽게 만들어준다. 그러나 잡스는 각본을 읽는 표시를 전혀 내지 않는다. 그는 거의 언제나 청중과 눈을 맞춘다. 가끔 슬라이드를 보더라도 금세 청중에게로 시선을 돌린다.

대부분의 프레젠터들은 슬라이드에 나오는 내용을 그대로 읽는 데 너무 많은 시간을 들인다. 또, 시연을 할 때는 아예 청중을 쳐다보지 않는다. 그러나 연구 결과에 따르면 눈 맞추기는 정직과 자신감을 반영한다. 눈길을 피하면 자신감이 없다는 인상을 준다. 따라서 청중과 교감을 유지하려면 항상 눈을 맞춰야 한다.

잡스는 몇 주에 걸쳐 연습을 하기 때문에 줄곧 청중을 보면서 자신 있게 프레젠테이션을 진행할 수 있다(15장 참조). 그는 슬라이드의 내용을 꿰뚫고 있으며, 각 슬라이드마다 어떤 말을 해야 할지 정확하게 안다. 잡스는 연습을 거듭하면서 전달할 내용을 숙지하고 실전에서는 자연스럽게 청중과 소통한다. 그러나 대부분의 프레젠터들은 충분한 연습을 하지 않는다. 이는 실전에서 여지없이 드러나고 만다.

잡스가 청중과 눈을 잘 맞추는 두 번째 이유는 슬라이드를 시각적으로 구성하기 때문이다. 종종 그의 슬라이드에는 아무 단어도 등장하지 않는다(8장과 17장 참조). 단어가 나와도 한 슬라이드에 한 단어만 나오는 경우가 많다. 슬라이드를 시각적으로 구성하면 프레젠터는 청중을 향해 세부적인 내용을 전달할 수밖에 없다.

열린 몸짓

잡스는 프레젠테이션을 할 때 팔짱을 끼거나 연단 뒤에 서는 경우가 드물다. 그는 '열린' 몸짓을 한다. 몸짓이 '열렸다'는 것은 청중과의 사이에 아무런 장애물도 존재하지 않는 것을 말한다. 잡스는 시연을 할 때도 컴퓨터가 청중의 시야를 가리지 않도록 옆으로 앉는다. 그리고 컴퓨터로 특정한 작업을 하고 나면 바로 청중을 향해 방금 자신이 한 일을 설명한다. 그래서 오랜 시간 동안 청중과 계속 눈을 맞춘다. 잡스는 초기 프레젠테이션에서는

》 **그림 14.1** 강렬한 눈 맞춤, 손동작, 열린 자세로 관객과 교감하는 스티브 잡스

(사진) 존 G. 마반글로(John G. Mabanglo) / AFP / 게티 이미지

1984년 매킨토시를 소개할 때처럼 연단 뒤에 섰다. 그러다 곧 연단을 버리고 다시는 사용하지 않았다(2005년에 했던 스탠포드대학 졸업축사는 예외다).

말을 보완하는 손짓

잡스는 거의 모든 문장에서 말을 보완하는 손짓을 쓴다. 반면 구식적인 사고방식을 가진 몇몇 프레젠테이션 코치들은 손으로 스크린을 가리키라고 말한다. 언제부터 그랬는지는 모르지만 그런 행동은 프레젠테이션을 어색하게 만든다. 항상 손으로 스크린을 가리키는 프레젠터는 경직되고 사무적이며 어색하게 보이기 때문이다. 잡스처럼 뛰어난 프레젠터들은 일반 프레젠터보다 손짓을 더 많이 한다.

시카고대학의 데이빗 맥닐 David McNeill 박사는 1980년대부터 손짓에 대한 광범위한 연구를 해왔다. 그의 연구 결과에 따르면 손짓과 말은 밀접하게 연관되어 있다. 손짓은 사고 과정을 분명하게 만들어 더 잘 말하도록 도와준다. 맥닐 박사는 오히려 신경 써서 자제해야만 손짓을 하지 않을 수 있다고 지적한다. 열정과 자신감을 가진 사람은 손짓으로 생각의 명확성을 드러낸다. 손짓은 사고 과정을 보여주는 창문인 셈이다.

중요한 내용은 손짓으로 강조해야 한다. 그러나 너무 지나친 손짓으로 부자연스럽게 보이지 않도록 주의해야 한다. 다시 말해서 잡스를 흉내 내려 하지 말고 자신만의 리듬을 따라야 한다.

스타일 있게 말하라

잡스는 몸짓만큼 화법도 효율적으로 활용한다. 그가 전달하는 프레젠테이션 내용, 슬라이드, 시연은 모두 흥분을 자아낸다. 이 모든 요소를 아우르는 것은 그만의 화법이다. 잡스는 2007년 1월 아이폰을 소개하면서 대단히 정교하게 짜인 이야기를 들려주었는데, 그의 화법은 프레젠테이션에 극적 긴장감을 더했다. 우리는 앞에서 당시 잡스의 프레젠테이션 내용과 슬라이드 이미지를 살펴보았다. 이번에는 그가 말한 방식을 살펴보자. 프레젠테이션은 여러 가지 요소가 합쳐져야 비로소 완성된다. 아무리 슬라이드가 좋고 이야기가 흥미롭다고 해도 전달하는 방식이 잘못되면 아무 쓸모가 없다. 잡스는 긴장감과 흥미를 고조시키기 위해 화법을 변화시킨다. 지루하고 단조로운 말투로 내용을 전달하는 것만큼 프레젠테이션에 들인 노력을 무의미하게 만드는 일은 없다. 잡스는 절대로 그런 잘못을 저지르지 않는다. 그는 모든 프레젠테이션에서 다음 네 가지 방법으로 내용에 변화를 준다.

억양

잡스는 내용에 따라 억양을 높이거나 낮춘다. 그가 시종일관 같은 억양으로 아이폰을 소개했다면 얼마나 무미건조했을지 생각해보라. 잡스는 "이제 감이 잡히십니까? 이 세 가지는 별도의 기기가 아닙니다"라고 말할 때 억양을 높였다. 그는 많은 프레젠테이션에서 '믿을 수 없다' '대단하다' '멋지다' '엄청나다' 같은 표현을 즐겨 쓴다. 이런 표현들은 다른 단어들과 똑같은 억양으로 전달하면 충분한 효과를 내지 못한다. 하지만 잡스는 자주 억양을 바꿔 청중의 주의를 집중시킨다.

침묵

적절한 시기에 말을 멈추는 것만큼 효과적인 화법은 없다. 그런 면에서 잡스는 침묵 활용의 대가다. 그는 맥북 에어를 소개하면서 "오늘 우리는 세 번째 노트북을 소개하려고 합니다"라고 운을 뗐다. 그리고 잠시 말을 끊은 다음 "그 노트북의 이름은 맥북 에어입니다"라고 말한 뒤 "맥북 에어는 세상에서 가장 얇은 노트북입니다"[4]라고 헤드라인을 언급했다.

잡스는 프레젠테이션을 서두르지 않는다. 그는 프레젠테이션의 자연스런 흐름을 살릴 줄 안다. 그래서 종종 핵심적인 내용을 말한 후에는 몇 초 동안 아무 말도 하지 않는다. 반면 대부분의 프레젠터들은 내용을 빨리 전달하는 데 급급하다는 인상을 준다. 그 이유는 허락된 시간에 비해 너무 많은 내용을 각본에 넣었기 때문이다. 잡스는 결코 서두르지 않는다. 그는 메시지가 확실하게 전달되도록 말을 늦추거나 멈추는 시간까지 고려하여 세심하게 사전 리허설을 한다.

목소리 크기

잡스는 극적 긴장감을 더할 때 목소리를 낮추거나 높인다. 특히 멋진 신제품을 발표할 때 이 방법을 쓴다. 잡스는 중대 발표를 앞두고 목소리를 낮췄다가 결정적인 순간에 목소리를 높인다. 반대로 하는 경우도 있다. 예컨대 1세대 아이팟을 소개할 때 목소리를 높여 "소장한 모든 노래를 항상 들고 다닐 수 있다는 것은 음악 감상법의 엄청난 진보입니다"라고 말한 뒤, 다시 목소리를 낮춰 "그러나 아이팟의 가장 멋진 점은 소장한 모든 노래를 호주머니에 넣고 다닐 수 있다는 것입니다"[5]라고 핵심 내용을 전달했다. 이처럼 목소리 크기를 조절하면 억양 변화와 침묵처럼 청중의 주의를 끌 수 있다.

속도

잡스는 문장에 따라 말하는 속도를 바꾼다. 대개 시연을 할 때는 보통 속도로 말하지만 헤드라인이나 핵심 메시지를 전달할 때는 속도를 늦춘다. 그는 아이팟을 소개할 때 목소리를 낮추는 동시에 말하는 속도를 늦춰 긴장감을 조성했다. 아래 표 14.2는 당시 프레젠테이션 내용에서 속도와 관련된 핵심 부분을 간추린 것이다.[6]

프레젠테이션 내용	화법
"여러분은 이렇게 생각하실 수도 있습니다. '멋지군. 하지만 내 아이북으로도 아이튠즈를 쓸 수 있어. 그걸로 충분히 만족해. 배터리 지속 시간이 10시간은 안 되지만 다른 노트북보다는 낫지.'"	말하는 속도를 늦춤
"그러면 아이팟은 어떤 점이 그렇게 특별할까요?"	목소리를 낮추었다가 멈춤
"아이팟은 휴대성이 대단히 뛰어납니다. 아이북도 들고 다니기 좋지만 아이팟은 그보다 훨씬 좋습니다. 제 말이 무슨 뜻인지 보여드리죠."	말하는 속도를 높임
"아이팟은 카드 한 벌 크기밖에 안 됩니다. 크기가 가로 6센티미터, 세로 10센티미터 정도에 두께는 1.9센티미터입니다. 정말 작지요. 게다가 무게는 지금 여러분의 호주머니에 들어 있는 휴대전화보다 가벼운 0.18킬로그램에 불과합니다. 그래서 아이팟이 놀라운 것입니다."	말하는 속도를 늦추고 목소리를 낮춤
"아이팟은 최고의 휴대성을 자랑합니다."	좀 더 목소리를 낮추어 거의 속삭이듯 말함

》 표 14.2 내용에 따라 말의 속도와 목소리에 변화를 주는 잡스 식 화법

열정의 화법 vs 따분한 화법

시스코 CEO인 존 챔버스는 평소 자신감 넘치는 연설을 하기로 유명하다. 그의 프레젠테이션을 처음 접한 사람들은 종종 충격을 받는다. 챔버스는 목사처럼 청중 사이를 돌아다닌다. 무대에서 보내는 시간은 초반 1~2분에 불과하다. 그는 인사말을 마친 뒤 바로 청중에게 다가가 눈을 맞추고 이름을 부르며, 어깨에 손을 얹기도 한다. 그만한 자신감을 보이는 사람은 드물다.

나는 챔버스의 자신감이 오랜 시간에 걸친 끝없는 연습의 결과라는 사실을 안다. 그는 슬라이드 내용과 말할 내용을 완벽하게 외운다. 챔버스의 프레젠테이션을 본 사람들은 한결같이 '놀라운' 경험이었다고 말한다. 당신도 놀라운 프레젠테이션을 할 수 있다. 그러기 위해서는 치열하게 연습하고 몸짓과 화법에 집중해야 한다.

반면 청중의 시간을 죽이고 답답하게 만드는 화법도 있다. 벤 스타인Ben Stein은 1986년에 나온 〈페리스 부엘러의 휴일 Ferris Bueller's Day Off〉이라는 영화에서 경제학 교사 역할을 맡았다. 그는 끔찍할 정도로 지루하고 단조롭게 수업을 했다. 그가 관세법을 설명하는 동안 학생들은 지겨워 죽겠다는 표정을 지었다. 한 학생은 아예 책상에 엎드려 침을 흘리면서 잠을 잤다. 그 정도로 그의 수업은 따분했다.

만약 스타인이 같은 화법으로 잡스의 프레젠테이션 각본을 읽었다면 역사상 가장 길고 지루한 프레젠테이션이 되었을 것이다. 이처럼 화법은 프레젠테이션의 효과를 좌우하는 중요한 요소다.

리더처럼 말하고 행동하라

몸짓과 화법이 프레젠테이션에서 별로 중요하지 않은 '부차적인 기술'이라고 생각해서는 안 된다. 앨버트 메라비언 Albert Mehrabian UCLA 교수는 저서 《침묵의 메시지 Silent Messages》에서 표현과 의사소통에 대한 연구 결과를 소개했다.[7] 그는 대화에서 비언어적 요소가 가장 큰 영향을 미친다는 사실을 발견했다. 또, 두 번째로 큰 영향력을 발휘하는 요소는 억양이며 세 번째는 말하는 내용임을 발견했다. 따라서 자신감 있는 몸짓과 적극적인 화법으로 청중에게 다가가야 프레젠테이션을 성공시킬 수 있다.

잡스의 화법은 청중에게 리더로서의 자신감을 드러낸다. 즉 청중들은 자신감이 넘치는 잡스의 화법에 매료되어 그의 이야기에 귀 기울이고 그를 신뢰하게 되는 것이다. 오바마 대통령은 지역사회운동가에서 시작해 대통령이 되기까지 얻은 가장 소중한 교훈이라면 '항상 자신감 있게 행동하라'는 것이었다고 말한다.

사람들은 언제나 당신을 판단한다. 특히 만나고 나서 첫 90초가 가장 중요하다. 이때 어떻게 말하고 행동하느냐에 따라 상대방의 주목 여부가 결정된다. 잡스는 언제나 적극적인 말과 행동으로 사람들로 하여금 주목하게 만든다.

프레젠터의 노트

» 몸짓에 신경 써라. 청중과 눈을 맞추고 열린 몸짓을 하고 적절하게 손짓을 활용하라. 손을 사용하는 일을 두려워하지 마라. 연구 결과에 따르면 몸짓은 상대방에게 자신감을 전달한다.

» 억양, 목소리 크기, 속도를 조절하면서 다양한 화법을 구사하라. 그리고 필요할 때 말을 멈춰 전달하는 내용을 강조하라. 그만큼 긴장감을 고조시키는 방법은 없다.

» 자신이 프레젠테이션하는 모습을 녹화해서 몸짓과 화법을 점검하라. 동영상으로 자세를 교정하는 것이 프레젠테이션 기술을 향상시키는 최선의 방법이다.

15장

자연스러운 모습을 보여라

"연습은 잘할 때 하는 것이 아니라 잘하기 위해 하는 것이다."

– 말콤 글래드웰

스티브 잡스는 무대 위에서 빈틈없는 연기를 선보이는 최고의 배우다. 그의 모든 동작과 시연, 이미지, 슬라이드는 완벽한 조화를 이룬다. 무대 위에 선 잡스의 모습은 너무나 편하고 자신감 넘치며, 자연스러워 보인다. 청중이 보기에는 그가 대단히 쉽게 프레젠테이션하는 것처럼 보인다. 사실 거기에는 비밀이 있다. 잡스는 몇 시간씩, 아니 며칠씩 프레젠테이션을 연습한다.

〈비즈니스위크〉에 실린 기사에 따르면 "잡스는 애플의 최신 제품을 마치 거실에서 친구들에게 보이듯 소개한다. 사실 그의 자연스러운 모습은 오랜 시간 동안 치열하게 연습한 결과다. 한 유통업체의 경영자는 잡스를 만나러 갔다가 그가 맥월드 리허설을 마칠 때까지 4시간을 기다린 적이 있다. 잡스는 기조연설을 경쟁력 강화를 위한 무기로 본다. 구글의 혁신에 핵심적인 역할을 한 마리사 메이어 Marissa Mayer는 마케팅 담당자들에게 잡스의 기조연설을 보라고 권한다. 그녀는 잡스가 신제품 출시를 가장 잘하는 프레젠터라고 말한다."[1]

그 비결은 무엇일까? 〈비즈니스위크〉의 기사에 그 답이 나와 있다. 잡스는 '오랜 시간에 걸쳐 치열하게 연습'하기 때문이다. 당신은 프레젠테이션을 오랜 시간 동안 치열하게 연습한 적이 있는가? 아마 그렇다고 말할 수 있는 사람은 많지 않을 것이다. 잡스처럼 말하고 싶다면 연습에 더 많은 시간을 들여야 한다.

마술적 무대의 이면

애플 출신인 마이크 에반젤리스트 Mike Evangelist는 2006년 1월 5일 〈가디언 Guardian〉에 쓴 글에서 잡스가 기조연설을 할 때 시연하기 위해 연습하는 모습을 보고 이렇게 소개했다. "얼핏 보면 잡스의 프레젠테이션은 검은 상의에 청바지를 입은 남자가 그냥 편안하게 신제품에 대해 이야기하는 것처럼 보인다. 그러나 사실 그의 프레젠테이션은 상품 홍보, 시연, 사기 진작, 종교적 제의의 의미가 담긴, 엄청나게 복잡하고 정교하게 기획된 행사다. 잡스의 프레젠테이션은 수많은 사람들이 몇 주에 걸쳐 준비하고 조율한 끝에 완성된다."[2]

에반젤리스트의 증언에 따르면, 잡스는 몇 주 전부터 제품과 기술을 검토하면서 프레젠테이션을 준비한다. 에반젤리스트는 2001년 맥월드에서 DVD 복제 소프트웨어인 iDVD의 시연에 참가하게 되었는데, 잡스는 시연 5분을 준비하는 데 수백 시간을 들였다. 이 숫자는 잘못 쓴 것이 아니다. 그들은 수백 시간을 들여 시연을 준비했다.

잡스는 기조연설을 앞두고 제품 담당자들의 의견을 물어보면서 이틀 내내 연습에 매달렸다. 그는 슬라이드를 만드는 일에도 많은 시간을 투자했는데, 디자인팀의 도움을 받아 슬라이드 내용을 상당 부분 직접 작성했다. "내용이 모두 정해지면 의상 리허설이 한두 번 진행되었다. 그때 잡스는 극도의 집중력을 보였다. 그는 기조연설을 애플의 메시지를 완벽하게 구현하는 무대로 만드는 데 혼신의 힘을 쏟았다."[3] 기조연설을 며칠 앞둔 시점이 되면 잡스의 감정은 실망에서 흥분까지 다양한 양상으로 드러났다. 에반젤리스트는 기사에 "나는 그 점이 잡스가 애플에 미친 가장 중요한 영향이라고 생각한다. 그는 자신이나 직원이 탁월한 수준에 이르지 않으면 절대 만족하지 않았다"[4]고 썼다.

1999년 10월 〈타임〉 기자인 마이클 크란츠 Michael Krantz는 다양한 색상의 아이맥 출시를 하루 앞두고 잡스를 인터뷰했다. 인터뷰 전에 잡스는 "새로운 아이맥과 인사하세요"라고 말하는 절정의 순간을 연습하고 있었다. 그러면 아이맥이 커튼 뒤에서 나오도록 되어 있었다. 그러나 크란츠가 전한 바에 따르면, 잡스는 조명을 못마땅해 했다. 조명이 더 밝게, 더 빨리 켜지기를 원했던 그는 "제대로 될 때까지 해봅시다. 알았죠?"[5]라고 말했다. 그러나 조명팀이 아무리 연습을 거듭해도 잡스는 좀처럼 만족하지 않았다. 오히려 회를 거듭할수록 잡스의 신경은 날카롭게 곤두섰다.

그러다가 마침내 조명이 제대로 들어맞기 시작했다. 완벽한 조명을 받은 아이맥 5대는 미끄러지듯 거대한 스크린 위로 등장했다. 잡스는 "바로 그거야! 멋지군!"이라고 소리쳤다. 그는 '미치도록 대단한' 아이맥의 모습에 환호성을 질렀다. "완벽해!"라고 외치는 그의 목소리가 텅 빈 강단에 울려 퍼졌다. 크란츠는 잡스가 말한 대로 조명을 켰을 때 아이맥이 한결 멋지게 보였다고 썼다.[6] 이 장면은 두 가지로 해석할 수 있다. 잡스는 아주 세밀한 부분까지 일일이 신경 쓰는 사람이거나, 주변 사람들의 말대로 "거의 집착에 가까울 정도로 탁월함을 추구하는 외고집"이다.

스티브 잡스와 윈스턴 처칠의 공통점

심리학자 K. 앤더스 에릭슨 Anders Ericsson은 농구, 체스, 골프, 다트처럼 다양한 분야에서 최고의 경지에 오른 사람들을 연구했다. 에릭슨은 그들이 '세심한 연습'을 통해 기술을 연마한다는 사실을 발견했다. 즉 그들은 단지 같은 일을 반복하면서 기술이 나아지기를 바라지 않는다. 그들은 구체적인 목표를 세우고 다른 이의 의견을 들으며, 장기적인 개선을 추구한다. 에릭슨은 뛰어난 사람들은 오랜 세월에 걸쳐 구체적인 기술을 연습한다고 주장했다.

평범한 프레젠터가 뛰어난 프레젠터로 변신하려면 연습이 필요하다. 윈스턴 처칠은 20세기의 대표적인 연설가다. 그는 설득하고, 동기를 부여하고, 감동을 주는 연설의 달인이었다. 그 역시 2차 세계대전의 암울했던 시기에 영국 국민에게 용기를 불어넣기 위해 열심히 연습했다. 《우리는 결코 실패하지 않는다: 돌파의 CEO 윈스턴 처칠 We Shall Not Fail》을 쓴 처칠의 손녀 실리아 샌디스 Celia Sandys와 공저자 조나단 리트만 Jonathan Littman은 처칠의 연설에 대해 이렇게 말했다. "그는 중요한 의회 연설을 앞두고 며칠 동안 연습했다. 그는 모든 경우의 수를 가정해서 대비책을 세웠다. 얼마나 연습을 많이 했는지 그의 연설은 마치 즉흥 연설처럼 보였다. … 그는 청중을 사로잡았다. 그가 주는 교훈은 단순하다. 훌륭한 연설을 하려면 엄청난 노력이 필요하다. 특히 즉흥 연설처럼 보이려면 충분한 연습이 필수적이다."[7] 이처럼 세계 최고의 연설가도 자연스럽게 연설하기 위해 계획적으로 연습을 거듭했다.

당신도 잡스처럼 말할 수 있다. 하지만 그러기 위해서는 많은 연습이 필요하다. 잡스는 오랜 시간 연습하기 때문에 프레젠테이션을 쉽게 하는 것처럼 보인다. 넥스트의 임원인 폴 바이스 Paul Vais는 잡스의 프레젠테이션에 대해 이렇게 말했다. "모든 슬라이드가 마치 한 편의 시와도 같습니다. 우리는 몇 시간을 들여 사람들이 중요하게 생각하지 않을 부분을 썼습니다. 잡스는 프레젠테이션에 온갖 정성을 들였습니다. 우리는 모든 요소를 완벽하게 조율하여 실제보다 더 생생하게 만들었습니다."[8] 그렇다. 프레젠테이션을 '생생하게' 만들려면 연습이 필요하다. 이 간단한 원칙을 충실하게 따르면 당신의 프레젠테이션은 단연 돋보일 것이다.

장인을 만드는 마법의 숫자, 1만 시간

'타고난' 재능은 없다. 스티브 잡스가 뛰어난 프레젠터가 된 이유는 노력했기 때문이다. 말콤 글래드웰은 《아웃라이어》에서 이렇게 말했다. "연구 결과에 따르면 최고의 음악학교에 들어갈 수준에 오른 음악가들의 실력을 좌우하는 것은 노력이다. 노력이 핵심이다. 최고의 실력을 갖춘 사람들은 단지 다른 사람들보다 더 열심히 노력하는 정도가 아니라 훨씬, 훨씬 더 열심히 노력한다."[9] 글래드웰의 이야기는 음악이라는 특정 분야에 대한 것이었지만 다른 분야에 대한 연구 결과에서도 연습이 최고의 경지에 오르는 비결임을 말해준다. 신경과학자이자 음악가인 대니얼 레비틴Daniel Levitin은 마법의 숫자가 1만이라고 주장한다.

연구 결과 어느 분야에서든 세계적인 수준의 전문가가 되려면 연습이 1만 시간 필요한 것으로 나타났다. … 이 원칙은 작곡, 야구, 문학, 스케이팅, 연주, 체스, 범죄 등 수많은 분야에 대한 연구에서 거듭 확인되었다. 물론 이 사실은 아무리 연습해도 실력이 나아지지 않거나, 남보다 덜 연습해도 더 빨리 실력이 향상되는 이유는 설명하지 못한다. 그러나 1만 시간보다 적은 시간을 들여 세계 수준의 전문가가 된 사례는 아직 나오지 않았다. 진정한 달인이 되기 위해 뇌가 알아야 할 모든 내용을 흡수하는 데는 1만 시간이 필요하다.[10]

레비틴과 글래드웰에 따르면, 1만 시간 이론은 뇌의 학습 방법에 대한 결과와도 부합한다. 학습은 신경구조의 연결을 통해 이루어지며, 특정 행동에 대한 경험이 쌓일수록 신경구조의 연결은 더욱 확고해진다. 간단한 계산을 해보자. 1만 시간은 하루에 3시간 혹은 일주일에 20시간씩 10년 동안 더해야 만들어진다. 글래드웰은 이 이론을 뒷받침하기 위해 비틀즈의 사례를 들었다. 비틀즈는 성공하기 전에 오랫동안 함부르크에서 무명 시절을 보냈다. 그들은 1964년에 처음으로 성공을 맛보기까지 하루에 8시간씩 총 1,200회 공연을 가졌다. 일반적으로 밴드는 그만큼 자주 공연하는 일이 드물다. 하지만 비틀즈는 공연 횟수가 늘어날수록 실력과 자신감을 쌓아나갈 수 있었다. 글래드웰은 "우연하게도 비틀즈가 결성된 후 최고의 앨범으로 평가 받는 〈서전트 페퍼스 론리 하츠 클럽 밴드 Sgt. Pepper's Lonely Hearts Club Band〉와 〈더 비틀즈 The Beatles〉가 나올 때까지 10년이 걸렸다"[11]고 지적한다.

그러면 1만 시간 이론을 염두에 두고 다시 잡스에 대한 이야기로 돌아가자. 애플은 1976년에 설립되었지만 잡스의 친구이자 공동 창업자인 스티브 워즈니악은 1974년부터 '홈브루 Homebrew'라는 컴퓨터 제작 모임에 참석했다. 홈브루는 실리콘밸리에서 컴퓨터 제작에 취미를 가진 사람들이 만든 모임이었다. 잡스는 이 모임에 다니면서 컴퓨터로 세상을 바꾸는 일을 꿈꾸기 시작했다. 그로부터 정확히 10년 후인 1984년에 잡스는 매킨토시를 소개하는 멋진 프레젠테이션을 했다. 그 프레젠테이션은 흥분과 기대, 그리고 긴장감으로 가득한 대단한 공연이었다. 잡스는 그 뒤로도 계속 프레젠테이션 기술을 연마했다.

그로부터 10여 년 후인 1997년 경영일선에 복귀한 잡스는 맥월드에서 애플을 회생시키기 위해 실행했던 일들을 설명했다. 그날 그의 모습은 더 세련되고 자연스러웠다. 그는 연단을 없애 무대를 편하게 걸어 다녔으며, 보다 시각적인 슬라이드로 설명했다.

다시 10년 후인 2007년에 잡스는 맥월드에서 최고의 프레젠테이션을 선보였다. 그는 모든 프레젠테이션에서 홈런을 쳤는데, 그중 2007년 맥월드 기조연설은 만루 홈런이었다. 그 프레젠테이션은 처음부터 끝까지 모든 면이 완벽했다. 전체 진행은 물 흐르듯 자연스러웠고 적절한 호흡으로 극적 긴장감을 조성했다. 몸짓은 자신감이 넘쳤고 화법은 강한 설득력을 발휘했으며, 슬라이드는 흠잡을 데가 없었다. 덕분에 아이폰은 그 주에 열린 소비자 가전 쇼에 출시된 다른 제품들을 따돌리고 관심의 대상이 되었다.

사람들은 흔히 잡스가 카리스마를 타고났다고 오해하지만 사실은 그렇지 않다. 연구 결과가 말해주듯, 누구도 최고의 재능을 타고날 수는 없다. 세계 최고 수준의 프레젠터가 되려면 남들보다 훨씬 더 열심히 노력해야 한다.

헛되이 날린 2만 5,000달러

일전에 주요 상장기업의 경영자가 고객, 기자, 애널리스트들로 구성된 대규모 관중 앞에서 기조연설을 하는 모습을 보았다. 나중에 그 회사가 화려한 슬라이드를 만드는 데 2만 5,000달러를 썼다는 이야기를 들었다. 아마도 거기에 조명, 음향, 대관 등 추가 비용이 들었을 것이다. 그러나 전달을 잘하지 못하면 아무리 창의적인 슬라이드라도 깊은 인상을 주지 못한다. 그 경영자는 연습을 충분히 하지 않은 티가 났다. 그는 동영상에 말을 제대로 맞추지 못해서 몇 번이나 실수를 했다. 게다가 줄곧 말을 더듬거리더니 나중에는 혼자 화를 내며 손을 휘젓기까지 했다! 프레젠테이션에 많은 돈을 들였다면 이를 헛되이 날리지 않도록 반드시 연습을 충분히 해야 한다.

동영상으로 연습하라

나는 거의 매년 소비자가전 쇼에서 중요한 프레젠테이션을 하는 CEO들을 돕는다. 소비자가전 쇼는 대개 1월 첫 주에 열린다. 그래서 연말에 연습을 해야 하지만 중요한 행사이기 때문에 CEO들은 연습을 빠뜨리지 않는다.

한번은 내가 도와준 CEO가 며칠 동안 연습을 한 후 무대에 올랐는데 문제가 생겼다. 슬라이드를 넘겨주는 클리커^{Clicker}가 고장난 것이다. 충분히 연습하지 않은 미숙한 프레젠터들은 이때 당황한 나머지 문제를 키웠을 것이다. 그러나 그 CEO는 달랐다. 그는 자연스럽게 조수에게 슬라이드를 넘겨달라고 부탁했다. 그리고 다시 프레젠테이션을 계속했다. 그러다 또 문제가 생겼다. 이번에는 컴퓨터가 말썽이었다. 갑자기 컴퓨터가 멈춰버리는 바람에 재부팅을 해야 하는 상황이 발생했다. 조수는 어쩔 줄 몰라 고개를 흔들었지만 그 CEO는 침착함을 잃지 않았다. 그는 슬라이드 없이 끝까지 자연스러움과 자신감을 유지한 채 프레젠테이션을 마쳤다.

나중에 그 CEO는 연습을 충분히 하지 않았다면 자신감을 잃고 직원, 애널리스트, 투자가, 고객, 언론 앞에서 큰 실수를 할 뻔했다고 말했다. 놀라운 점은 프레젠테이션이 끝난 후 직원들에게 소감을 물었을 때 문제가 있었다는 사실을 눈치 챈 사람이 없었다는 것이다.

동영상 훈련 팁

나는 고객들과 프레젠테이션을 연습할 때 동영상을 이용한다. 지금은 쉽게 동영상을 찍을 수 있는 데도 불구하고 이를 연습에 활용하는 프레젠터들이 드물다. 자신의 모습을 큰 스크린으로 보면 어색한 느낌이 들지만 동영상 훈련은 반드시 필요하다. 자신이 프레젠테이션하는 모습을 찍어서 확인하라. 가능하다면 객관적인 의견을 말해줄 수 있는 사람과 함께 보는 것이 좋다. 그리고 캠코더에 붙은 마이크보다 별도의 소형 마이크를 쓰는 것이 좋다. 그래야 목소리가 크고 분명하게 들린다.

동영상을 검토할 때는 다음 다섯 가지 요소를 주의 깊게 살펴야 한다.

- **눈 맞추기**: 프레젠테이션을 할 때 가능한 한 슬라이드의 내용을 보지 말아라. 슬라이드는 진행 단계를 알려주는 지침으로만 활용해야 한다. 연설 전문가인 앤드류 카네기 Andrew Carnegie는 각본을 보면 연설자와 청중 사이의 친근감이 사라지고, 연설의 힘을 약화시킨다고 지적했다. 물론 절대로 각본을 보지 말라는 것은 아니다. 잡스도 청중이 볼 수 없는 곳에 각본을 둔다. 그래도 그가 각본을 보는 것을 눈치 채기는 어렵다. 또 잡스는 시연을 할 때 각본을 보는데, 이때는 청중이 시연 장면을 보기 때문에 주의를 분산시키지 않는다. 그가 무대 위에서 보는 각본은 눈에 띄지 않으며 참고용으로만 활용된다. 키노트로 각본을 프레젠터용 화면에 넣어도 되지만 각본 없이 대부분의 프레젠테이션을 진행할 수 있도록 노력해야 한다.
- **몸짓**: 몸짓에서 에너지와 자신감이 느껴지는가? 자신도 모르게 팔짱을 끼거나 호주머니에 손을 넣지는 않는가? 혹은 물건을 만지작거리거나 몸을 흔들면서 청중의 주의를 분산시키지 않는가? 몸짓은 딱딱하지 않고 자연스러운가? 몸짓과 화법은 청중에게 주는 인상 대부분을 결정짓는다는 사실을 기억하라. 몸짓은 말에 담긴 자신감을 반영해야 한다.
- **군더더기 말**: 문장마다 '음'이나 '아' 혹은 '그래서'처럼 필요 없

는 말을 쓰지 않는가? 슬라이드와 마찬가지로 말에도 여백이 필요하다. 군더더기 말은 주의를 분산시킨다. 이를 없애는 최고의 방법은 동영상으로 확인하는 것이다. 직접 확인하면 다음번에는 의식적으로 군더더기 말을 사용하지 않게 된다. 해결책의 90퍼센트 이상은 문제가 무엇인지를 깨닫는 것이다.

- **화법**: 계속 청중의 주의를 끌 수 있도록 억양과 목소리 크기에 변화를 주어라. 프레젠테이션의 내용에 따라 목소리를 높이거나 낮춰라. 말하는 속도도 조절해야 한다. 그래야 단조로운 프레젠테이션이 되지 않는다. 특정한 지점에서 말을 빠르게 했다가 늦추고, 중요한 내용을 말하기 전에 잠시 멈추도록 한다. 적절한 시점에 말을 멈추는 것만큼 극적인 효과를 높이는 방법은 없다. 서두른다는 인상을 주지 말고 자연스런 호흡을 살리는 것이 가장 중요하다.

- **에너지**: 자신의 모습이 일요일 아침 침대에서 막 빠져나온 것처럼 보이는가, 아니면 활기차고 열정적이며 청중과 소통하는 일에 진정으로 열의를 가진 것처럼 보이는가? 우리는 에너지가 넘치는 사람 곁에 있고 싶어 한다. 그들은 우리를 자극하고 활력을 불어넣는다. 활기찬 사람은 목소리와 걸음걸이에 힘이 있고 얼굴에는 미소가 넘쳐 호감을 주는데, 호감은 설득력을 높이는 결정적인 요소다. 많은 기업인들이 프레젠테이션에 필요한 에너지 정도를 과소평가한다. 하지만 잡스처럼 열정적인 프레젠터들은 언제나 많은 에너지를 발산한다.

군더더기 말이 많은 캐롤라인 케네디

'아' '음' '그래서' 같은 군더더기 말을 많이 쓴다고 해서 무능한 것은 아니다. 그러나 군더더기 말을 많이 쓰면 부정적인 인상을 준다. 2009년 초 캐롤라인 케네디 Caroline Kennedy는 힐러리가 국무부장관에 오르면서 공석이 된 뉴욕 주 상원의원 자리에 관심이 있다는 뜻을 드러냈다. 그런데 당시 언론은 그녀가 군더더기 말을 많이 쓴다는 점을 꼬집었다. 그녀는 2분 동안 인터뷰를 하면서 '아시다시피'라는 말을 20번 넘게 썼다. 블로거와 라디오 진행자들은 그녀의 말버릇을 웃음거리로 삼았다. 그 때문인지 그녀는 곧 후보군에서 탈락했다.

다음은 군더더기 말을 피하는 세 가지 방법이다.

- **의견을 구하라**: 당신의 동료들은 대개 당신이 상처 받을지 모르는 지적을 하지 않을 것이다. 하지만 나는 누군가 화법에 대한 조언을 구하면 냉정하게 문제를 지적한다. 물론 조언을 구하지 않은 사람에게 고칠 점을 말하기는 쉽지 않다. 설령 그 점만 고치면 프레젠테이션 기술을 크게 개선할 수 있다고 해도 말이다. 가족이나 친구도 먼저 당신의 화법 문제를 지적하기는 어렵다. 캐롤라인 케네디가 사전에 주변 사람들에게 솔직한 의견을 구했다면 군더더기 말을 없애라는 말을 들었을 것이다.
- **유리잔을 두드려라**: 나는 이 방법을 우연한 기회에 알게 되었다. 한번은 '아'나 '음' 같은 군더더기 말을 많이 쓰는 한 여성이 프레젠테이션을 준비하는 일을 도운 적이 있다. 그녀의 화법은 굉장히 귀에 거슬렸다. 그래서 나는 그녀가 군더더기 말을 할 때마다 유리잔을 두드리겠다고 말했다. 그녀는 이 방법으로 즉각 문제점을 고쳤다. 그 후에도 이 방법은 같은 효과를 냈다. 물론 이 방법을 쓰려면 연습할 동안 유리잔을 두드려줄 사람이 필요하다.

- **동영상을 보여주어라**: 프레젠테이션 기술을 정말로 향상시키고 싶다면 연습하는 모습을 동영상으로 찍어 다른 사람들에게 보여주어라. 반드시 전체 프레젠테이션을 보여줄 필요는 없다. 첫 5분 정도만 보여주어도 고쳐야 할 부분을 파악할 수 있다. 이렇게 하면 자신은 미처 몰랐던 문제를 지적 받을 것이다. 혼자서 동영상을 봐도 몇 가지 문제를 해결할 수 있지만 다른 사람에게 보여주면 자신이 간과한 문제를 발견하는 데 효과적이다.

군더더기 말을 가끔 쓰는 것은 상관없지만 너무 잦으면 프레젠테이션을 망칠 수 있다. 다행인 점은 문제를 알면 위에 제시한 방법으로 해결할 수 있다는 것이다.

에너지 수준을 높여라

가끔 활기차게 보이려고 억지로 꾸미는 사람들이 있다. 과장되지 않게 적절한 수준으로 활력을 드러내는 방법은 무엇일까? 그것은 자신의 에너지 수준을 측정하는 것이다. 에너지 수준은 높을수록 좋다.

나는 종종 고객들에게 1을 잠자는 수준, 10을 가장 활기찬 수준으로 볼 때 지금 에너지 수준이 어느 정도인지 묻는다. 그러면 고객들은 대부분 3이라고 대답한다. 나는 그 수준을 7이나 8 혹은 9 정도로 높여서 해보라고 조언한다. 대부분의 프레젠터들은 자신의 에너지 수준을 3과 6 사이로 본다. 그만큼 에너지 수준을 높일 여지가 많다는 뜻이다.

에너지는 설명하기는 어렵지만 직접 접하면 분명히 느낄 수 있다. 오바마 대통령과 잡스는 커다란 에너지를 갖고 있다. 두 사람은 스타일은 다르지만 둘 다 에너지가 느껴지는 연설을 한다는 점이 특징이다.

자신에게 편안한 에너지 수준을 넘어서는 연습을 해보자. 처음에는 평소대로 프레젠테이션하는 모습을 동영상에 담아 다른 사람과 함께 확인해보라. 그리고 자신의 에너지 수준이 어느 정도인지 가늠해보고 에너지 수준을 높여보라. 목소리와 몸짓을 더 크게 하고 얼굴에 미소를 지어보라. 이때 스스로 약간 어색하고 불편하다고 느낄 정도로 에너지 수준을 높여야 한다. 그 모습을 다시 동영상으로 확인해보면 아마 두 번째가 적절하게 보이는 경우가 많을 것이다.

사람들은 프레젠테이션을 할 때 자신의 에너지 수준이 낮다는 사실을 깨닫지 못한다. 하지만 스스로 편안하게 느껴지는 에너지 수준을 넘어서야만 비로소 적절한 모습을 보일 수 있다.

즉흥 발언 연습의 5단계

2009년은 경기후퇴로 인해 신차를 출시하기에 좋은 해가 아니었다. 그러나 많은 자동차기업들은 몇 년 전부터 계획했던 출시 일정을 미룰 수 없었다. 2009년 1월 나는 북미 시장에 선보일 신차를 홍보할 책임자들을 만났다. 그들은 기자들의 어려운 질문에 적절하게 대응할 방법을 물었다. 그러자 나는 그날 국무부장관에 지명되어 상원에서 열린 인준청문회에 참석한 힐러리가 떠올랐다. 힐러리는 연합통신으로부터 '능숙한' 모습을 보였다고 평가를 받았다. NBC의 탐 브로코 Tom Brokaw 역시 힐러리가 원래 준비를 철저히 하기로 유명하다고 말했다. 나는 홍보 책임자들에게 힐러리가 5시간짜리 청문회를 준비하는 것과 같은 방식으로 인터뷰를 준비하라고 조언했다.

'주제 나누기'라고 부르는 이 방법은 모든 질문에 유연하게 대처하는 데 도움이 된다. 이 방법은 어렵고 민감한 질문을 받는 모든 상황에 적용할 수 있다.

1. 가장 흔하게 나올 질문들을 파악하라. 힐러리의 경우 우선 남편이 만든 클린턴 재단과 후원자들에 대한 질문을 예상할 수 있다. 이전부터 그녀가 국무부장관이 되면 이들과 이해관계가 충돌할 것이라는 비판이 제기되었기 때문이다. 또한 가자 지구, 이란, 이라크, 파키스탄처럼 민감한 외교 현안이 걸린 지역들에 대한 질문도 제기될 가능성이 높았다. 자동차기업 경영진의 경우 최근의 어려운 경제 상황에 대한 대응이나 향후 전망에 대한 질문을 예상할 수 있다.

2. 질문을 주제별로 나누어라. 한 주제에 질문 하나만 들어갈 수도 있고, 여러 개가 들어갈 수도 있다. 중요한 점은 답변을 준비해야 하는 주제들의 수를 줄이는 것이다. 많을 것처럼 보이지만 내 경험

에 따르면 대부분의 질문은 약 7개의 주제에 모두 포함되므로 가능한 한 줄이는 것이 답변을 준비하기가 좋다.

3. 각 주제별로 최선의 답변을 준비하라. 중요한 점은 질문이 어떤 형식으로 제기되더라도 일정한 답변을 해야 한다는 것이다. 질문 내용 때문에 지나치게 세부적인 논의로 끌려가지 않도록 주의해야 한다. 가령 힐러리는 남편의 기금모금 활동에 대한 질문에 "남편과 클린턴 재단이 하는 일을 매우 자랑스럽게 생각합니다"[12]라고 답변했다. 그녀는 공화당 상원의원들이 관련된 질문을 다른 내용으로 던졌어도 같은 답변을 했을 것이다.

4. 질문을 잘 듣고 핵심 단어를 파악하여 정확한 범주를 찾아내라.

5. 질문자의 눈을 마주보며 자신 있게 답변하라.

아무리 잘 준비된 사람이라도 잠재된 질문 수백 개에 대한 답변을 모두 기억하지는 못한다. 따라서 질문의 주제별로 답변을 준비한다. 특정 주제에 대한 질문이 어떤 식으로 제기되느냐는 부차적인 문제에 불과하다.

주제 나누기를 통해 어떤 질문이든 유리한 방향으로 재구성할 수 있다. 가령 당신이 홍보하는 제품이 경쟁 제품보다 비싸고, 거기에 그럴 만한 이유가 있다고 가정해보자. 그러면 가격과 관련된 모든 질문은 구체적인 내용에 관계없이 다음과 같이 답변할 수 있다.

질문: 왜 이 제품은 다른 제품보다 10퍼센트나 비싸죠?

답변: 저희 제품은 타사의 제품보다 유지 비용을 평균 30퍼센트 가량 줄여줍니다. 그리고 저희 회사는 업계 최고의 서비스팀을 두고 있습니다. 그래서 필요하실 때 언제든지 도움을 받으실 수 있습니다. 다른 회사는 서비스팀을 24시간 운영하지 않습니다.

나는 주제 나누기를 매우 효과적으로 활용하는 대형 상장기업의 CEO를 안다. 한 애널리스트가 그 CEO에게 경쟁 업체의 공격적인 발언을 어떻게 생각하는지 물었다. 그 질문에서 핵심 단어는 '경쟁'이었다. 그는 자신 있는 모습으로 이렇게 대답했다. "우리는 경쟁에 대해 다른 시각을 가지고 있습니다. 우리는 품격을 잃지 않을 것입니다. 우리는 고객에게 더 나은 서비스를 제공하고 업계가 나아가야 할 비전을 공유하는 방식으로 경쟁할 것입니다. 우리가 크게 성공할수록 더 많은 경쟁 업체들이 나타날 것입니다. 경쟁은 리더가 되기 위한 과정의 일부라고 생각합니다." 그는 이처럼 준비된 답변으로 경쟁 업체의 공세를 무력화시키고 회사의 리더십을 부각시켰다.

헨리 키신저 전 국무부장관은 기자가 어떤 질문을 하든 답변이 준비되어 있다고 말했다. 실제로 그는 나올 만한 모든 질문에 미리 답변을 준비했다. 언론과 고객은 까다로운 청중이다. 그들의 불편한 질문 때문에 행사를 망치지 않도록 꼼꼼하게 준비해야 한다.

무대공포증을 극복하는 최고의 처방

철저한 준비는 무대공포증을 극복하는 최선의 방법이다. 무대에서 긴장하지 않으려면 어떤 말을 언제 어떻게 할지 분명하게 알아야 한다. 프레젠테이션을 하는 동안 쓸데없는 생각을 하면 오히려 더 긴장하게 된다. 대부분의 프레젠터들은 '셔츠가 구겨졌나?' '세 번째 줄에 앉은 사람은 무슨 생각을 하는 거지?'라는 식으로 생각한다. 다시 말해 그들은 대부분 자기중심적으로 생각한다. 하지만 생각의 기준을 '나'에서 '우리'로 바꾸어야 한다. 제품이나 서비스가 청중의 생활에 미치는 영향에 집중해서 자신감 있게 연습하라. 자산이 수백만 달러 내지 수십억 달러인 경영자들도 여러 사람들 앞에 설 때는 긴장한다. 그러나 많이 연습할수록 긴장은 크게 줄어든다.

나는 중요한 프레젠테이션을 앞두고 심하게 긴장하는 유명한 기업인을 안다. 그는 극단적인 준비로 긴장감을 극복한다. 즉 슬라이드의 내용과 대사를 완벽하게 외운다. 그리고 일찍 현장에 도착해 음향과 영사기를 미리 점검한다. 심지어 조명의 위치까지 파악하여 동선을 짠다. 그야말로 철저한 준비가 아닐 수 없다. 그 기업가는 무대 위에서 편안함을 느낄 때까지 연습을 반복한다. 덕분에 그는 최고 수준의 프레젠터로 평가 받는다.

골프 선수 비제이 싱 Vijay Singh 은 대회를 앞두고 하루에 공을 수천 개 친다고 한다. 올림픽 수영 종목에서 수많은 금메달을 딴 바이클 펠프스 역시 대회를 앞두고 일주일에 80킬로미터를 수영한다. 그리고 스티브 잡스는 기조연설을 앞두고 몇 시간씩 치열한 연습에 매달린다. 이처럼 모든 영역의 일인자들은 우연의 여지를 남겨두지 않는다. 청중을 사로잡고 싶다면 잡스의 방법대로 당장 연습을 시작하라!

> **프레젠터의 노트**
>
> » 연습하고, 연습하고, 연습하라. 어떤 부분도 소홀히 해서는 안 된다. 모든 슬라이드, 시연, 핵심 메시지를 철저하게 점검하라. 무대에 오르기 전에 어떤 말을 언제 어떻게 할지 확실하게 알아야 한다.
>
> » 프레젠테이션하는 모습을 녹화하라. 전체 프레젠테이션을 녹화하지 않아도 된다. 초반 5분이면 충분한 정보를 얻을 수 있다. 몸짓이나 화법에서 청중의 주의를 분산시키는 부분이 있는지 확인하라. 가능하다면 다른 사람과 같이 보고 의견을 구하라.
>
> » 주제 나누기를 통해 어려운 질문에 대비하라. 대부분의 질문은 7개의 주제 안에 들어간다.

16장

적절한 복장을 갖춰라

"4,300명이 넘는 인원에 자산가치가 20억 달러인 기업이
청바지를 입은 6명이 일하는 기업과 경쟁할 수 없다고는 생각하기 힘듭니다."

– 스티브 잡스, 넥스트를 설립하기 위해 회사를 그만둔 후
애플이 소송을 건 것에 대해

스티브 잡스와 가수 셰어는 의상 수에서 극과 극이다. 셰어는 라스베이거스에서 콘서트를 할 때 의상을 140번이나 갈아입었다. 반면 잡스는 모든 프레젠테이션에서 언제나 같은 옷을 입는다. 그의 복장은 검은 터틀넥 스웨터에 물 빠진 청바지, 그리고 하얀 운동화 차림이다. 구체적으로 말하자면 그는 세인트크로익스(St. Croix) 스웨터와 리바이스501 청바지를 입고 뉴밸런스 조깅화를 신는다.

사실 이 정보는 그렇게 중요하지 않다. 당신은 그렇게 입지 않을 것이기 때문이다. 잡스는 그렇게 입어도 상관없지만 당신은 다르다. 만일 당신이 컴퓨터 산업을 재편한 전설적인 사람이라면 입고 싶은 대로 입어도 괜찮다.

잡스의 복장은 애니메이션 〈심슨 가족 The Simpsons〉에도 등장할 정도로 유명하지만 잡스가 항상 그렇게 입었던 것은 아니다. 젊은 시절 그는 투자가와 대중들에게 진중한 인상을 심어주려고 훨씬 보수적으로 입었다. 1984년의 잡스는 2009년의 잡스와 많이 달랐다. 〈맥월드〉 1984년 1월호 표지에 실린 사진은 잡스가 매킨토시 컴퓨터 3대가 놓인 책상 뒤에 서 있는 모습을 담았다. 그는 갈색 줄무늬 정장에 갈색 넥타이, 하얀 셔츠를 입었다. 그렇다. 잡스도 한때는 줄무늬 정장을 입었다. 매킨토시를 공개할 때는 하얀 셔츠, 회색 바지, 진한 청색 더블 상의를 입고 초록색 나비넥타이를 맸다. 잡스가 나비넥타이를 맨 모습을 상상해보라! 믿기지 않겠지만 사실이다.

잡스는 똑똑한 사람이다. 그의 복장은 언제나 자신이 추구하는 리더의 이미지를 반영했다. 그는 복장이 사람들에게 주는 인상을 잘 알았다. 잡스는 애플을 떠난 후 새로 설립한 넥스트에 투자를 유치하려고 뱅크오브아메리카 경영진 앞에서 프레젠테이션을 한 적이 있었다. 넥스트의 마케팅 책임자 대니얼 르윈 Dan'l Lewin은 회의에 함께 가기 위해 청바지를 입고 잡스의 집에 도착했다. 그러자 잡스는 고급 정장을 입고 나와서 "이봐, 오늘 우리는 은행 사람들을 만나러 가는 거야"[1]라고 말했다. 잡스가 보기에 청바지 차림은 사무실에서는 괜찮지만 은행 사람들과 회의하는 자리에는 맞지 않았던 것이다.

아마 이 부분에서 혼란을 느끼는 사람도 있을 것이다. 잡스는 은행에 갈 때는 정장을 입고 사무실에서는 청바지를 입었다. 여기서 우리는 어떤 조언을 얻을 수 있을까? 나는 육군 특공대원 출신의 맷 에버스만 Matt Eversmann에게서 복장에 대한 최고의 조언을 얻었다. 그는 1993년 10월 소말리아의 모가디슈에서 벌어진 격렬한 전투에서 병사들을 이끌었다. 〈블랙 호크다운〉은 당시 벌어진 전투를 배경으로 삼은 영화다. 나는 비즈니스 회의에서 에버스만을 만나 그에게 리더십에 대한 조언을 구했다. 에버스만은 뛰어난 리더들은 다른 사람들보다 옷을 좀 더 잘 입는다고 말했다. 그는 처음으로 부하직원을 만나던 날, 구두에 더욱 광을 냈고 셔츠는 더 하얗게, 바지 다림질은 더 말끔하게 해두었다고 이야기했다.

그 후 나는 남성의류업체 멘스웨어하우스 Men's Wearhouse를 설립한 조지 짐머 George Zimmer를 인터뷰했다. 짐머는 에버스만이 말한 내용에 공감하면서 "상황과 문화에 맞게 입어야 한다"고 덧붙였다. 옳은 말이었다. 작업복을 입고 야유회에 참석할 수는 없다. 또한 기업마다 조직문화가 다르다. 애플은 도전적이고 창의적이며 색다른 사고를 중시한다. 그래서 애플 직원들은 월스트리트 경영진보다 더 자유로운 복장을 할 수 있다.

세상을 바꾼 제품을 만들고 나면 옷을 좀 편하게 입어도 상관없다. 그때까지는 다른 사람들보다 좀 더 잘 입되 상황과 문화에 맞춰야 한다는 조언을 따르도록 하자.

프레젠터의 노트

》 현재 위치가 아니라 추구하는 리더의 이미지에 맞는 옷을 입어라. 뛰어난 리더들은 다른 사람들보다 좀 더 잘 입는다. 잡스도 투자를 유치하기 위해 은행 사람들을 만날 때는 고급 정장을 입었다는 사실을 기억하자.

》 상황과 문화에 맞는 옷을 입어라. 잡스는 검은 터틀넥 스웨터에 청바지와 운동화 차림이어도 상관없다. 애플이라는 브랜드가 항상 새로운 것을 추구하는 파격적인 이미지를 갖고 있기 때문이다.

》 자유롭게 입더라도 좋은 옷을 입어라. 잡스는 세인트크로익스 스웨터를 입는다. 언뜻 흔한 티셔츠처럼 보이지만 적어도 싸구려는 아니다.

17장

각본을 버려라

> "스스로 척도가 되십시오. 어떤 사람들은 탁월함이
> 당연하게 받아들여지는 환경에 익숙하지 않습니다."
>
> — 스티브 잡스

강의를 듣는 것보다 대화를 나누고 싶은 21세기의 청중에게 스티브 잡스는 최고의 프레젠터다. 그는 편안하게 이야기하듯 프레젠테이션을 진행한다. 그는 프레젠테이션을 할 때 각본을 그대로 읽지 않는다. 각본은 진행 단계를 알려주는 지침일 뿐이다.

8장에서 말한 대로 프레젠터들은 대개 슬라이드로 가장한 문서를 만든다. 그들은 청중에게 등을 돌린 채 슬라이드에 있는 내용을 그대로 읽는다. 반면 잡스는 각본을 대부분 머릿속에 넣어둔다. 그리고 매우 시각적인 슬라이드로 이야기의 주제를 단적으로 제시하는데, 각 슬라이드는 한 가지 핵심적인 주제를 담는다.

2008년 맥월드에서 맥북 에어를 소개할 때 잡스는 결정적인 순간을 통해 제품을 공개한 후 보다 자세한 내용을 설명했다.

프레젠테이션 내용	슬라이드 이미지
"세상에서 가장 얇은 노트북입니다."	'세상에서 가장 얇은 노트북'
"열어보면 걸쇠가 자석으로 되어 있습니다. 옷에 걸리는 고리가 없습니다."	'자석 걸쇠'라는 문구와 컴퓨터 사진
"13.3인치 와이드스크린을 갖추고 있습니다."	'13.3인치 와이드스크린'이라는 문구와 컴퓨터 사진
"모니터가 멋집니다. LED 백라이트 방식으로 전기를 아껴줍니다. 또, 아주 밝고 여는 순간 바로 켜집니다."	'LED 백라이트'라는 문구와 컴퓨터 사진
"모니터 위에는 내장형 아이사이트(iSight) 카메라가 달려 있어서 바로 화상회의를 할 수 있습니다."	컴퓨터 사진이 사라지고 아이사이트 카메라가 나타난다.
"아래쪽에는 풀사이즈 키보드가 있습니다. 이 키보드는 아마 우리가 만든 최고의 노트북 키보드일 겁니다. 대단히 좋은 키보드입니다."	'풀사이즈 키보드'라는 문구와 키보드 사진
"아주 큰 터치패드를 갖추었습니다. 멀티터치 제스처 기능도 내장되어 있습니다."	'멀티터치 제스처'라는 단어와 터치 패드 사진
"이 제품이 얼마나 아름답고 얇은지 보십시오. 어떻게 여기에 맥을 넣었을까요? 저는 아직도 우리 기술팀이 그 일을 성공시켰다는 사실이 놀랍습니다."	'어떻게 맥을 넣었을까요?'라는 문구와 컴퓨터 사진
"진정한 마법은 전자기술에 있습니다. 이것이 맥을 넣은 전체 보드입니다. 이것이 왜 그렇게 특별할까요? 크기를 한 번 보십시오. 정말 작지요. 맥을 여기에 전부 넣은 것은 놀라운 기술적 개가입니다."	연필과 나란히 놓인 마더보드의 사진(마더보드의 길이가 연필보다 짧다)
"그렇다고 성능을 타협하지 않았습니다. 맥북 에어는 인텔 코어2듀오를 씁니다. 정말 빠른 프로세서이지요…. 거의 날아다닙니다."	인텔 코어2듀오 프로세서의 사진

》 표 17.1 슬라이드 하나당 한 주제만을 담은 잡스의 프레젠테이션

표 17.1에서 알 수 있듯이 그의 슬라이드에는 극히 적은 단어가 들어가지만 주제를 드러내기에 충분한 정보를 담는다.[1]

잡스는 맥북 에어가 애플의 다른 노트북과 아이맥에 들어간 것과 같은 프로세서를 쓴다고 설명했다. 그는 인텔이 기존과 같은 성능에 크기를 60퍼센트로 줄이는 어려운 일을 해낸 것에 대해 놀라움을 표시하면서, 인텔의 CEO 폴 오텔리니를 소개했다. 오텔리니는 잡스에게 샘플 프로세서를 건넸다. 이 칩은 뒤에 앉은 청중은 보이지도 않을 정도로 작았다. 잡스는 "이 칩에는 놀라운 기술이 담겨 있습니다"라고 말하며 활짝 웃었다(그림 17.1).

》 **그림 17.1** 맥북 에어용 인텔 프로세서를 들어 보이는 잡스

(사진) 투니 아벨라 / AFP / 게티 이미지

자연스러운 프레젠테이션을 위한 5단계

훌륭한 배우들은 공연 전까지 몇 달에 걸쳐 연습한다. 배우가 각본을 들고 무대에 오른다면 관중은 아마 극장을 나가버릴 것이다. 우리는 배우들이 각본을 외운 티가 나지 않도록 자연스럽게 연기하기를 바란다. 당신의 청중도 마찬가지다. 그들은 혼잣말을 하는 프레젠터보다 요점을 정확하게 짚어주면서 대화하듯 이야기를 풀어가는 프레젠터를 원한다. 다음은 각본을 정확하게 외우고 자연스럽게 프레젠테이션하기 위한 5단계다.

1. **각본의 전체 문장을 파워포인트의 '메모' 란에 적어라.** 이 단계에서는 편집이 필요 없다. 생각나는 대로 각본의 전체 문장을 써넣으면 된다. 그러나 4~5문장을 넘기면 안 된다.
2. **각 문장의 핵심 단어에 밑줄을 긋고 연습을 시작하라.** 말이 막힐 때마다 신경 쓰지 말고 전체 내용을 연습하라. 핵심 단어를 보면서 기억을 되살려라.
3. **각 문장에서 필요 없는 내용들을 삭제하고 핵심 단어만을 남겨라.** 이번에는 핵심 단어를 참고하면서 다시 연습하라.
4. **슬라이드마다 핵심 주제를 기억하라.** 각 슬라이드에서 청중에게 전달하고 싶은 핵심 주제가 무엇인지 확인하라. 슬라이드 이미지는 그 핵심 주제를 반영해야 한다. 이 경우 슬라이드 이미지는 내용을 알려주는 참고 자료가 된다. 잡스가 맥북 에어에 들어간 인텔

코어2듀오 프로세서를 소개할 때 슬라이드에는 프로세서의 사진만 나왔다. 그가 청중에게 전달하고 싶은 핵심적인 내용은 애플이 성능을 타협하지 않고도 초박형 노트북을 만들었다는 것이었다.

5. 메모를 보지 말고 슬라이드를 참고하면서 전체 프레젠테이션을 연습하라.
지금까지 각 단계를 충실하게 따랐다면 각 슬라이드를 4번 연습한 셈이다. 그 정도만 해도 일반 프레젠터들보다 더 많이 연습한 것이다.

그러면 5단계 방법론을 실제 사례에 적용해보자. 얼마 전에 뱅가드 Vanguard 뮤추얼펀드의 광고를 보았다.[2] 이 광고에는 물이 담긴 잔 두 개가 나온다. 왼쪽 잔에는 물이 밑바닥을 조금 넘을 만큼 적게 담겨 있고, 오른쪽 잔에는 물이 가득 담겨 있다. 이 광고의 카피는 '비용이 낮을수록 수익은 높아집니다'이다. 이 광고로 시각적으로 설득력이 강한 슬라이드를 만들어보자. 우선 이 광고가 슬라이드라고 가정하자. 표 17.2는 뱅가드의 홍보 자료를 참고하여 5단계를 적용한 것이다.

실제 프레젠테이션을 할 때 각본이 있어야 마음이 놓인다면 청중의 눈에 띄지 않도록 곁에 두어라. 애플의 키노트는 청중이 보는 스크린과 별도로 프레젠터의 컴퓨터에만 메모를 띄울 수 있다. 파워포인트에도 쓰는 방식이 다소 다르긴 하지만 비슷한 기능이 있다. 그러나 어떤 프로그램을 쓰든 충분한 연습을 거치면 메모를 볼 필요가 없을 것이다.

단계	각본
1	'투자에 따른 비용은 매우 중요하며, 장기적으로 수익에 큰 영향을 미칠 수 있습니다. 비용이 낮을수록 수익은 커집니다. 많은 투자기업들은 비용이 낮다고 주장하지만 실은 우리보다 6배나 더 많은 수수료를 청구합니다. 그 차이는 투자액에 따라 수천 달러가 될 수도 있습니다. 가령 1만 달러를 연 수익률 8퍼센트로 20년 동안 투자하는 경우 우리 펀드에 투자하시면 업계 평균보다 5만 8,000달러를 더 버실 수 있습니다.'
2	'<u>투자에 따른 비용은</u> 매우 중요하며, 장기적으로 수익에 큰 영향을 미칠 수 있습니다. <u>비용이 낮을수록 수익은 커집니다.</u> 많은 투자기업들은 비용이 낮다고 주장하지만 실은 우리보다 <u>6배</u>나 더 많은 수수료를 청구합니다. 그 차이는 투자액에 따라 수천 달러가 될 수도 있습니다. 가령 1만 달러를 연 수익률 8퍼센트로 20년 동안 투자하는 경우 우리 펀드에 투자하시면 업계 평균보다 <u>5만 8,000달러</u>를 더 버실 수 있습니다.'
3	'투자비용은 매우 중요합니다. 비용이 낮을수록 수익은 커집니다. 6배나 더 많은 수수료를 청구합니다. 5만 8,000달러를 더 버실 수 있습니다.'
4	'비용이 낮을수록 수익은 커집니다.'
5	슬라이드에는 각각 다른 양의 물을 담은 잔 두 개만 나온다. 이 단계에서는 각본 없이 슬라이드만 보고도 3단계에 있는 네 가지 핵심 내용을 전달할 수 있어야 한다.

》 **표 17.2** 뱅가드 뮤추얼펀드 광고에 적용한 5단계 각본

참고 노트 활용법

참고 노트가 반드시 나쁜 것은 아니다. 한 블로거는 잡스가 2007년 맥월드에서 아이폰을 소개할 때 참고한 노트의 사진을 찍어서 올렸다. 프레젠테이션의 각본을 요약한 이 노트에는 내용

별로 다른 색깔의 탭이 붙어 있었는데, 사진에 찍힌 페이지는 아이폰의 인터넷 기능을 설명하는 부분을 담고 있었다. 이 페이지에는 굵은 글씨로 메일, 사파리, 위젯, 맵스라는 주제가 적혀 있다.[3] 각 주제 밑에는 2~5개 사이의 핵심 단어가 나열되었고 그중 맵스 범주에는 다음과 같은 핵심 단어들이 나온다.

맵스
- 발표장 인근 스타벅스 검색
- 라떼 4,000잔 주문
- 워싱턴 기념비
- 위성사진 공개
- 에펠탑, 콜로세움

이처럼 잡스는 핵심 단어만 나열한 노트를 참조하면서 이야기를 풀어나간다.

잡스는 청중에게 '진정으로 놀라운' 것을 보여주겠다고 말했다. 그것은 아이폰에 들어간 구글 맵스였다. 그는 먼저 맵스를 연후 샌프란시스코와 발표회장으로 검색 범위를 차츰 좁혀갔다.

두 번째로 잡스가 한 일은 주위에 있는 스타벅스를 검색한 것이었다. 그는 가까운 스타벅스에 전화를 걸어 장난으로 라떼 4,000잔을 주문했다. 나는 노트를 보기 전까지 장난전화가 각본에 들어 있었다는 사실을 몰랐다. 마치 즉흥적으로 시도된 것처럼 보였기 때문이다. 이처럼 잡스는 프레젠테이션의 모든 부분을 철저하게 기획한다.

세 번째로 잡스가 한 일은 워싱턴 기념비를 찾는 것이었다. 그는 모니터를 더블 탭해서 화면을 키웠다. 이어 위성사진 메뉴로 들어가 워싱턴 기념비를 실시간으로 보여주면서 "휴대전화로 위성사진을 볼 수 있다니 놀랍지 않습니까?"라고 말했다.

마지막으로 잡스는 에펠탑과 콜로세움의 위성사진을 보여주었다. 그는 "이렇게 휴대전화로 위성사진을 볼 수 있습니다. 정말 대단하지 않습니까?"[4]라고 말하면서 시연을 마무리 지었다. 이처럼 잡스는 각본에 따라 시연을 한 것이었지만 철저한 연습을 거쳤기 때문에 핵심 단어들을 노트에 나열하는 것만으로도 프레젠테이션을 성공시킬 수 있었다.

이제 잡스처럼 대화하듯이 프레젠테이션하려면 많은 연습이 필요하다는 사실을 알았을 것이다. 그리고 연습하는 방법이 중요하다는 사실도 알았을 것이다. 슬라이드는 진행 단계를 보여주는 지침으로만 활용하라. 각 슬라이드에는 하나의 핵심 주제를 담고 그에 관련된 요점들을 기억해야 한다. 그러면 요점을 한두 가지 잊어도 최소한 핵심 주제는 언급할 수 있다. 무엇보다 각본을 버려라. 계속 메모를 보고 있으면 청중의 주의를 분산시키고 그들과 정서적으로 소통하는 데 방해가 된다. 극적인 연출은 프레젠테이션을 특별한 경험으로 만들어주지만 연출이 적혀 있는 각본은 자연스런 프레젠테이션의 장애물이다.

조엘 오스틴의 설교법

조엘 오스틴 Joel Osteen은 아주 유명한 목사다. 그는 휴스턴의 레이크우드 Lakewood 교회에서 매주 4만 7,000명의 신도들을 상대로 설교한다. 오스틴의 설교는 텔레비전으로도 중계된다. 그는 대화하듯이 자연스럽게 말한다. 그리고 매주 30분씩 설교하면서도 언제나 청중에게 감동을 준다. 과연 그 비결이 무엇일까?

첫째, 오스틴은 설교에 전념한다. 그는 수요일에 내용을 만들고 나흘 동안 연습한다. 둘째, 오스틴은 각본을 참조하지만 티를 내지 않는다. 그는 각본을 연단 위에 놓지만 연단 뒤에 서는 경우가 드물다. 그는 항상 신도들과 눈을 맞추며 신도들과의 사이에 장애물을 놓지 않는다. 오스틴은 각본을 그대로 읽는 경우가 드물다. 대신 그는 연단으로 가서 흘긋 각본을 보고는 그대로 반대편으로 걸어가면서 설교를 이어간다.

프레젠터의 노트

》 시연처럼 구체적인 단계를 따라야 하는 특별한 경우를 제외하고 메모를 읽지 마라.

》 메모가 필요할 때는 슬라이드마다 요점 서너 개만 적어라. 하나이면 더 좋다.

》 슬라이드 이미지를 보고 핵심 주제를 떠올려라.

18장

즐겨라

"맥북 프로는 너무 굉장해서 모두가 갖고 싶어 합니다."

— 스티브 잡스

애플은 2002년 맥 OS X에 대한 이용자와 개발자들의 관심을 끌기 위해 애썼다. 잡스는 세계개발자회의에서 본격적인 홍보에 나섰다.

 잡스는 프레젠테이션이 시작될 때 무대에 나타나지 않았다. 대신 장중한 파이프 오르간 곡이 깔리는 가운데 관 주위로 흰 연기가 피어올랐다. 잠시 후 커튼 뒤에서 등장한 잡스는 관으로 걸어가 뚜껑을 열고 애플의 기존 운영체제인 OS 9의 박스 모형을 꺼냈다. 청중은 그제야 그 의미를 깨닫고 웃으며 박수를 쳤다. 잡스의 코미디 쇼는 계속되었다. 그는 종이를 꺼내 추도문을 읽기 시작했다. 그 내용은 다음과 같다.

맥 OS 9는 우리 모두의 친구였습니다. 그는 우리를 위해 쉼 없이 일했습니다. 가끔 자신을 잊고 다시 시작해야 할 때를 제외하면 언제나 명령에 따라 프로그램을 움직였습니다. 그는 1998년 10월에 세상에 나왔습니다. … 오늘 우리는 돌아간 OS 9를 추모하기 위해 이 자리에 모였습니다. 그는 틀림없이 하늘나라로 올라가 부팅할 때마다 보여주었던 미소를 지으며 이곳을 내려다보고 있을 것입니다. 그는 다음 세대인 OS X 속에 살아 있을 것입니다. … 저와 함께 우리의 친구 맥 OS 9를 추모하며 잠시 묵념해 주십시오.[1]

잡스는 다시 관으로 걸어가 모형을 넣고 뚜껑을 닫은 다음 그 위에 장미를 놓았다. 청중은 다시 웃음을 터뜨렸다. 잡스는 그것으로 하고 싶은 말을 대신했다. 그리고 그 과정을 즐겼다.

잡스는 프레젠테이션을 즐긴다. 물론 철저한 계획과 준비, 오랜 연습, 그리고 모든 슬라이드와 시연을 빈틈없이 만들기 위한 노력에도 불구하고 때때로 일이 잘못될 수 있다. 그래도 잡스는 사소한 문제에 흔들리지 않는다. 시연이 잘못돼도 끝까지 재미있게 프레젠테이션을 진행한다.

잡스는 2007년 맥월드에서 아이폰의 잠재력을 설명하면서 "시장이 얼마나 큰지 봅시다"라고 말했다. 그런데 슬라이드가 넘어가지 않았다. 그는 "클리커가 고장 났네요"라고 말한 후 컴퓨터를 확인하기 위해 무대 오른쪽으로 걸어갔다. 이때 슬라이드가 다음 장으로 넘어갔다. 잡스는 "이제 되는 모양입니다"라고 말하면서 다시 클리커를 눌렀다. 그런데 여전히 슬라이드가 넘어가지 않았다. 다른 클리커도 마찬가지였다. 그는 웃으며 "클리커가 말을 듣질 않네요. 지금 무대 뒤에서 난리가 났습니다"[2]라고 말했다. 그 말에 청중은 웃음을 터뜨렸다. 잡스는 클리커를 고치는 몇 초 동안 잠시 멈추었다가 여유 있게 웃으며 프레젠테이션을 이어갔다.

> 옛날 일이 생각나네요. 고등학교 시절 워즈(스티브 워즈니악)와 함께 텔레비전 교란기라는 걸 만들었습니다. 전파를 쏘아서 텔레비전 화면을 엉망으로 만드는 작은 기계였지요. 워즈는 그걸 호주머니에 넣고 다녔습니다. 하루는 워즈가 다니는 버클리 기숙사에 갔어요. 사람들이 텔레비전 앞에 모여 〈스타트렉〉을 보고 있더라고요. 그때 워즈가 교란기를 켰습니다. 그러자 누군가 나가서 화면을 조정했어요. 워즈는 교란기를 잠시 껐다가 나갔던 사람이 돌아서면 다시 켰어요. 그러기를 5분 동안 했더니 그 사람 몸이 이렇게 되더라고요(그림 18.1). 아, 이제 고쳐진 모양이군요.[3]

잡스는 이 일화를 들려주면서 털털하고 인간미 넘치는 표정과 행동을 드러냈다. 덕분에 그는 더욱 친근한 느낌으로 청중에게 다가갈 수 있었다. 경험 많은 프레젠터들도 갑자기 발생한 사소한 문제에 평정심을 잃곤 하지만, 잡스는 문제가 생겨도 당황하는 법이 없었다.

》 **그림 18.1** 고등학교 시절 워즈니악과 함께 장난쳤던 일을 들려주는 잡스

(사진) 데이비드 폴 모리스(David Paul Morris)/게티 이미지

유튜브에는 잡스가 실수하는 모습을 모은 5분짜리 동영상이 있다.⁴ 잡스가 연습하는 데 들이는 시간을 감안하면 놀라울 정도로 실수가 많다. 이 동영상은 아무리 철저하게 준비해도 문제가 생길 수 있다는 사실을 말해준다. 프레젠테이션을 하다 보면 슬라이드가 넘어가지 않을 수도 있고, 엉뚱한 슬라이드로 넘어갈 수도 있으며, 시연이 제대로 안 될 수도 있다. 이런 문제들은 철저하게 준비해도 생길 수 있다. 그리고 당신이 프레젠테이션을 할 때도 생길 수 있다.

잡스처럼 뛰어난 프레젠터들은 예상치 못한 문제가 발생해도 침착한 모습을 유지한다. 청중은 바로 그런 모습에서 무대를 완벽하게 장악한 배우를 본다. 잡스는 문제가 생겨도 집중력을 잃지 않는다. 그저 웃으며 상황을 설명한 다음, 자신의 이야기를 이어갈 뿐이다.

사소한 것에 땀 흘리지 마라

잡스는 2008년 맥월드에서 애플 TV를 소개하면서 사진 공유 사이트인 플리커Flickr에 접속했다. 그는 사이트에 있는 사진을 바로 텔레비전 화면에 띄우는 방법을 보여주려고 했다. 그런데 스크린이 검게 변해버렸다. 잡스는 20초 정도 걸려 문제를 해결한 후 청중을 보며 "플리커가 저기에는 사진을 올려주지 않는 모양입니다"[5]라고 말했다.

잡스는 무대에 서면 어떤 일에도 흔들리지 않는다. 그는 문제를 알린 다음 여유 있게 농담을 던지면서 프레젠테이션을 이어간다. 그는 애플 TV에 대한 소개를 마치면서 "영화, 텔레비전 프로그램, 음악, 팟캐스트, 닷-맥dot-Mac과 이상이 없을 경우 플리커의 사진을 모두 텔레비전 화면으로 즐길 수 있습니다. 오늘 그 점을 보여드리고 싶었습니다. 놀랍지 않습니까?"[6]라고 말했다. 이처럼 그는 결코 열정을 잃지 않는다. 시연이 완벽하게 되지 않아도 제품에 대한 열정은 결코 사그라지지 않는다.

아무리 준비를 잘해도 일이 계획대로 진행되지 않을 수 있다. 여기서 나는 일이 '잘못된다'고 하지 않았다. 그 문제 때문에 프레젠테이션을 망쳐야 일이 잘못된 것이다. 청중은 생활을 개선시켜 줄 제품이나 서비스 혹은 계획에 대한 내용을 알고 싶어서 그 자리에 있다. 그래서 잡스는 시연이 잘못되어도 평정심을 잃지 않는다. 그는 문제를 알리고 해결될 때까지 침착하게 기다린다.

한번은 프레젠테이션을 하던 도중 디지털 카메라에 문제가 생긴 적이 있었다. 잡스는 앞줄에 앉은 직원에게 카메라를 건네면서 "이걸 고치려면 전문가가 필요해요. 저한테는 버거워요. 하지만 제대로 작동만 되면 아주 멋진 제품입니다"[7]라고 말했다. 이처럼 잡스는 심지어 문제가 생겨도 원래는 멋진 제품이라고 말하는 것을 잊지 않았다.

피겨스케이팅 선수가 화려한 연기를 하는 모습을 본다고 상상해보라. 피겨스케이팅에서는 조금만 실수를 해도 엉덩방아를 찧게 된다. 그런 일이 생기면 당신은 선수가 다시 일어나 무사히 연기를 마치기를 바란다. 당신의 프레젠테이션을 듣는 청중도 마찬가지다. 당신을 빼고 누구도 완벽함을 기대하지 않는다. 청중은 당신이 다시 일어서기만 하면 사소한 실수는 얼마든지 눈감아준다.

이것이 인포테인먼트다(infotainment)!

대부분의 프레젠터들은 청중이 정보와 즐거움을 동시에 원한다는 사실을 잊는다. 반면 잡스는 프레젠테이션을 인포테인먼트 infotainment로 본다. 그는 청중에게 새로운 정보를 재미있게 전달한다. 청중으로서는 더 이상 바랄 것이 없다. 프레젠터들은 대개 웃지도 않고 순간을 즐기지도 않는다. 그들은 '프레젠테이션 모드'로 들어가 정작 중요한 열정을 드러내지 못한다. 반면 잡스는 언제나 무대에서 환하게 웃으며 주로 마이크로소프트를 놀리는 농담을 던진다.

잡스는 2003년 10월 16일 한 프레젠테이션에서 아메리카온라인 AOL과의 제휴와 아이튠즈의 새 기능을 설명했다. 그리고 청중이 다 끝났다고 생각할 때 '한 가지 더' 소개할 것이 있다고 말했다. 그는 '많은 사람들이 지금까지 불가능하다고 생각했던 일'이 일어났다고 말하면서 스크린을 가리켰다. 거기에는 '해가 서쪽에서 뜨다'라는 문구가 적혀 있었다. 그는 "오늘 불가능한 일이 일어났다는 사실을 알려드립니다"[8]라고 말했다. 불가능한 일이란 바로 윈도우용 아이튠즈였다. "아이튠즈는 아마도 지금까지 나온 최고의 윈도우용 애플리케이션일 겁니다!"라는 잡스의 말에 청중은 큰 웃음을 터뜨렸다. 잡스는 뜻밖의 발표에 흥분한 청중의 반응을 즐겼다.

애플의 공동 설립자인 스티브 워즈니악은 잡스와 자기가 똑같이 좋아하는 두 가지가 있다고 말했다. 그것은 전자기기와 장난이었다. 잡스는 워즈니악과 함께 부모님의 차고에서 컴퓨터를 만들던 1970년대 초부터 개인용 컴퓨터를 대중화하는 일에 열정을 가졌다. 그리고 그 열정은 잡스의 모든 프레젠테이션에서 드러났다. 잡스의 프레젠테이션은 열정과 흥분, 정보, 그리고 무엇보다

재미를 추구하는 리처드 브랜슨

"내게는 아무런 비결이 없습니다. 비즈니스에서 따라야 할 규칙은 없습니다. 나는 단지 열심히 일하고 언제나 그랬듯이 할 수 있다고 믿을 뿐입니다. 그리고 무엇보다 즐기려고 노력합니다."

— 리처드 브랜슨

재미를 전달한다. 이 모든 요소는 잡스의 삶을 반영하기 때문에 프레젠테이션에도 자연스럽게 반영될 수 있었다.

2009년 잡스가 병가를 냈을 때 애플의 주가는 크게 떨어졌다. 투자가들은 잡스 없이 애플이 계속 성공할 수 있을지 걱정했다. 그러나 애널리스트인 쇼 우Shaw Wu는 다른 시각을 갖고 있었다. 쇼 우는 애플이 잡스 없이도 발전할 것이라고 주장했다. 이미 그의 정신이 애플 안에 내재화되었기 때문이라는 것이다. 쇼 우는 애플이 세상을 바꾸고자 하는 부지런한 인재들을 끌어들이는 능력이 대단하다고 말했다.

〈PC 월드〉는 잡스가 프레젠테이션을 예술의 경지로 끌어올렸다고 평가하면서 빨리 건강을 회복하여 다시 무대에 서주기를 희망했다.[9]

잡스는 30년 넘게 세상에 특별한 마법을 선보였다. 맥을 쓰는 사람이든 PC를 쓰는 사람이든, 우리는 모두 잡스를 통해 밥 딜런의 노래 가사에 나오는 '마법의 배'를 탈 수 있었다.[10] 지금까지 우리는 그가 소개한 마법의 배를 타고 흥미로운 여행을 했다. 이

제 잡스가 보여준 마법의 힘을 빌려 마음껏 발휘해보자. 아무도 상상하지 못했던 멋진 프레젠테이션을 당신도 충분히 할 수 있을 것이다.

프레젠터의 노트

» 프레젠테이션을 '인포테인먼트'로 생각하라. 청중은 정보와 즐거움을 동시에 원한다. 프레젠테이션을 진심으로 즐겨라. 그러면 그 즐거움을 청중도 느낄 것이다.

» 절대 사과하지 마라. 예상치 못한 문제로 청중의 주의를 분산시켜서 얻을 것이 없다. 문제가 생기면 침착하게 상황을 전달하고 웃으면서 이야기를 이어가라. 혼자만 아는 문제라면 언급할 필요가 없다.

» 임기응변을 발휘하라. 문제가 생겨도 나머지 프레젠테이션에 지장만 주지 않는다면 일이 잘못된 것은 아니다. 큰 그림을 잊지 말고 상황을 즐겨라.

맺는말

'한 가지 더'

> "항상 배고프게, 항상 미련하게 사십시오
> (Stay hungry, stay foolish)."
>
> – 스티브 잡스

스티브 잡스는 청중을 궁금하게 만든다. 종종 그는 프레젠테이션을 끝내기 전에 '한 가지 더' 말할 것이 있다고 밝힌다. 가령 2000년 맥월드 기조연설에서 잡스는 마지막에 가서야 '임시' 딱지를 떼고 정식 CEO로 복귀할 것이라고 발표했다. 청중은 이런 의외의 요소를 좋아한다. 그러나 지금은 청중이 언제나 '한 가지 더'를 기대하기 때문에 만족시키기가 힘들다. 이미 알고 있는 깜짝 발언은 더 이상 놀랍지 않다.

 그래도 나는 잡스처럼 '한 가지 더' 덧붙이고 싶다. 잡스는 췌장암을 극복한 지 얼마 되지 않은 2005년 6월 12일 스탠포드대학에서 졸업 축사를 했다. 이 축사는 인터넷에서 엄청난 화제가 되었다. 그가 연설하는 모습을 담은 동영상은 유튜브에서 오프라,

《마지막 강의 The Last Lecture》의 저자 랜디 포시 Randy Pausch,《해리 포터》 시리즈의 저자 J. K. 롤링 같은 다른 유명인들의 동영상보다 훨씬 많은 조회 수를 기록했다.

잡스는 프레젠테이션을 흥미롭게 만드는 요소들로 축사를 구성했다. 단지 슬라이드를 쓰지 않았을 뿐, 나머지는 전형적인 잡스 식 연설이었다. 지금부터 그의 탁월한 프레젠테이션 기술이 어떻게 축사에 적용되었는지 살펴보자. 가능하면 스탠포드대학 홈페이지에서 전체 동영상을 보기를 권한다.[1]

> 오늘 여러분에게 제 인생의 세 가지 이야기를 들려주고 싶습니다. 그게 다입니다. 거창한 연설이 아닙니다. 그저 세 가지 이야기만 하겠습니다.

이 축사에서도 5장에서 설명한 3의 법칙이 적용되었다. 잡스는 세 가지 이야기를 들려주겠다고 미리 알려서 로드맵을 그려주었다. 이 축사 구조는 아주 단순하게 인사말, 세 가지 이야기, 맺는말로 되어 있다.

> 첫 번째 이야기는 점을 잇는 일에 대한 것입니다.

잡스는 6개월 만에 리드대학을 중퇴한 후 처음에는 불안감에 사로잡혔다고 말했다. 그러나 서예처럼 관심 있는 수업을 들은 것이 나중에 큰 도움이 되었다. 그로부터 10년 후 그는 다양한 서체를 매킨토시에 반영하여 '점을 이었다.'

서예에는 아름답고 역사적이며, 과학으로 파악할 수 없는 예술적인 의미가 있었습니다. 그래서 너무나 멋있어 보였습니다.

잡스는 일찍이 단순성과 디자인에 대한 열정을 발견했다. 그는 세상을 바꾸겠다는 선구자적 열정을 깨달은 후에는 절대 뒤를 돌아보지 않았다. 이런 열정은 청중에게도 전염된다.

두 번째 이야기는 사랑과 상실에 대한 것입니다.

잡스는 20세에 컴퓨터와 사랑에 빠졌고, 그 열정을 친구인 워즈니악과 나눈 이야기를 들려주었다. 그는 10년 만에 애플을 20억 달러 규모의 회사로 키웠지만 30세에 해고당하고 말았다.

지금까지 저를 지탱시켜준 유일한 힘은 제가 하는 일을 사랑했던 것이라고 생각합니다. 여러분도 사랑하는 일을 찾아야 합니다.

열정은 잡스에게 인생의 핵심이다. 잡스는 자신이 진정한 열정을 추구했기 때문에 성공했다고 믿는다. 여기에는 많은 진실이 담겨 있다. 메시지에 열정을 담지 않으면 어떤 프레젠테이션 기법도 소용이 없다. 가드너의 말처럼 너무나 하고 싶어서 내일이 될 때까지 기다릴 수 없는 일을 찾아라. 그러면 진정한 소명을 발견하게 될 것이다.

　　세 번째 이야기는 죽음에 대한 것입니다.

이 말 다음에 잡스의 축사에서 가장 감동적인 부분이 이어졌다. 그는 의사로부터 췌장암 때문에 앞으로 3~6개월밖에 살 수 없다고 들었던 일을 회고했다. 다행히 그가 걸린 췌장암은 드물게 치료 가능한 유형이었다. 그 경험은 잡스에게 매우 강렬한 인상을 남겼다.

　　누구도 죽고 싶어 하지 않습니다. 천국에 가고 싶어 하는 사람
　　조차 죽고 싶어 하지는 않습니다.

잡스는 언제나 재미있는 말을 빠뜨리지 않는다. 그는 무거운 주제를 다룰 때도 웃음을 가미할 줄 안다.

　　여러분의 시간은 한정되어 있습니다. 그러니 다른 사람에게 맞는 삶을 사느라 시간을 낭비하지 마십시오. 선입견에 갇히면 안 됩니다. 그것은 다른 사람들의 생각대로 사는 것입니다. 다른 사람들의 의견에 자기 내면의 목소리가 묻혀서는 안 됩니다.

이 문장은 같은 내용을 반복하여 강조하는 표현법을 썼다. 마틴 루터 킹도 "제게는 꿈이 있습니다"라는 문장을 반복하면서 말하고자 하는 내용을 심화시켰다. 처칠, 마틴 루터 킹, 레이건, 오바마 같은 뛰어난 연설가들은 모두 반복법으로 강력한 주장을 전개했다. 잡스가 보여주었듯이 정치적 연설에서만 반복법을 쓸 수 있는 것은 아니다. 청중에게 강한 인상을 주고 싶은 사람은 누구나 쓸 수 있다.

그리고 가장 중요한 일은 열정과 직관을 추구할 용기를 갖는 것입니다. 열정과 직관은 여러분이 진정으로 되고 싶어 하는 것을 압니다. … 항상 배고프게, 항상 미련하게 사십시오.

잡스는 "항상 배고프게, 항상 미련하게 사십시오 Stay hungry, stay foolish"라고 헤드라인이자 핵심 주제를 말하면서 축사를 마무리 지었다. 잡스는 보통 프레젠테이션에서 헤드라인을 몇 번씩 반복하는데, 이 축사에서는 '항상 배고프게, 항상 미련하게 사십시오'라는 말을 세 번이나 반복했다.

잡스의 축사는 기업가이자 프레젠터로서 그가 성공한 비결을 말해준다. 잡스는 자신이 하는 일을 사랑하고 위기를 기회로 보며, 탁월함을 열정적으로 추구한다. 잡스는 신제품 개발이든, 회사 경영이든, 혹은 프레젠테이션이든 간에 모든 일에 존재하는 가치를 굳게 믿는다.

여기에 잡스가 주는 가장 중요한 교훈이 있다. 그는 자신과 자신의 이야기를 믿는 일의 힘을 보여준다. 잡스는 평생 열정을 추구했다. 당신도 열정을 담아서 청중을 사로잡아라. 그러면 잡스처럼 대단한 프레젠테이션에 한 걸음 더 다가설 수 있을 것이다.

감사의 글

이 책을 쓰는 동안 많은 사람들의 도움을 받았다. 우선 무엇보다 가족, 동료, 맥그로힐의 직원들로부터 책 내용을 구성하는 데 많은 도움을 받았다. 그중에서도 열정적인 조언을 아끼지 않은 편집자 존 애헌 John Aherne 과 이 모든 일을 가능하게 만든 케냐 헨더슨 Kenya Henderson 에게 깊이 감사드린다. 그리고 맥그로힐의 디자인, 마케팅, 홍보 담당자들은 출판업계에서 최고로 손꼽히는 전문가들이다. 그들이 이 책에 나와 같은 열의를 보여주어 영광스럽게 생각한다.

아내 바네사는 갈로커뮤니케이션그룹 Gallo Communications Group 을 맡아 운영한다. 그럼에도 아내는 원고를 준비하기 위해 쉼 없이 일했다. 회사를 운영하고 아이 두 명을 돌보면서도 따로 시간을 내 원고를 도와준 그녀는 초인의 경지에 오른 것 같다.

그리고 나의 칼럼을 다듬어준 비즈니스위크닷컴의 편집자 닉 리버 Nick Leiber 에게 깊이 감사드린다. 에이전트인 에드 크냅먼 Ed Knappman 에게도 고마움을 전한다. 그는 누구에게도 뒤지지 않을 지식과 통찰력이 있다.

언제나 나를 응원해주시는 부모님께도 감사드린다. 그리고 원고를 준비하느라 평소에 함께 시간을 보내지 못하고, 주말에 골프에 빠져도 이해해준 티노, 다나, 프란체스코, 닉, 패티, 켄을 비롯한 친구와 가족들에게도 고마움을 전한다. 이제는 그들과 골프를 함께할 수 있다.

딸 조세핀과 렐라는 내 영감의 원천이다. 원고를 쓰는 동안 나를 기다려준 보상으로 놀이공원에 데려갈 생각이다.

머리말

1 Jon Fortt, "Steve Jobs, Tech's Last Celebrity CEO," *Fortune*, 2008. 12. 19., http://money.cnn.com/2008/12/19/technology/fortt_tech_ceos.fortune/?postversion=2008121915.
2 Wikipedia, "Charisma," http://en.wikipedia.org/wiki/charisma.
3 Nancy Duarte, *Slide:ology* (Sebastopol, CA: O'Reilly Media, 2008), p. xviii.
4 Stephen Wilbers, "Good Writing for Good Results: A Brief Guide for Busy Administratiors," *The College Board Review*, no. 154(1989-90), via Wilbers, wilbers.com/cbr%20article.htm.
5 Michael Hiltzik, "Apple's Condition Linked to Steve Jobs's Health," *Los Angeles Times*, 2009. 1. 5., latimes.com/business/la-fo/hiltzik5-2009jan05,0,7305482.story.
6 "The Big Idea with Donny Deutsch," CNBC.
7 Wikipedia, "Steve Jobs," include Job's quote, http://en.wikiquote.org/wiki/steve_jobs.
8 Alan Deutschman, *The Second Coming of Steve Jobs* (New York: Broadway Books, 2001), p. 127.

1막 이야기를 창조하라

1장_ 아날로그 방식으로 계획을 세워라

1 Garr Reynolds, *Presentation Zen* (Berkeley: New Riders, 2008), p. 45.
2 Nancy Duarte, *Slide:ology* (Sebastopol, CA: O'Reilly Media, 2008).
3 Cliff Atkinson, *Beyond Bullet Points* (Redmond, WA: Microsoft Press, 2005), p. 14.
4 같은 책, p. 15.
5 Apple, "Macworld San Francisco 2007 Keynote Address," Apple, apple.com/quicktime/qtv/mwsf07.
6 YouTube, "Steve Jobs, 'Computers Are Like a Bicycle for Our Minds,'" youtube.com/watch?v=ob_GX50Za6c.
7 John Paczkowski, "Apple CEO Steve Jobs," D5 Highlights from D: All Things Digital, May 30, 2007, http://d5.allthingsd.com/20070530/steve-jobs-ceo-of-apple.
8 Apple, "WWDC 2008 Keynote Address," apple.com/quicktime/qtv/wwdc08.
9 Leander Kahney, *Inside Steve's Brain* (New York: Penguin Group, 2008), p. 29.

2장_ 주목해야만 하는 이유를 제시하라

1 YouTube, "The First iMac Introduction," youtube.com/watch?v=0BHPtoTctDy.
2 YouTube, "Apple WWDC 2005—The Intel Switch Revealed," youtube.com/watch?v=ghdTqnYnFyg.
3 Wikipedia, "Virtual Private Server," http://en.wikipedia.org/wiki/server_virtualization.
4 Ashlee Vance, "Cisco Plans Big Push into Server Market," *New York Times*, 2009. 1. 19, nytimes.com/2009/01/20/technology/companies

/20cisco.html?scp=1&sq=cisco%20+virtualization&st=search.

5 YouTube, "Macworld 2003—The Keynote Introduction (Part 1)," youtube.com/watch?v=ZZqYn77dT3s&feature=related.

6 Apple, "Apple Introduces the New iPod Nano: World's Most Popular Digital Music Player Features New Aluminum Design in Five Colors and Twenty-Four-Hour Battery Life," Apple press release, 2006. 9. 12, apple.com/pr/library/2006/sep/12nano.html.

7 Apple, "Apple Announces Time Capsule: Wireless Backup for All Your Macs," Apple press release, 2008. 1. 15, apple.com/pr/library/2008/01/15timecapsule.html.

8 YouTube, "3G iPhone WWDC Keynote 6/9/08," youtube.com/watch?v=mA9Jrk16Ki4.

9 YouTube, "Steve Jobs Announces iTunes 8 with Genius," youtube.com/watch?v=6XsgEH5HMvl.

10 YouTube, "Steve Jobs CNBC Interview: Macworld 2007," youtube.com/watch?v=0my4eis82jw&feature=playlist&p=0520CA6271486D5B&playnext=1&index=13.

11 Guy Kawasaki, *The Macintosh Way* (New York: HarperCollins, 1990), p. 100.

3장_ 목적의식으로 무장하라

1 John Scully, *Odyssey* (New York: Harper & Row, 1987), p. 90.

2 Alan Deutschman, *Inside Steve's Brain* (New York: Penguin Group, 2008), p. 168.

3 Standford University, "'You've Got to Find What You Love,' Jobs Says," *Stanford Report*, 2005. 6. 14., http://news-service.stanford.edu/news/2005/june15/jobs-061505.html.

4 YouTube, "Macworld Boston 1997—Full Version," youtube.com/watch?v=PEHNrqPkefl.

5 Carmine Gallo, "From Homeless to Multimillionaire," *BusinessWeek*, 2007. 7. 23, businessweek.com/smallbiz/content/jul2007/sb20070723_

608919.htm.
6 Jim Collins, Jerry Porras, *Built to Last: Successful Habits of Visionary Companies* (New York: HarperBusiness, 1994), p. 48.
7 *Triumph of the Nerds*, PBS documentary, Robert X. Cringely(1996: New York).
8 Wikipedia, "Steve Jobs," http://en.wikiquote.org/wiki/steve_jobs.
9 Malcolm Gladwell, *Outliers* (New York: Little, Brown and Company, 2008), p. 64.
10 John Paczkowski, "Bill Gates and Steve Jobs," 2007. 5. 30., http://d5.allthingsd.com/20070530/d5-gates-jobs-interview.
11 Smithsonian Institution, "Oral History Interview with Steve Jobs," 1995. 4. 20., http://americanhistory.si.edu/collections/comphist/sj1.html.
12 Marcus Buckingham, *The One Thing You Need to Know* (New York: Free Press, 2005), p. 59.
13 같은 책, pp. 61-62.
14 'Oprah,' Harpo Productions.
15 John Scully, *Odyssey* (New York: Harper & Row, 1987), p. 65.
16 *BusinessWeek*, "Steve Jobs: He Thinks Different," 2004. 11. 1., businessweek.com/magazine/content.04_44/b390625_mz072.htm.
17 Jeff Goodell, "Steve Jobs: The *Rolling Stone* Interview," *Rolling Stone*, 2003. 12. 3., rollingstone.com/news/story/5939600/steve_jobs_the_rolling_stone_interview/.
18 Jim Collins, Jerry Porras, *Built to Last: Successful Habits of Visionary Companies* (New York: HarperBusiness, 1994), p. 234.
19 *Triumph of the Nerds*, PBS documentary, Robert X. Cringely(1996: New York).
20 Gary Wolf, "Steve Jobs: The Next Insanely Great Thing," *Wired*, 1996, wired.com/wired/archive/4.02/jobs_pr.html.
21 Wikipedia, "Think Different," http://en.wikipedia.org/wiki/think_different.
22 Alan Deutschman, *The Second Coming of Steve Jobs* (New York: Broadway Books, 2001), p. 242.
23 Apple, "Macworld San Francisco 2007 Keynote Address," apple.

com/quicktime/qtv/mwsf07.

4장_ 트위터 식 헤드라인을 만들어라

1 Apple, "Macworld 2008 Keynote Address," apple.com/quicktime/qtv/mwsf08.
2 Apple, "Apple Introduces MacBook Air—The World's Thinnest Notebook," 2008. 1. 15., apple.com/pr/library/2008/01/15mbair.html.
3 Apple, "Macworld 2008 Keynote Address," apple.com/quicktime/qtv/mwsf08.
4 같은 자료.
5 CNBC, "Steve Jobs Shows off Sleek Laptop," http://video.nytimes.com/video/2008/01/15/technology/1194817476407/steve-jobs-shows-off-sleek-laptop.html.
6 같은 자료.
7 Apple, "Apple Introduces MacBook Air—The World's Thinnest Notebook," 2008. 1. 15., apple.com/pr/library/2008/01/15mbair.html.
8 Apple, "Macworld San Francisco 2007 Keynote Address," apple.com/quicktime/qtv/mwsf07.
9 YouTube, "Steve Jobs Introduces GarageBand 1.0," youtube.com/watch?v=BVXWFgQvdlK.
10 YouTube, "The First iMac Introduction," youtube.com/watch?v=0BHPtoTctDY.
11 YouTube, "Apple Music Event 2001—The First Ever iPod Introduction," youtube.com/watch?v=KN0SVBCjqLs&feature=related.
12 Matthew Fordahl, "Apple's New iPod Player Puts '1,000 Songs in Your Pocket,'" 2001. 11. 1., http://seattlepi.nwsource.com/business/44900_ipod01.shtml.
13 YouTube, "Macworld 2003—The Keynote Introduction(Part 1)," youtube.com/watch?v=ZZqYn77dT3s&feature=related.
14 Apple, "Apple Unveils Keynote," 2003. 1. 7., apple.com/pr/library/2003/jan/07keynote.html.

5장_ 로드맵을 그려라

1. Apple, "Macworld San Francisco 2007 Keynote Address," apple.com/quicktime/qtv/mwsf07.
2. YouTube, "The Lost 1984 Video(The Original 1984 Macintosh Introduction)," youtube.com/watch?v=2B-XwPjn9YY.
3. YouTube, "Apple WWDC 2005—The Intel Switch Revealed," youtube.com/watch?v=ghdTqnYnFyg.
4. Edward Baig, "Windows 7 Gives Hope for Less-Bloated Operating System," *USA Today*, sec. 6B. 2009. 1. 22.
5. Apple, "WWDC 2008 Keynote Address," apple.com/quicktime/qtv/wwdc08.
6. CESweb.org, "Steve Ballmer and Robbie Bach Keynote: International Consumer Electronics Show 2009," 2009. 1. 7., cesweb.org/docs/microsoft-steveballmer-_robbiebach-transcript.pdf.
7. Apple, "Macworld 2008 Keynote Address," apple.com/quicktime/qtv/mwsf08.
8. YouTube, "Apple Music Event 2001—The First Ever iPod Introduction," youtube.com/watch?v=kN0SVBCJqLS&feature=related.
9. Stanford University, "'You've Got to Find What You Love,' Jobs Says," *Stanford Report*, 2005. 6. 14., 2005. 6. 12., http://news-service.stanford.edu/news/2005/june15/jobs-061505.html.
10. John F. Kennedy Presidential Library and Museum, "Special Message to the Congress on Urgent National Needs Page 4," 1961. 5. 25., jfklibrary.org/historical+resources/archives/reference+desk/speeches/jfk/urgent+national+needs+page+4.htm.
11. American Rhetoric, "Barack Obama 2004 Democratic National Convention Keynote Address: The Audacity of Hope," 2004. 7. 27., americanrhetoric.com/speeches/convention2004/barackobama2004dnc.htm.
12. American Rhetoric, "Baraack Obama Presidential Inaugural Address: What Is Required: The Price and Promise of Citizenship," 2009. 1. 20., americanrhetoric.com/speeches/barackobama/barackobamainauguraladdress.htm.

13 American Rhetoric, "Jim Valvano Arthur Ashe Courage & Humanitarian Award Acceptance Address," 1993. 3. 4., americanrhetoric.com/speeches/jimvalvanoespyaward.htm.

6장_ 공공의 적을 내세워라

1. Wikipedia, "1984(Advertisement)," http://en.wikipedia.org/wiki/1984_ad.
2. YouTube, "1983 Apple Keynote—The '1984' Ad Introduction," youtube.com/watch?v=ISiQA6KKyJo.
3. YouTube, "Macworld 2007—Steve Jobs Introduces iPhone—Part 1," youtube.com/watch?v=PZoPdBh8KUS&feature=related.
4. YouTube, "Steve Jobs CNBC Interview: Macworld 2007," youtube.com/watch?v=0mY4EIS82Jw.
5. Martin Lindstrom, *Buyology* (New York: Doubleday, 2008), p. 107.
6. 같은 책.
7. John Medina, *Brain Rules* (Seattle: Pear Press, 2008), p. 84.
8. YouTube, "Macworld SF 2003 Part 1," youtube.com/watch?v=ISiQA6KKyJo.
9. Demo.com, TravelMuse, Inc., DEMO 2008, demo.com/watchlisten/videolibrary.html?bcpid=1127798146&bclid=1774292996&bctid=1778578857.
10. *An Inconvient Truth*, DVD (Paramount Pictures, 2006).

7장_ 영웅을 드러내라

1. YouTube, "1983 Apple Keynote," youtube.com/watch?v=ISiQA6KKyJo.
2. YouTube, "Apple Music Event 2001—The First Ever iPod Introduction," youtube.com/watch?v=kN0SVBCJqLs&feature=related.
3. Mike Langberg, "Sweet & Low: Well-Designed iPod Upstarts Are Music for the Budget," *Seattle Times*, sec. C6, 2003. 8. 9.
4. Apple, "Out of the Box," apple.com/getamac/ads.

5   YouTube, "New iPhone Shazam Ad," youtube.com/watch?v=P3NSsVKcrnY.
6   Apple, "Why You'll Love a Mac," Get a Mac page, apple.com/getamac/whymac.
7   YouTube, "Macworld San Francisco 2006—The MacBook Pro Introduction," youtube.com/watch?v=I6JWqllbhXE.
8   Smithsonian Institution "Oral and Video Histories-Steve Jobs," 1995. 4. 20., http://americanhistory.si.edu/collections/comphist.sj1.html.

막간극 1_ 10분 규칙을 엄수하라

1   John Median, *Brain Rules* (Seattle: Pear Press, 2008), p. 74.
2   Apple, "Macworld San Francisco 2007 Keynote Address," apple.com/quicktime/qtv/mwsf07.

2막 경험으로 만들어라

8장_ 슬라이드를 단순하게 구성하라

1   Rob Walker, "The Guts of a New Machine," *New York Times*, 2003. 11. 30., nytimes.com/2003/11/30/magazine/30ipod.html?pagewanted=1&ei=5007&en=750c9021e58923d5&ex=1386133200.
2   같은 글.
3   Nancy Duarte, *Slide:ology* (Sebastopol, CA: O'Reilly Media, 2008), p. 93.
4   Gregory Berns, *Iconoclast* (Boston: Harvard Business Press, 2008), p. 36.
5   Garr Reynolds, *Presentation Zen* (Berkeley: New Riders, 2008), p. 68.
6   같은 책, p. 12.
7   Carrie Kirby, Matthew Yi, "Apple Turns Thirty: The Man Behind the Mac," SF Gate, 2006. 3. 26., sfgate.com/cgi-bin/article.cgi?file=/c/a/2006/03/26/mng7ehueq51.dtl.
8   Seth Godin's Blog, "Nine Steps to PowerPoint Magic," 2008. 10. 6., http://sethgodin.typepad.com/seths_blog/2008/10/nine-steps-to-p.html.

9 Garr Reynolds, *Presentation Zen* (Berkeley: New Riders, 2008), p. 113.
10 Leander Kahney, *Inside Steve's Brain* (New York: Penguin Group, 2008), p. 61.
11 같은 책, p. 60.
12 같은 책, p. 131.
13 Apple, "Macworld 2008 Keynote Address," apple.com/quicktime/qtv/mwsf08.
14 Apple, "Apple Special Event September 2008," apple.com/quicktime/qtv/letsfrock.
15 *Business Week*, "The Best Managers of 2008," http://images.businessweek.com/ss/09/01/0108_best_worst/14.htm.
16 Richard Mayer, Roxana Moreno, "A Cognitive Theory of Multimedia Learning: Implications for Design Principles," University of California, Santa Barbara, unm.edu/~moreno/pdfs/chi.pdf.
17 같은 글.
18 같은 글.
19 같은 글.
20 Apple, "Apple Special Event September 2008," apple.com/quicktime/qtv/letsfrock.
21 Garr Reynolds, *Presentation Zen* (Berkeley: New Riders, 2008), p. 105.
22 Nancy Duarte, *Slide:ology* (Sebastopol, CA: O'Reilly Media, 2008), p. 106.
23 Wikipedia, "Picture Superiority Effect," http://en.wikipedia.org/wiki/picture_superiority_effect.
24 John Medina, *Brain Rules* (Seattle: Pear Press, 2008), p. 234.
25 같은 책.
26 YouTube, "WWDC 2008 Steve Jobs Keynote—iPhone 3G," youtube.com/watch?v=40YW7Lco0og.
27 Apple, "WWDC 2008 Keynote Address," apple.com/quicktime/qtv/wwdc08.
28 Paul Arden, *It's Not How Good You Are, It's How Good You Want to Be* (London: Phaidon Press, 2003), p. 68.

9장_ 숫자에 옷을 입혀라

1   YouTube, "Apple Music Event 2001—The First Ever iPod Introduction," youtube.com/watch?v=kN0SVBCJqLs&feature=related.
2   Jeff Goodell, "Steve Jobs: The *Rolling Stone* Interview," *Rolling Stone*, 2003. 12. 3., rollingstone.com/news/story/5939600/steve_jobs_the_rolling_stone_interview.
3   Apple, "WWDC 2008 Keynote Address," apple.com/quicktime/qtv/wwdc08.
4   Apple, "Macworld 2008 Keynote Address," apple.com/quicktime/qtv/mwsf08.
5   John Markoff, "Burned Once, Intel Prepares New Chip Fortified by Constant Tests," *New York Times*, 2008. 11. 16, nytimes.com/2008/11/17/technology/companies/17chip.html.
6   IBM, "Fact Sheet and Background: Roadrunner Smashes the Petaflop Barrier," 2008. 6. 9., ibm.com/press/us/en/pressrelease/24405.wss.
7   Scott Harris, "What Could You Buy for $700 Billion?" *San Jose Mercury News*, sec. E, 2008. 10. 5.
8   ClimateCrisis.org, "What Is Global Warming?" http://climatecrisis.org.
9   Cornelia Dean, "Emissions Cut Won't Bring Quick Relief," *New York Times*, 2009. 1. 27.

10장_ 놀랍도록 생생한 표현을 써라

1   Apple, "WWDC 2008 Keynote Address," apple.com/quicktime/qtv/wwdc08.
2   Brent Schlender, Christine Chen, "Steve Jobs's Apple Gets Way Cooler," *Fortune*, 2000. 1. 24., http://money.cnn.com/magazines/fortune/fortune_archive/2000/01/24/272281/index.htm.
3   UsingEnglish.com, "Text Content Analysis Tool," usingenglish.com/resources/text-statistics.php.
4   Todd Bishop, "Bill Gates and Steve Jobs: Keynote Text Analysis,"

2007. 1. 14., http://blog.seattlepi.nwsource.com/microsoft/archives/110473.asp.
5 Apple, "Macworld Sanfrancisco 2007 Keynote Address," apple.com/quicktime/qtv/mwsf07.
6 Microsoft, "Bill Gates, Robbie Bach: 2007 International Consumer Electronics Show(CES)," 2007. 1. 7., microsoft.com/presspass/exec/billg/speeches/2007/01-07ces.mspx.
7 Apple, "What Is Apple's Mission Statement?" apple.com/investor.
8 Apple, "Macworld 2008 Keynote Address," apple.com/quicktime/qtv/mwsf08.
9 Carmine Gallo, *Ten Simple Secrets of the World's Greatest Business Communicators* (Naperville, IL: Sourcebooks, 2005), p. 116.
10 같은 책, p. 116-117.
11 YouTube, "Apple Music Event 2001—The First Ever iPod Introduction," youtube.com/watch?v=kN0SVBCJqLs&feature=related.
12 YouTube, "Macworld San Francisco 2003—PowerBook 17"+12" Intro(Pt. 1)," youtube.com/watch?v=3iGTDE9XqJU.
13 같은 자료.
14 YouTube, "Macworld SF 2003 Part 1," youtube.com/watch?v=Xac6NWT7EKY.
15 *Triumph of the Nerds*, PBS documentary, Robert X. Cringely(1996: New York).
16 *BusinessWeek*, 2006. 2. 6., businessweek.com/magazine/content/06_06/b3970001.htm.
17 Apple, "Apple Introduces New iPod Touch," 2008. 9. 9., apple.com/pr/library/2008/09/09touch.html.
18 YouTube, "Macworld San Francisco 2003—PowerBook 17"+12" Intro(Pt. 1)," youtube.com/watch?v=3iGTDE9XqJU.
19 Gregory Berns, *Iconoclast* (Boston: Harvard Business Press, 2008), p. 36.

11장_ 무대를 공유하라

1 YouTube, "Macworld San Francisco 2006—The Macbook Pro Introduction," youtube.com/watch?v=I6JWgIIbhXE.
2 YouTube, "Macworld Boston 1997—The Microsoft Deal," youtube.com/watch?v=WxOp5mBy9IY.
3 Apple, "Apple Special Event October 2008," apple.com/quicktime/qtv/specialevent1008.
4 Apple, "Macworld 2008 Keynote Address," apple.com/quicktime/qtv/mwsf08.
5 같은 자료.
6 Apple, "Macworld San Francisco 2007 Keynote Address," apple.com/quicktime/qtv/mwsf07.
7 Apple, "Macworld 2008 Keynote Address," apple.com/quicktime/qtv/mwsf08.
8 YouTube, "Noah Wyle as Steve—EpicEmpire.com," youtube.com/watch?v=_KRO5Hxv_No.

12장_ 시연을 활용하라

1 Apple, "Apple Special Event October 2008," apple.com/quicktime/qtv/specialevent1008.
2 Guy Kawasaki, *The Macintosh Way* (New York: HarperCollins, 1990), p. 149.
3 같은 책.
4 같은 책.
5 같은 책.
6 같은 책.
7 Apple. "WWDC 2008 Keynote Address," apple.com/quicktime/qtv/wwdc08.
8 YouTube, "Macworld 2007—Part 4—Steve Jobs Demos the iPhone (Video)," http://macblips.dailyradar.com/video/macworld_2007_part_4_steve_jobs_demos_the_iphone.

9　Apple, "Macworld San Francisco 2007 Keynote Address," apple.com/quicktime/qtv/mwsf07.
10　YouTube, "Demo of PhotoBooth(From All About Steve)," youtube.com/watch?v=h4AI6Mt4jQc.
11　YouTube, "Safari on Windows(WWDC 2007)," youtube.com/watch?v=46DHMaCbdxc.
12　YouTube, "Steve Jobs Introduces GarageBand," youtube.com/watch?v=E03Bj2R749c.
13　YouTube, "Steve Jobs Introduces GarageBand 1.0(Assisted by John Mayer)," youtube.com/watch?v=BVXWFgQvdLK.
14　YouTube, "Apple WWDC—The Intel Switch Revealed," youtube.com/watch?v=ghdTqnYnFYg.

13장_ 절정의 순간을 연출하라

1　Apple, "Macworld 2008 Keynote Address," apple.com/quicktime/qtv/mwsf08.
2　Sasha Cavender, "Thinnest Laptop: Fits into Manila Envelope," ABC News, 2008. 1. 15., http://abcnews.go.com/print?id=4138633.
3　YouTube, "Steve Jobs Showcase Macintosh 24-Jan-1984," youtube.com/watch?v=4KeENSYkMgs.
4　YouTube, "Apple Music Event 2001—The First Ever iPod Introduction," youtube.com/watch?v=kN0SVBCJqLs&feature=related.
5　John Medina, *Brain Rules* (Seattle: Pear Press, 2008), p. 81.
6　YouTube, "Macworld San Francisco 2000, Steve Jobs Become iCEO of Apple," 2000. 1. 5., youtube.com/watch?v=JgHtKFuY3be.
7　Apple, "Macworld San Francisco 2007 Keynote Address," apple.com/quicktime/qtv/mwsf07.

막간극 2_ 스티브 잡스 대신 무대에 서야 한다면

1　Apple, "Macworld 2009 Keynote Address," apple.com/quicktime/

qtv/macworld-san-francisco-2009.
2. Slideshare, "Phil Schiller's Macworld 2009 Keynote Address," slideshare.net/kangaro10a/phil-schillers-mac-world-2009-keynote-presentation.

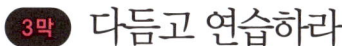 다듬고 연습하라

14장_ 무대 연출을 마스터하라

1. YouTube, "Macworld SF 2003 Part 1," youtube.com/watch?v=Xac6NWT7EKY.
2. Dan Moren, "Stan Sigman Says Sayonara," Macworld.com, 2007. 10. 12., http://iphone.macworld.com/2007/10/stan_sigman_says_sayonara.php.
3. Gil Amelio, *On the Firing Line: My Five Hundred Days at Apple* (New York: Collins Business, 1999), p. 199.
4. Apple, "Macworld 2008 Keynote Address," apple.com/quicktime/qtv/mwsf08.
5. YouTube, "Apple Music Event 2001—The First Ever iPod Introduction," youtube.com/watch?v=kN0SVBCJqLs.
6. 같은 자료.
7. Albert Mehrabian, *Silent Messages* (Stamford, CT: Wadsworth, 1980).

15장_ 자연스러운 모습을 보여라

1. *BusinessWeek*, "Steve Jobs's Magic Kingdom," *BusinessWeek* cover story, 2006. 2. 6., businessweek.com/magazine/content/06_06/b3970001.htm.
2. Mike Evangelist, "Behind the Magic Curtain," *Guardian*, 2006. 1. 5., guardian.co.uk/technology/2006/jan/05/newmedia.media1.

3 같은 글.
4 같은 글.
5 Michael Krantz, "Steve's Two Jobs," *Time*, 1999. 10. 18., time.com/time/magazine/article/0,9171,992258-1,00.html.
6 같은 글.
7 Celia Sandys, Jonathan Littman, *We Shall Not Fail* (New York: Penguin Group, 2003), p. 55.
8 Alan Deutschman, *The Second Coming of Steve Jobs* (New York: Broadway Books, 2001), p. 82.
9 Malcolm Gladwell, *Outliers* (New York: Little, Brown and Company, 2008), p. 39.
10 Daniel Levitin, *This Is Your Brain on Music* (New York: Plume-Penguin, 2007), p. 97.
11 Malcolm Gladwell, *Outliers* (New York: Little, Brown and Company, 2008), p. 48.
12 *New York Times*, "Senate Confirmation Hearing: Hillary Clinton," 2009. 1. 13., nytimes.com/2009/01/13/us/politics/13text-clinton.html?pagewanted=all.

16장_ 적절한 복장을 갖춰라

1 Alan Deutschman, *The Second Coming of Steve Jobs* (New York: Broadway Books, 2001), p. 22.

17장_ 각본을 버려라

1 Apple, "Macworld 2008 Keynote Address," apple.com/quicktime/qtv/mwsf08.
2 Vanguard ad, vanguard.com.
3 Spymac, "Steve's Notes Closeup—Four Thousand Lattes to Go," 2007. 1. 11., spymac.com/details/?1793780.

4   Apple, "Macworld San Francisco 2007 Keynote Address," apple.com/quicktime/qtv/mwsf07.

18장_ 즐겨라

1   YouTube, "Apple WWDC 2002—The Death of Mac OS 9," youtube.com/watch?v=CI7xQ8i3fc0&feature=playlist&p=72CF29777B67F776&playnext=1&index=9.
2   YouTube, "Steve Jobs, TV Jammer Story," youtube.com/watch?v=xiSBSXrQ8D0.
3   같은 자료.
4   YouTube, "Apple Bloopers," youtube.com/watch?v=AnVUvW42CUA.
5   Apple, "Macworld 2008 Keynote Address," apple.com/quicktime/qtv/mwsf08.
6   같은 자료.
7   YouTube, "Apple Keynote Bloopers!!" youtube.com/watch?v=KsKKQNZG3rE&feature=related.
8   YouTube, "Apple Announces iTunes for Windows," 2003. 10. 16., youtube.com/watch?v=YtR-DKDKil.
9   Nick Mediati, "Jobs Has Been an Extraordinary Spokesman," *PC World*, 2009. 1. 14., pcworld.com/article/157114/jobs_has_been_an_extraordinary_spokesman.html.
10 Bob Dylan, "Mr. Tambourine Man," *Bringing It All Back Home*, Sony, 1965.

맺는말

1   Stanford University, "'You've Got to Find What You Love,' Jobs Says," *Stanford Report*, 2005. 6. 14., http://news-service.stanford.edu/news/2005/june15/jobs-061505.html.

옮긴이 김태훈

중앙대학교 문예창작과를 졸업하고, 국내 대기업 마케팅 분야에서 근무했다. 현재 번역가 에이전시 하니브릿지에서 전문 번역가 및 작가로 활동하고 있다. 주요 역서로는 《야성적 충동: 인간의 비이성적 심리가 경제에 미치는 영향》, 《스냅: 직관의 함정을 건너뛰는 투자 발상법》, 《혁신이란 무엇인가》, 《불 인 차이나》, 《프리덤 라이터스 다이어리》, 《핵심에 이르는 혁신》, 《금융공황의 시대》, 《그린스펀 버블》, 《카탈리스트 코드》, 《Giving 기빙》, 《내 마음은 임마꿀레》, 《눈에 띄는 도서관 마케팅》, 《히어로 프로젝트》, 《코칭 : 풍요로운 삶을 위한 조언》, 《가격 파괴 전략》, 《뮌헨, 1972》, 《여왕처럼 일하는 여자, 하녀처럼 일하는 여자》, 《미래형 리더》, 《입만 열면 호감가는 사람, 입만 열면 사고치는 사람》, 《20대, 스펙 콤플렉스를 던져라》, 《직장동료를 사로잡는 관계의 기술》 외 다수가 있다.

스티브 잡스
프레젠테이션의 비밀

1판 1쇄 발행 2010년 3월 16일
1판 22쇄 발행 2024년 12월 10일

지은이 카마인 갈로
옮긴이 김태훈

발행인 양원석
펴낸 곳 ㈜알에이치코리아
주소 서울시 금천구 가산디지털2로 53, 20층 (가산동, 한라시그마밸리)
편집문의 02-6443-8856 **도서문의** 02-6443-8800
홈페이지 http://rhk.co.kr
등록 2004년 1월 15일 제2-3726호

ISBN 978-89-255-3703-0 (03320)

※ 이 책은 ㈜알에이치코리아가 저작권자와의 계약에 따라 발행한 것이므로
본사의 서면 허락 없이는 어떠한 형태나 수단으로도 이 책의 내용을 이용하지 못합니다.

※ 잘못된 책은 구입하신 서점에서 바꾸어 드립니다.

※ 책값은 뒤표지에 있습니다.